本书的出版得到北京印刷学院
编辑出版学国家级特色专业建设经费资助

出版物市场营销
典型案例评析
CHUBANWU SHICHANGYINGXIAO DIANXING ANLIPINGXI

刘吉波 周葛 编著

中国书籍出版社
China Book Press

图书在版编目（CIP）数据

出版物市场营销典型案例评析 / 刘吉波, 周葛编著.
-- 北京 : 中国书籍出版社, 2014.5
ISBN 978-7-5068-4110-8

Ⅰ. ①出… Ⅱ. ①刘… ②周… Ⅲ. ①出版物－市场营销学－案例 Ⅳ. ①G235

中国版本图书馆CIP数据核字(2014)第060014号

出版物市场营销典型案例评析
刘吉波　周葛　编著

责任编辑 /	庞　元　许艳辉
责任印制 /	孙马飞　张智勇
封面设计 /	吴凤鸣
出版发行 /	中国书籍出版社
地　　址	北京市丰台区三路居路97号（邮编：100073）
电　　话	(010)52257143(总编室)　　(010)52257153(发行部)
电子邮箱	chinabp@vip.sina.com
经　　销 /	全国新华书店
印　　刷 /	世纪千禧印刷(北京)有限公司
开　　本 /	787毫米×1092毫米　　1/16
印　　张 /	16.75
字　　数 /	326千字
版　　次 /	2014年6月第1版　2014年6月第1次印刷
书　　号 /	ISBN 978-7-5068-4110-8
定　　价 /	36.00元

版权所有　翻印必究

目　录

第一章
出版产品结构调整综合案例评析

传统出版产品结构调整案例分析　　／003

日知图书公司近三年产品结构调整案例分析　　／034

第二章
出版产品营销模式综合案例评析

"米其林红色指南"系列图书之营销策划分析　　／053

"分享阅读"系列图书营销模式分析　　／078

"袁腾飞说历史"系列图书营销模式分析　　／101

《史蒂夫·乔布斯传》促销案例分析　　／114

第三章

出版企业营销案例评析

新蕾出版社：四季营销花常开　　/ 131

昆明新华书店：冷门书的畅销传奇　　/ 135

第四章

图书出版营销案例评析

以《狼图腾》和《方法总比问题多》为例的畅销书营销　　/ 141

"动物小说大王沈石溪品藏书系"的营销操作手法　　/ 147

《幻城》推广案例分析　　/ 153

《好妈妈胜过好老师》的百万销量　　/ 156

《第一次发现》是这样进入幼儿园的　　/ 160

《盗墓笔记》成功因素分析　　/ 164

《大象的眼泪》营销案例解读　　/ 171

《富爸爸，穷爸爸》的营销之道　　/ 176

看《蔡康永的说话之道》如何营销　　/ 183

"暮光之城"营销破晓　　/ 186

《尼魔岛》暑期档营销见成效　　/ 194

《一个背叛日本的日本人》——换个书名就畅销　　/ 199

《计较是贫穷的开始》的网络营销　　／202

《我们台湾这些年》的微博客营销案例　　／206

第五章
音像制品出版营销案例评析

《变形金刚》电影整合营销案例　　／215

《失恋33天》营销案例　　／224

《金陵十三钗》成功营销秘诀　　／231

第六章
互联网出版营销案例评析

《星辰变》：版权营销的经典案例　　／241

《征途》：把握玩家心理的营销　　／251

后记　　／257

第一章

出版产品结构调整综合案例评析

传统出版产品结构调整案例分析

2012年3月5日，第十一届全国人民代表大会在北京举行，温家宝总理在会议上指出："深化文化体制改革，继续推动经营性文化单位转企改制。提高文化产业规模化、集约化、专业化水平，推动文化产业成为国民经济支柱性产业。"可见，在市场经济条件下，大力发展文化产业的重要性和必然性。出版业属于文化产业的一个重要组成部分，图书出版就是在这样的背景下走向市场化和产业化的。在文化产业繁荣发展的大趋势下，作为文化产业核心组成内容之一的图书出版，就注定需按照市场机制来组织图书生产，通过市场和经济杠杆的作用，生产适销对路的图书产品。

这一政策的提出，对传统出版社来说既是机遇又是挑战。首先，出版社从以不以赢利为主要目的的事业单位转变成自负盈亏的企业单位。其次，图书出版实行优胜劣汰的竞争机制，一方面能够不断激励图书出版社开拓进取，促进图书质量的提升和出版品牌的形成；另一方面可使出版社原有的问题暴露无遗，在事业体制下长期形成的淡薄的市场观念，对不善于经营和竞争的出版社来说，如何改变思路以谋求发展，是众多出版社需要面对的难题。

据相关资料显示，截至2010年，全国581家图书出版社中，除盲文、少数民族文字和军队等部分出版社保留事业性质外，有528家经营性出版社被要求转企改制，已完成435家，93家正在进行转企改制。其中，地方出版社和大学出版社基本完成转企改制，182家中央各部门各单位出版社中，除已先期进行转制的和确定保留事业体制的出版社外，其余应该转制的148家，目前已有101家完成了转企改制，剩下的47家出版社将在2010年底前完成转企改制或退出。至2010年底，全国90%以上的图书出版社已经完成转企改制。

转企改制使传统出版社摆脱了事业体制的束缚，成为了以市场为导向的出版企业。转企改制后，如何尽快转变思想，适应市场竞争，成为了出版社亟需解决的问题。

首先，出版社应找准目标市场并适当调整产品结构，这有助于有效地向市场提供产品和服务，以获得赢利和自身发展。

出版市场已发生了翻天覆地的变化，买方市场现已完善，市场竞争空前激烈。竞争性是市场的一个特点，经营主体在市场上要想取得立足之地，想要获得更大的发展空间，就需要通过竞争，不断地完善自我、发展自我。

我国出版市场已步入个性化竞争时期，在这一阶段，面对品种繁多的出版物图书，读者已经学会从中进行有目的化、需求化的挑选。这就要求出版企业必须要把读者的需求放在首位，使出版物迎合读者的需求，做到真正的适销对路。出版社应利用本社的优势出版领域，积极策划该领域的精品图书，深度开发目标市场，使本社品牌与图书为读者所接受。

其次，出版社应通过产品结构调整向市场转型，不断加大图书的创新力度，营造有特色的出版品牌，从而以品牌立社立足于市场。

对于出版社来说，品牌是自己提供并为读者和社会所接受的特定图书商品和服务的概括性、抽象性表达。品牌是一个包括图书商品及服务的功能要素、出版社和图书商品的形象要素、读者的心理要素在内的三维综合体。

品牌是出版物质量和品位的象征，是出版物的信誉证和市场通行证。品牌作为出版社图书产品的一部分，能够传达丰富的内涵，极大地影响读者的购买心理。

现今，出版产品结构市场化的任务十分艰巨。推进产品结构的市场转型，不断加大品牌创新力度，这要求出版企业基于各自在某类出版物上的质量优势、规模优势和特色优势，努力找准市场定位，通过品牌立社、品牌立市、品牌立书，稳步扩大品牌出版物的数量，进而扩大本社图书的市场占有份额。

品牌是企业文化的载体，它表明了企业的经营理念和文化追求。出版社不仅要适应市场，更要引导市场。良好的品牌形象能够使图书在激烈的市场竞争中脱颖而出，获得读者的认可，赢得读者的喜爱。出版社应主动对其产品结构进行调整，以适应市场需求，弥补本社图书产品结构缺陷，通过引导市场、树立品牌发挥本社自身优势。

最后，出版社应保持图书产品的多元化，这是由市场机制决定的。单一的产品结构无法占据更多的市场份额，也无法在出版社面临困境时做出有效的调整。单一的产品类型图书固然可以集中全社的出版资源用于策划、营销、发行，可最有效地占领目标市场，但在激烈的图书市场竞争中，出版形势瞬息万变，只拥有单一或少数集中类型的图书产品结构是不足以应对激烈的市场竞争的。这要求出版社一方面要集中资源，重点策划本社优势领域的图书；另一方面，也要有的放矢地增加图书品种，保持图书产品种类的多元化。这样，在全面丰富图书品种的基础上，出版社才有实力抵御风险、谋求发展、扩大经营。

本案例通过对出版社产品结构的深入分析，探究其面向市场做出的产品结构调整，分析其成功与失败的因素，找寻其发展空间与存在的问题。由此可点出出版社应采取的产品结构调整策略及应对方法。这一方面可为出版社今后的经营道路指明方向，树立信心；另一方面总结出了传统出版社应采取的产品结构调整策略，作为参考。面对竞争如此激烈的图书市场，出版社应如何操作，方能使出版产品结构合理化、市场化、出版资源最大化，本书将给出专业的解答。

一、三联出版社产品结构调整

（一）出版社简介

三联出版社是一家历史悠久的国家级综合性出版社。该出版社以出版人文社科类读物为主，其出版物有专业性很强的学术著作，也有知识读物、文化读物及大众普及读物。

三联出版社所出版的图书以高品质著称，富有鲜明的时代特色、扎实的学理功底、丰富的人文关怀和思想智慧。半个多世纪以来，该出版社以出版高品位的人文科学专业图书和社会科学的译著图书形成了独特的文化品牌，受到读者的广泛认可，尤其是受到广大知识分子的追捧，因此该出版社也被誉为"中国知识分子的精神家园"。

（二）出版社现状

三联出版社于2009年完成改制，虽然其具有高端品质的图书及独有的读者群，但面临现今竞争激烈的图书出版市场，该社多年来固有的产品结构依然存在不适应市场的情况。

这种不适应表现在：学术出版比例居高不下，低端、中端、高端不平衡的图书产品结构，很长一个时期形成的高端大低端小的倒金字塔型结构。

在这几年的不断摸索中，三联出版社看到了自身存在的不足，积极地进行图书产品结构调整，坚持既迎合市场又保持自身文化品牌的出版经营模式。

经过对图书产品结构的调整与结合自身出版资源的分析定位，现在出版社已经有了四条清晰的产品线：高端学术著作产品线（以学术出版为主，包括学术图书和学术普及类图书）、中端文化读物产品线（以文化出版为主，包括文化图书和经典译作）、大众读物产品线（以大众出版为主，面向低端的大众普及书）、旅行指南图书产品线（Lonely Planet（LP）系列旅行图书）。

该出版社一直坚持精品战略，出版图书的品位成为各条产品线共同坚守的底线。自改制以来，其四条产品线已经从过渡阶段逐渐走向成熟。另外，2011年末，该出版社决定进行分社新体制的尝试，每个部门单独成立分社，直接面向市场。这对出版社而言，无疑又是新的挑战。

（三）出版社图书产品结构简介

根据其社内标准，可为该出版社图书产品进行分类：

1. 学术类

包括一些学术专著和高端思想类书籍，如钱钟书的《管锥篇》。读者人群为学者、专业人士或高端思想者。

2. 学术普及类

普及学术类图书，在学术的基础上更加普及、大众化，如蒋勋的《写给大家的中国美术史》。这类图书的读者人群可以是非专业人群，读者可利用该类图书获取知识。本类图书可通俗理解为学术类图书中的大众类图书。其他一些具有普及知识特点的图书也一并归到学术普及类。

3. 文化类

包括文学、艺术类图书，如林达的《带一本书去巴黎》。

4. 大众类

包括饮食、健康类图书、绘本漫画等，与生活息息相关的书籍。如《发现粗粮好味道》《瘦不了的错误》。

5. 旅行类

Lonely Planet（LP）系列旅行指南书，该系列旅行图书与出版社长期合作，属于版权引进书。

本案例以 2009、2010、2011 三年的图书经营状况为例，根据其产品结构，对该出版社面向市场的图书产品进行结构调整，结合数量、印数、码洋等数据分析该出版社的发展空间及存在的问题。由此个案总结出面向市场的传统出版社，如何调整图书产品适应市场、适时调整产品结构，方能在打造自身品牌的同时去迎合读者需要。最后，探究出版社应采取的产品结构策略及应对方法，从数据分析得出具体的营销策略方案。

二、该出版社三年数据分析

（一）三年总数据显示及分析

1. 2009 年出书情况概述

表 1 2009 年图书出版情况

2009 年	总数量（种）	新书总数量（种）	重印书总数量（种）
	448	254	194
	总码洋（万元）	新书总码洋（万元）	重印书总码洋（万元）
	13286.03	7779.61	5506.42

根据统计，2009 年出版图书总品种 448 种，其中新书 254 种。重印新书 27 种，占新书总数的 10.6%，分别是《目送》《1944：松山战役笔记》《洞穴奇案》《对话中国》《毛泽东的读书生活》《读毛泽东札记》《七十年代》《六十年与六十部》《中国哲学简史》《宽容》、"高居翰作品系列" 4 种、《德意志制造》《死在这里也不错》《吃，吃的笑》《创意@东京》《美的历程》《人生十论》《隔江山色》《孩子你慢慢来》《红楼梦悟》《买书琐记》《亲历者的记忆：协商建国》《我们的奋斗》。

其中新书《目送》重印高达 15 万册，是 2009 年重印书中印数之最。《孩子你慢慢来》重印 5 万册，《毛泽东的读书生活》重印 4 万册，《七十年代》重印 3 万册。

新书中发货较多的是《目送》（9 万册，随后又加印 5 万册）、《老子十八讲》（43794 册）、《七十年代》（38566 册）。

2009 年新出版的几套系列图书，如 "动物系列"（已出版 5 种）、"学者追忆丛书"（已出版 5 种）、"陈来学术论著集"（已出版 4 种）、"基督教经典译丛"（已出版 4 种）、"高居翰作品系列"（已出版 4 种）、"节日中国系列"（已出版 3 种）、"房龙作品精选"（已出版 2 种）。总体来看，影响和销售成绩一般。其中 "动物系列" 年初印 8 千册，库存还有 2 千册左右。3 月份出版的 "学者追忆丛书"，库存达到了印数总量的 1/3。"陈来学术论著集" 也是存货大于发货。

唯一例外的是 "高居翰作品系列"（高居翰是中国绘画史研究元老，其研究作品在市场上很少见），该书在出版当年即进行了重印。

2009 年，三联出版社配合建国六十周年，出版的新书如《六十年六十部》《读毛泽东札记》《协商建国》《60 个瞬间》《历史转折》《共和国部长访谈录》等，部分新书当年即进行了重印，且效益良好。

《镜中爹》《1944：松山战役》《七十年代》《目送》《老子十八讲》《陈寅恪集》（修订版）等重点图书获得了较好的社会效益与市场效益。另外，"创意书系"的图书很受欢迎，如《创意东京》《纽约下城风格》《德意志制造》《艺术家的街道》《干杯！柏林大街》等，销售情况都较为理想。

重印书印数最多的是《目送》，重印数量达到了14万9千册，其次是《我们仨》的8万册、《围城》的7万册、《万历十五年》的6万册、《中国大历史》的6万册、《孩子你慢慢来》的5万册。

在194种重印书中，有26种重印书的印次在2次及以上，占重印书总品种的13.4%。其中，《我们仨》重印4次、《目送》重印3次、《70年代》重印3次、《说谎》重印3次、《中国历代政治得失》重印3次。

学术类的《沉思录》《中国历代政治得失》排在学术类图书重印数量的前两位，重印数量分别为4万册和3万册。文化类除了龙应台的作品及一直热销的《我们仨》之外，林达的作品《带一本书去巴黎》《历史深处的忧虑》的重印数量也在2万册以上。还有他的其他作品如《总统是靠不住的》《西班牙旅行笔记》也各重印1万册。其次是高阳的作品系列，重印情况也不错。

2. 2010年出书情况概述

表2 2010年图书出版情况

2010年	总数量（种）	新书总数量（种）	重印书总数量（种）
	445	227	218
	总码洋（万元）	新书总码洋（万元）	重印书总码洋（万元）
	14555.46	7561.72	6993.74

2010年出版图书总品种445种，其中新书227种。

2010年重印图书24种（2009年27种），占新书总数的10.6%（与2009年相同），分别是《呓语道破》《鉴知录》《庄子纂笺》《石涛》《谁造就了赵小兰》《野火集》、"基督教经典系列"2种、《一脉文心》《张充和诗书画选》《禅心三无》、杨绛作品3种、王世襄选集2种、《百年衣裳》《城门开》《李慎之乱记》《巨流河》《路西法效应——好人是如何变成恶魔的》《也同欢乐也同愁》《民主四讲》《唯一的规则》。

其中重印量最高的是《野火集》的3万4千8百册，随后是《也同欢乐也同愁》

的3万册，《城门开》的2万册，《李戡戡乱记》的2万册。

全年新书发货量过万册的图书有12种，其中发货最多的是《野火集》（47637册），其他有《也同欢乐也同愁》《城门开》《谁造就了赵小兰》等5种图书发货量在2万册以上，另有6种图书发货量在1万册以上。

2010年新书中比较重要、发行量大、造成一定影响的主要是单行本书：《也同欢乐也同愁》《鲁迅箴言》《谁造就了赵小兰》《野火集》《云南》《城门开》《寻找韩国之美的旅行》《李戡戡乱记》《巨流河》《百年衣裳》等。

而新增的健康生活类大众读物如：《选对食物油》《看懂食物标签》各首印2万册，出版3个半月，库存还各有1万多册，情况不容乐观。

可喜的是2010年原创新书品种比2009年有所增加，达到80种左右（2009年50种），占全部新书总量的1/2左右，这是一个很大的进步。

重印书印数最多的依然是《目送》，重印数量达到了30万零5百册。其次是，《孩子你慢慢来》的6万册、《毛泽东的读书生活》的5万册、《中国大历史》的5万册、《我们仨》的4万册、《野火集》的3万4千8百册、《红顶商人》的3万册。

2010年有16种图书重印次数在2次及以上（2009年26种），占重印书总品种的7.3%。其中《目送》重印6次、《历史深处的忧虑》重印3次、《毛泽东的读书生活》重印3次、《美的历程》重印3次、《中国大历史》重印3次、《说谎》重印3次、《历代政治得失》重印3次。2009年重印4次的《我们仨》在2010年仅重印2次。

2010年218种重印书虽然比2009年重印书的品种有所增加，但仍旧以旧书为主。学术普及类《中国大历史》（5万册）；学术类《中国历代政治得失》（3万册）、《万历十五年》（3万册）；文化类《目送》《毛泽东的读书生活》（5万册）等依旧延续上一年的情况。

其他如蔡志忠漫画系列（26种）、钱穆系列（17种）、林达系列（9种）、李泽厚系列（7种），另有黄仁宇系列、高阳系列、home书系、妹尾河童系列等，其中只有李泽厚系列可以算作这几年新增加的系列长销品种。林达的作品重印依旧保持在1万册及以上，《历史深处的忧虑》达到3万册，也等同上一年水平。总体上看，重印书依旧以之前的图书品种为主，新书重印还有所欠缺。

3.2011 年出书情况概述

表3 2011年图书出版情况

2011年	总数量（种）	新书总数量（种）	重印书总数量（种）
	468	235	233
	总码洋（万元）	新书总码洋（万元）	重印书总码洋（万元）
	16232.01	7743.42	8488.59

2011年出版图书总品种468种，比往年有所提高。其中新出版图书235种，超越2010年的227种。

2011年重印图书29种（2010年24种），占新书总数的12.3%（2008、2009年均为10.6%），分别是《与祖师同行》《巨流河》（平装本）《暴食江湖》《台湾味道》《蒋勋的卢浮宫》《太平轮一九四九》《我与八十年代》《一路走来一路读》（增补本）《万水朝东——中国政党制度全景》《我在故宫看大门》《茶可道》（精装）《食桌情景》《人性诸相》《师友纪事》《早年毛泽东——传记、史料与回忆》；《陕西》《中欧》（二版）《澳大利亚》（第三版）《美国》（中文第三版）《杨振宁传》（增订版）《斐多——柏拉图对话录之一》《边走边啃腌萝卜》《河童家庭大不同》、漫画北传《法句经》（24开）、漫画南传《法句经》（24开）、"快乐使者Oups"系列4种。

重印图书中，《巨流河》是改成平装本出版，所以严格意义上讲不算新书。《万水朝东——中国政党制度全景》是为庆祝建党90周年而出版，其读者人群是特定的。另外出现两个以前没有过的现象，一是LP旅行系列图书重印了4种，二是绘本、漫画类图书重印了8种（《边走边啃腌萝卜》《河童家庭大不同》、蔡志忠《漫画南传》和《漫画北传》、"快乐使者Oups"绘本系列4种），这是在2009年与2010年没有出现过的情况。

新书重印印数最高的是《巨流河》平装本，重印数量为4万册。其次是《万水朝东——中国政党制度全景》的3万5千册、《一路走来一路读》（增补本）的3万册。

新书中发货较多的是《万水朝东——中国政党制度全景》（40428册）、《巨流河》（平装本）（39698册）、《一路走来一路读》（增补本）（34047册）、《罗摩桥》20270册，另有9种发货1万册以上、10种发货8千册以上。

《金克木集》《鲁迅箴言》《杨振宁传》《早年毛泽东》《太平轮一九四九》《辛

亥年》《我在故宫看大门》《沟口雄三作品集》等图书均受到读者好评。

2011年重印书种数达到233种，其中《目送》以重印21万册位居首位，与排在其后的《野火集》（10万册）、《我们仨》（10万册）差距明显。

2011年重印书中，有31种图书重印2次及以上，占重印书总数的13.3%（超过2010年的7.3%，不及2009年的13.4%）。其中《目送》《万水朝东》重印4次，《中国历代政治得失》《带一本去巴黎》《好人是如何变成恶魔的》《美的历程》《生活禅钥》《胡雪岩》《巨流河》软精装（4万册）重印3次，《巨流河》平装（4万册）重印2次。

2011年的重印书中，文化类图书的主体地位十分突出。例如，龙应台的作品《目送》重印21万5千3百册、《孩子你慢慢来》重印10万册、《野火集》重印6万册。林达的作品《历史深处的忧虑》重印4万5千册、《带一本书去巴黎》重印3万册、《总统是靠不住的》重印3万册、《一路走来一路读》（增补本）重印3万册。高阳作品《胡雪岩》重印4万册、《红顶商人》重印3万5千册。《我们仨》重印10万册，平装本《巨流河》重印4万册，软精装《巨流河》重印4万册，《城门开》重印4万册，《毛泽东的读书生活》重印3万册。如果把这些作品和作者归为常销书和经典作者，那么今年新增图书品种《生活禅钥》重印2万5千册、中学图书馆系列丛书《文章修养》重印3万5千册，以及其他均达到重印1万至2万册的图书，则再一次有力地印证了文化类重印书在2011年的重要地位。

把2011年新书和重印书的特点归结为：

（1）比较前两年，图书选题结构发生良性变化；2011年新书重印和重印书比例中，大众、文化类图书都有所提升。

（2）重印书中，文化类图书仍占有重要地位。

（3）学术著作集中在高端，虽不乏精品力作，但普及型理论读物不足。

比较前两年，2011年新书缺少畅销书和热点书。有影响力、可供媒体作为话题的图书不多，依托知名作者带动其相关图书的现象明显，这表明出版社应加大力度进行选题创新。

4. 综合分析

表4 2009～2011三年出版图书情况汇总

项目＼年份	2009年	2010年	2011年
总数量（种）	448	445	468
总码洋（万元）	13286.03	14555.46	16232.01
新书总数量（种）	254	227	235
新书总码洋（万元）	7779.61	7561.72	7743.42
重印书总数量（种）	194	218	233
重印书总码洋（万元）	5506.42	6993.74	8488.59

总体来看，虽然近三年出版图书总品种数量有增有减，但是销售总码洋是逐年增长的，总体来说这三年还是向积极的态势发展的。三年中，新书的数量分别为254种、227种、235种，新书总码洋均在7500万元以上，由此可见新书的发展较为稳定。相比新书而言重印书的数量逐年递增，每年增长幅度均在20本左右，重印书总码洋从5500万到7000万再到8500万。这个成绩一方面源于市场的肯定，另一方面则印证了社内环境的良好状态。基于社内的稳定环境，笔者才可以进行接下来的内部剖析，更全面地分析出版社的产品结构并得出研究结论。

（二）新书产品结构分析

新书一方面反映的是社内编辑出书偏好，另一方面，在出版社基于市场的调整中，由新书亦可以看出出版社面向市场进行的产品结构调整。

1. 2009年新书产品结构分析

表5 2009年新书产品结构数据

项目 类别	数量（种）	数量比例（%）	出版码洋（万元）	出版码洋比例（%）
学术类	91	35.8	2292.06	29.5%
学术普及类	28	11.0	637.33	8.2%
文化类	104	40.9	3172.78	40.8%
大众类	9	3.5	342.04	4.4%
旅行类	22	8.7	1335.40	17.2%

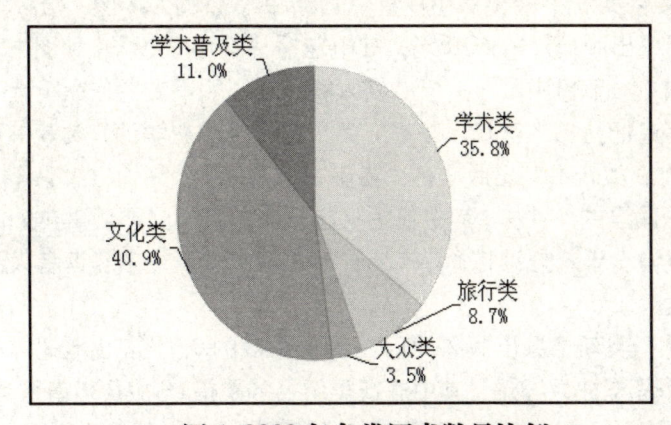

图1 2009年各类图书数量比例

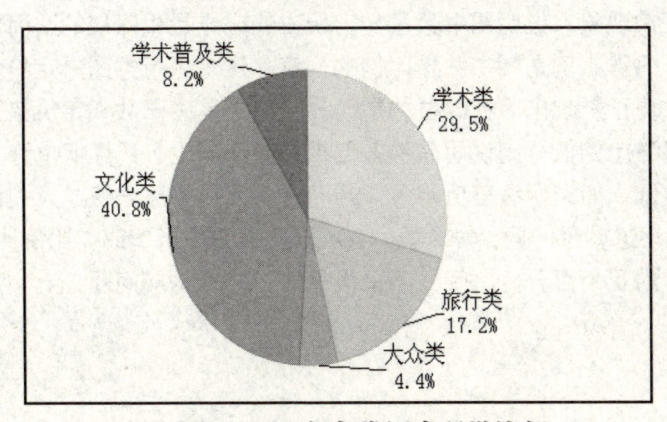

图2 2009年各类图书码洋比例

2009年学术类新书共出版91种，占新书总数的35.8%；出版码洋2292.06万元，占新书总出版码洋的29.5%。其中包括丛（套）书："三联哈佛燕京学术丛书（12）""陈来学术论著集""萨义德作品系列""基督教经典译丛""陈寅恪集""钱穆作品系列""洪范评论"等。包括学术大家的学术著作、宗教书籍、学术评论和思想类的书籍等，依照其书名、作者、相关简介判断归类。

2009年学术普及类新书共出版28种，占新书总数的11.0%；出版码洋637.33万元，占新书出版总码洋的8.2%。其中包括丛（套）书"新知文库""读书合订本""动物系列"和书籍《美的历程》《给青年建筑师的信》《哲学的故事》等。因"新知文库"和"动物系列"等书籍具有科普知识书籍特点，可以普及知识，所以归为学术普及类；因《美的历程》、《哲学的故事》等书籍虽是学术著作或有学术知识在里面，但可以被大众读者、普通读者接受或读者群就锁定在大众读者范围内，所以这类图书也划归为学术普及类。

2009年文化类新书共出版104种，占新书总数的40.9%；出版码洋3172.78万元，占总新书出版码洋的40.8%。其中包括丛（套）书"中学图书馆文库""高居翰作品系列""节日中国""茨威格人物传记""冯友兰作品精选""房龙作品精选""学者追忆丛书"等和一些文史类、文化类、文学评介类等书籍。

2009年大众类新书共出版9种，占新书总数的3.5%；出版码洋342.04万元，占新书出版总码洋的4.4%。其中包括《吃，吃的笑》《恋酒事典》《死在这里也不错》《快煮慢食十八分钟味觉小宇宙》等书籍。涉及生活且读者人群低端的图书都归为大众类。

2009年旅行类新书共出版22种，占新书总数的8.7%；出版码洋1335.4万元，占总新书出版码洋的17.2%。其中旅行类新书就是指LP旅行指南系列。

再来看看表5，文化类图书数量比例（40.9%）与出版码洋比例（40.8%）相差不多，这是正常现象，说明图书数量与它所占的码洋是相对应的。而旅行类图书显然有所差异，码洋比例是图书数量比例的一倍，这是旅行类图书定价偏高所致。

我们说，真正影响出版社收益的是码洋，码洋是由印数和定价决定的，如果数量比例高而码洋比例低，则说明品种多但相应码洋却少。码洋低也许是这个图书的定价低或印数低，如果两者差值不大，则问题不大，如果差值过大则说明该类书的出版价值不大，这就是问题。学术类、学术普及类图书虽然码洋比例比数量比例低，但差值均在3到5个百分比之间，不是很悬殊，并不构成问题。

2. 2010年新书产品结构分析

表6 2010年新书产品结构数据

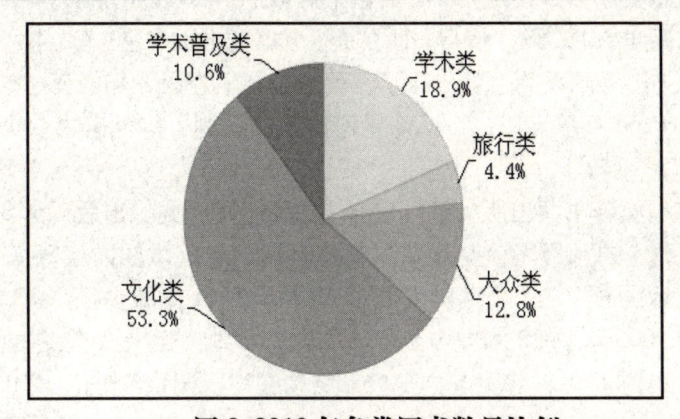

项目 类别	数量（种）	数量比例(%)	出版码洋(万元)	出版码洋比例(%)
学术类	43	18.9	1135.23	15.0
学术普及类	24	10.6	672.95	8.9
文化类	121	53.3	3673.54	48.6
大众类	29	12.8	1268.90	16.8
旅行类	10	4.4	811.10	10.7

图3 2010年各类图书数量比例

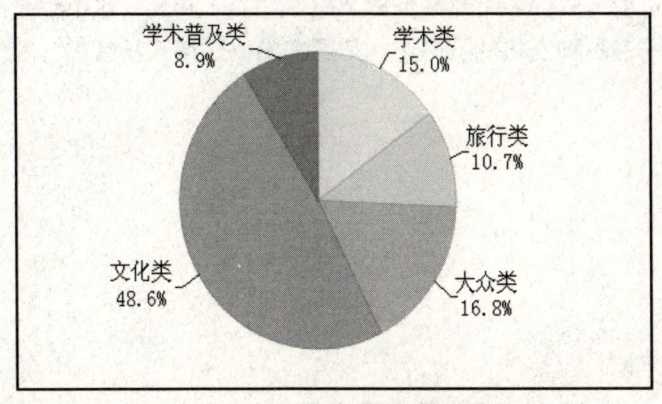

图4 2010年各类图书码洋比例

2010年学术类新书共出版43种，占新书总数的18.9%；出版码洋1135.23万元，占新书出版总码洋的15.0%。除延续上一年出版的丛（套）书之外，还包括"世界丛书""道家文化研究""张光直作品系列""文化·中国与世界新论"等丛书，以及相关学术书籍。

2010年学术普及类新书共出版24种，占新书总数的10.6%；出版码洋672.95万元，占新书出版总码洋的8.9%。包括《世界美术名作二十讲》《路西法效应——好人是如何变成恶魔的》《"香妃"——乾隆容妃的幻影》等书籍。分类标准如前所述。

2010年文化类新书共出版121种，占新书总数的53.3%；出版码洋3673.54万元，占新书出版总码洋的48.6%。除延续上一年出版的丛（套）书之外，还包括"曹聚仁作品系列""茶叙艺术丛书""刘再复散文精编"等。

2010年大众类新书共出版29种，占新书总数的12.8%；出版码洋1268.90万元，占新书出版总码洋的16.8%。值得一提的是，今年新出版了丛（套）书"三联绘本馆"系列绘本，蔡志忠漫画系列也新出版了"蔡志忠禅悟漫画"和"蔡志忠职场励志漫画"。还有"Home 书系（12）""妹尾河童作品系列"等丛套书。大众类新出版图书品种远超2009年。

2010年旅行类新书共出版10种，占新书总数的4.4%；出版码洋811.10万元，占新书出版总码洋的10.7%。包括《四川和重庆》《云南》2本国内旅行指南系列图书。

2010年出版的新书中，学术类图书由2009年的91本减少至2010年的43本，旅行类图书由2009年的22本减少到2010年的10本。但大众类图书由2009年的9本增至2010年的29本，可见其内部产品结构在进行调整、变化。2010年学术类、学术普及类、文化类图书码洋比例较数量比例均低3%至5%，其原因正是由于新书每册平均定价由2009的41元降低到2010年的37.4元。这不仅是图书价格降低的问题，也是图书品种变化的问题，比如图文书比去年有所减少。

3.2011 年新书产品结构分析

表 7 2011 年新书产品结构数据

项目 类别	数量（种）	数量比例(%)	出版码洋（万元）	出版码洋比例(%)
学术类	70	29.8	1986.66	25.7
学术普及类	8	3.4	177.60	2.3
文化类	91	38.7	2733.96	35.3
大众类	39	16.6	1165.68	15.1
旅行类	27	11.5	1679.52	21.7

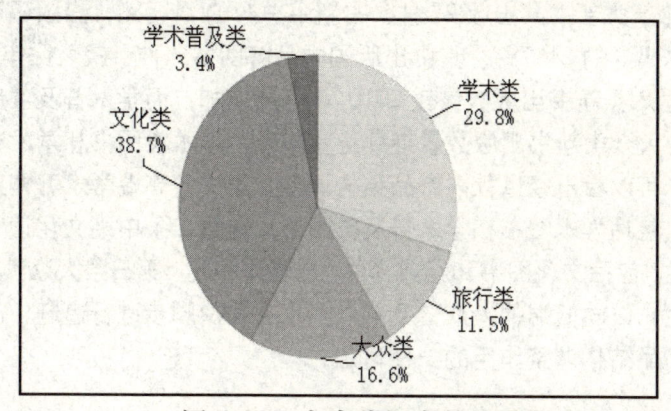

图 5 2011 年各类图书数量比例

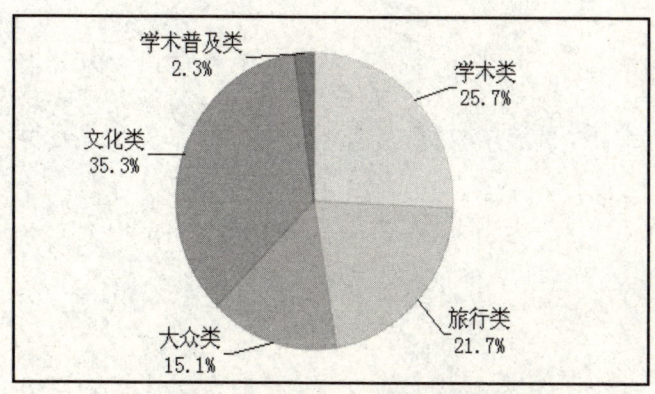

图 6 2011 年各类图书码洋比例

2011年学术类新书共出版70种，占新书总数的29.8%；出版码洋1986.66万元，占新书总码洋的25.7%。2011年学术丛书除延续前几年之外，还有"沟口雄三著作集""历史·田野丛书（2）"等丛（套）书。

2011年学术普及类新书共出版8种，占新书总数的3.4%；出版码洋177.60万元，占新书总码洋的2.3%。2011年学术普及类新书主要集中于"新知文库"，另外有《读书》2010合订本等图书，图书种类较少。

2011年文化类新书共出版91种，占新书总数的38.7%；出版码洋2733.96万元，占新书总码洋的35.3%。包括"音乐生活丛书""文化生活译丛""林达作品"等涉及文化、文学、文学评论等书籍。

2011年大众类新书共出版39种，占新书总数的16.6%；出版码洋1165.68万元，占新书总码洋的15.1%。除漫画、绘本类，还包括"三联·乐活馆"系列生活书籍。2011年大众类图书品种表现为多样化。

2011年旅行类新书共出版27种，占新书总数的11.5%；出版码洋1679.52万元，占新书总码洋的21.7%。其中出版国内品牌图书7种，较之往年有所提升。

2011年学术类新书出版数量较2010年有所增加，而学术普及类新书出版数量则有所下降，大众类新书出版数量继续稳步攀升。学术类图书和学术普及类图书向文化类靠近，可以看出经过社内产品结构调整，第一条高端学术著作产品线（以学术出版为主，包括学术图书和学术普及类图书）与第二条中端文化读物产品线（以文化出版为主，包括文化图书和经典译作）已基本稳定，第三条大众读物产品线（以大众出版为主，面向低端的大众普及书）亦正在加快脚步进行追赶，出现这种现象是对出版社产品结构调整作用的一种肯定。

4. 综合分析

表 8 2009、2010、2011 三年各类图书比例汇总

单位：%

项目 类别	2009 年 新书数量比例	2009 年 出版码洋比例	2010 年 新书数量比例	2010 年 出版码洋比例	2011 年 新书数量比例	2011 年 出版码洋比例
学术类	35.8	29.5	18.9	15.0	29.8	25.7
学术普及类	11.0	8.2	10.6	8.9	3.4	2.3
文化类	40.9	40.8	53.3	48.6	38.7	35.3
大众类	3.5	4.4	12.8	16.8	16.6	15.1
旅行类	8.7	17.2	4.4	10.7	11.5	21.7

从表 8 中，可以看出该社正在积极调整产品结构，力图改变高端大、低端小的倒金字塔结构。正如该社的规划：要贴近市场，调整结构，在做好思想学术出版的同时，加强大众读物的出版工作。确定并组织出版好一批具有标志性意义的思想学术著作和具有广大读者群体的畅销书。具体来说，要从以编辑和出版社为中心转向以市场和读者为中心，下大力气调整选题结构，在高举思想学术大旗、坚持特色的同时，面向市场出版学术普及、理论普及、文化艺术普及、生活类等大众读物。从源头上解决读者面过窄、库存激增、积压严重的问题。在调整选题结构过程中，进一步明晰、丰富和完善学术、文化、大众、旅行四条产品线。

在 2009 至 2011 这三年中，大众类图书数量比例持续增长，就是该社积极调整出版产品结构的最好证明。另外，该社从 2009 年 9 月 1 日开始，撤销了社内原有的三个编辑室，成立学术、文化、大众、旅行四个出版中心和一个审读室，保留原综合编辑室，形成四个中心加两室的新的编辑部门基本格局。制度上的彻底改革，可以看出其进行产品结构调整的决心。

这次产品结构调整的成果是显著的，相比于 2009 年学术类和学术普及类出版产品比例居高不下的情况，2010 年和 2011 年，学术类和学术普及类出版产品品种总和均保持在 30% 左右，出版码洋比例也稳定在 30% 以下。大众类图书所占新书比例增长明显，产品结构向低端读者延伸。虽然文化类图书有增有减，但变化不足以影响全局。

虽然改革的成效明显，但其中也不乏些许问题。首先，虽然大众类的图书增多，但是主要集中在绘本、漫画类，"乐活馆"还是2011年新出的系列书。大众类图书一方面要创新开发品种，一方面要思考如何营销，选择适销对路的图书产品。

其次，学术著作集中在高端，产品数量居高不下，但普及型理论读物不足。从2009年到2011年学术普及类图书逐年减少，面向低端读者的普及类读物选题创新，是应该注意的问题。

最后，文化类图书的主打地位是毋庸置疑的，但文化类图书如何多样化，如何开发更多常销书和畅销书，是值得出版社思考与研究的一个问题。

总而言之，经过几年的调整，图书新书产品结构发生了良性变化。但学术、文化类图书还应需要加大力度进行选题创新，开发更多符合消费者需求，适应市场的图书品种。大众类图书需要贴近市场找准目标读者，打开发行渠道，思考如何营销。

（三）重印书产品结构分析

重印书反映的是市场需求和读者需要，分析重印书的各类图书比例可以为产品的结构调整树立方向。

1.2009年重印书图书产品结构分析

表9 2009年重印书产品结构数据

项目 类别	数量（种）	印数（册）	重印码洋（万元）	重印数量比例（%）	重印码洋比例（%）
学术类	53	338400	1137.52	27.3	20.7
学术普及类	13	204000	518.30	6.7	9.4
文化类	80	993800	3132.58	41.2	56.9
大众类	41	204000	466.02	21.1	8.5
旅行类	7	35000	252.00	3.6	4.6

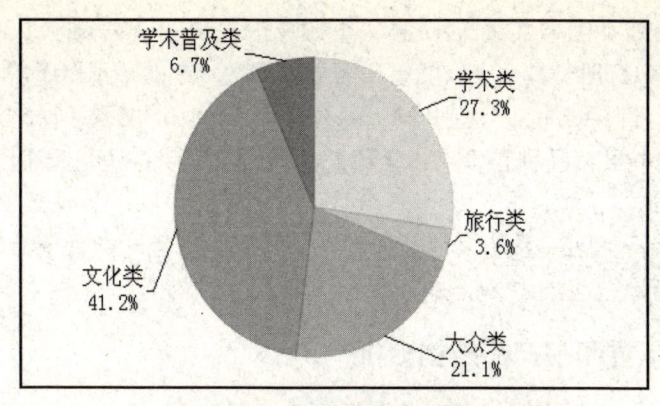

图7 2009年重印书各类数量比例

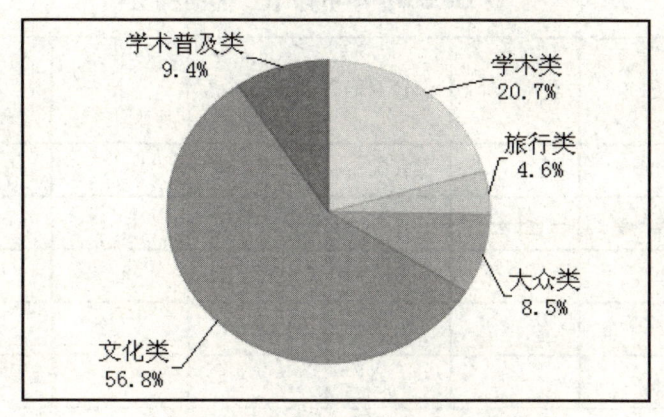

图8 2009年重印书各类码洋比例

2009年重印书中学术类图书53种，其中《沉思录》《中国历代政治得失》、钱穆的《论语新解》《查拉图斯特拉如是说》《存在与虚无》（修订译本）《存在与时间》（修订译本）重印印数较多，总印数达到了33万8千4百册。重印学术普及类图书13种，总印数为20万4千册，其中《万历十五年》《中国大历史》各重印6万册，皆超过学术类《沉思录》的5万册。从重印数量比例和重印码洋比例可以看出，学术类重印图书所占比例为27.3%，所占码洋为20.7%；学术普及类重印图书仅占总比例的6.7%，不及学术类重印图书的1/4，可码洋却接近学术类重印图书的1/2，为9.4%。可见2009年重印书中学术普及类图书虽数量不及学术类重印图书，但图书单价超过学术类图书。

2009年文化类图书重印80种，重印总印数99万3千8百册，其中《目送》《围城》《我们仨》《孩子你慢慢来》等书重印数量均超过5万册。《目送》重印数更是达到了14万9千册。重印数量占重印书总数的41.2%，重印码洋占重印总码洋的56.9%，重印码洋比例超过重印数量比例，这说明文化类图书的重印价值较高。

2009年大众类图书共重印41种，重印总册数20万4千册。只有《河童旅行素描本》重印1万册，其余大众类重印图书重印数均在5千册以下。重印类别主要集中在蔡志忠漫画系列，多达19种，另外还有"Home 书系""创意书系"等。大众类重印图书虽然品种较多，占重印总数量的21.1%，可重印码洋却只占重印总码洋的8.5%。

2009年旅行类图书重印7种，且皆为国际系列。重印数为3万5千册，占重印总印数的3.6%，重印总码洋的4.6%。

2. 2010年重印书产品结构分析

表10 2010年重印书产品结构数据

项目 类别	数量（种）	印数（册）	重印码洋（万元）	重印数量比例（%）	重印码洋比例（%）
学术类	53	325000	1132.74	24.3	16.2
学术普及类	18	208000	606.50	8.3	8.7
文化类	100	1261400	4322.05	45.9	61.8
大众类	39	280000	564.95	17.9	8.1
旅行类	8	45000	367.50	3.7	5.3

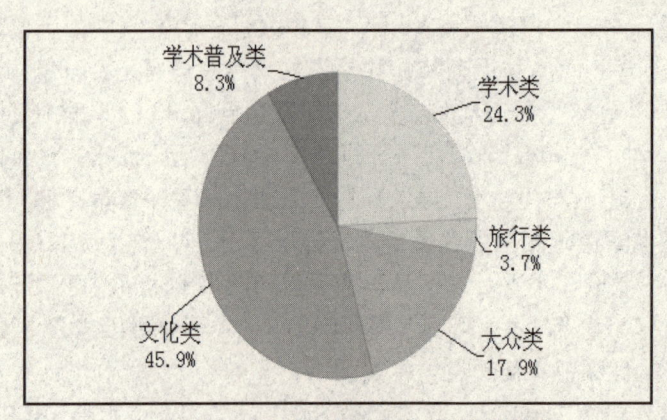

图9 2010年重印书各类数量比例

- 学术普及类 8.3%
- 学术类 24.3%
- 旅行类 3.7%
- 大众类 17.9%
- 文化类 45.9%

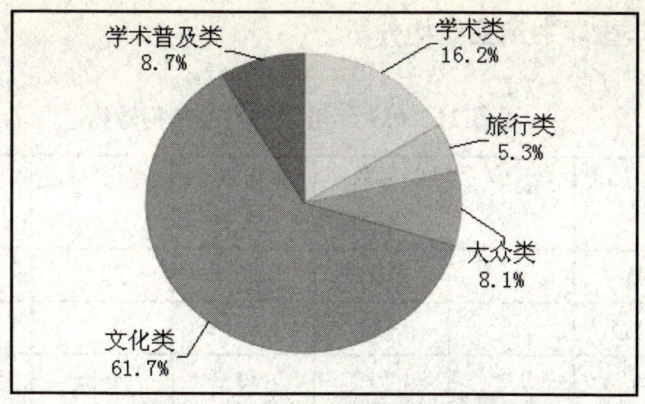

图 10　2010 年重印书各类码洋比例

2010 年学术类图书共重印 53 种（与去年相同），重印总印数为 32 万 5 千册。重印数量比例为 24.3%，重印码洋比例为 16.2%，差距比 2009 年更加明显，说明虽然印数多，但总体情况不理想。2010 年重印图书印数较多的只有《中国历代政治得失》的 4 万册。除《人生十论》《论语新解》《规训与惩罚》《国史新论》等为数不多的图书重印 1 万册，其余重印图书的重印数皆在 5 千册及以下。

2010 年学术普及类图书重印 18 种，比 2009 年多出 5 种。重印总印数为 20 万 8 千册。重印书品种数量虽为学术类图书的 1/3，可重印总印数却为学术类图书的 2/3，可见其单本重印册数是相对较多的。8.7% 的重印码洋比例超过了 8.3% 的重印数量比例。其中《美的历程》（精装）《中国大历史》《万历十五年》等图书重印数量较多。

文化类图书重印 100 种，超越 2009 年的 80 种。重印印数 126 万 1 千 4 百册，码洋超过 4 千万元。其中《目送》重印印数最多，达到了 30 万零 5 百册。《孩子你慢慢来》《我们仨》等图书重印印数也比较多。2010 年文化类重印图书的码洋比例与数量比例差值仍同 2009 年，为 15% 左右，差距仍十分明显，情况依旧乐观。

大众类图书重印 39 种，与 2009 年相差不多。主要还是蔡志忠漫画系列，今年多达 28 种，重印册数在每种 1 万册左右。另外"Home 书系"与"妹尾河童作品"重印册数在 1 万册以下。与 2009 年情况相同，大众类重印图书码洋比例和数量比例差值为负差值，情况没有得到改善。

旅行类图书重印 8 种，且全部为国际系列，数值如表 10 所示。

3. 2011年重印书产品结构分析

表11 2011年重印书产品结构数据

项目 类别	数量（种）	印数 （册）	重印码洋 （万元）	重印数量 比例（％）	重印码洋 比例（％）
学术类	47	269000	1201.90	20.2	14.1
学术普及类	15	169000	557.52	6.4	6.6
文化类	114	1712300	5759.62	48.9	67.9
大众类	49	276000	641.55	21.0	7.6
旅行类	8	42000	328.00	3.4	3.9

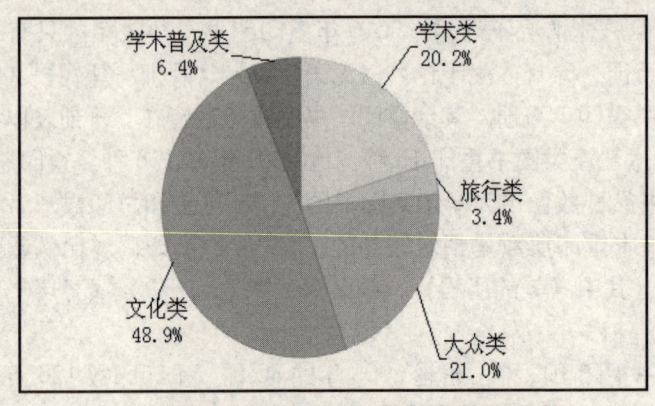

图11 2011年重印书各类数量比例

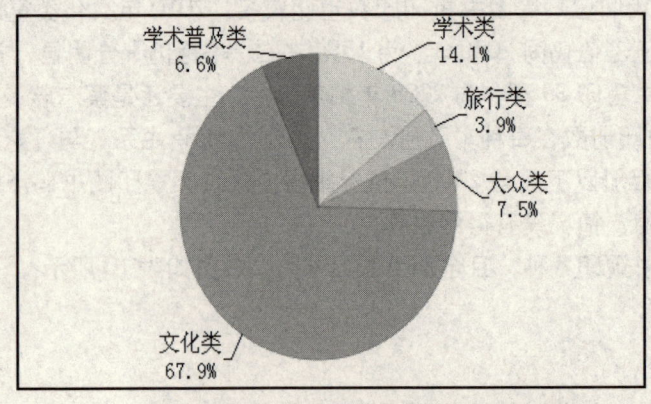

图12 2011年重印书各类码洋比例

2011年学术类图书共重印47种，重印印数为26万9千册，相比2009、2010年在品种与印数上均有小幅减少。数量比例与码洋比例差距仍十分明显，在6%左右，与前两年情况相同，并不乐观。重印数最多的是"钱穆作品系列"。

2011年的学术普及类图书重印15种，数量是学术类重印图书的1/3左右，印数却是学术类重印图书的2/3，与2010年情况基本一致。这说明学术普及类图书重印状况尚可。重印数最多的是《美的历程》与《中国大历史》两本图书。

2011年文化类图书重印数量高达114种，三年来文化类图书重印数量不断攀升。码洋比例与数量比例的差值也从前两年的15%左右上升到19%，这说明重印情况持续乐观。但文化类重印书存在主要依靠老品种支撑的情况，印数最多的是《目送》《野火集》《我们仨》《孩子你慢慢来》等常销书，也不乏新品种如《巨流河》《生活禅钥》和"中学图书馆文库"等，但相对而言新品种重印图书占少部分。

2011年大众类重印书情况不容乐观，共重印49种。码洋比例与数量比例存在负差值情况。重印图书品种还是以蔡志忠漫画系列与"妹尾河童作品"居多，绘本类"快乐使者Oups"系列重印，是2011年大众类图书重印情况唯一的亮点。大众类图书新书出版持续走高可重印书却持续低迷，这是值得出版社注意的问题。

旅行类图书重印情况一如前两年，只是2011年重印了2种国内系列图书。但总数依旧较少，共重印8种。

4. 综合分析

表12 2009～2011年各类重印书数据汇总

类别	项目	数量（种）	印数（册）	重印码洋（万元）	重印数量比例（%）	重印码洋比例（%）
2009年	学术类	53	338400	1137.52	27.3	20.7
	学术普及类	13	204000	518.30	6.7	9.4
	文化类	80	993800	3132.58	41.2	56.9
	大众类	41	204000	466.02	21.1	8.5
	旅行类	7	35000	252.00	3.6	4.6
2010年	学术类	53	325000	1132.74	24.3	16.2
	学术普及类	18	208000	606.50	8.3	8.7
	文化类	100	1261400	4322.05	45.9	61.8
	大众类	39	280000	564.95	17.9	8.1
	旅行类	8	45000	367.50	3.7	5.3
2011年	学术类	47	269000	1201.90	20.2	14.1
	学术普及类	15	169000	557.52	6.4	6.6
	文化类	114	1712300	5759.62	48.9	67.9
	大众类	49	276000	641.55	21.0	7.6
	旅行类	8	42000	328.00	3.4	3.9

2009年重印书总码洋5506.42万元，2010年重印书总码洋6993.74万元，2011年重印书总码洋8488.59万元（见表1、表2、表3）。这三年重印书总码洋不断上升。由表12可见，三年来重印书在图书品种上并没有同新书一样明显地起落，说明重印书的产品结构基本稳定，市场生命周期长，并在不断发展。

情况固然可喜，但也存在隐忧。

首先，学术类和学术普及类图书虽然在数量上基本稳定，在印数上却是逐年减少，使得码洋比例也在逐年减少。之前已经分析过，学术类和学术普及类图书依靠老品种支撑的情况严重。可见，如不加大选题创新力度，开发新的经典常销学术之作，挖掘新的学术作者，待老品种图书市场饱和，读者需求变低，这一产品线便会迅速进入市场衰退期，直至退出市场。

相比学术类和学术普及类这一产品线，文化类图书则一直情况良好，重印成绩十分突出。不仅在种类上逐年递增，而且码洋比例与数量比例的差值也越来越大，说明其赢利空间、重印价值还有上升的空间。但文化类图书也应加快新的选题开发，毕竟每年文化类图书重印最多的都是同一本图书《目送》，龙应台其他的作品重印数也一直居高不下。另外高阳、林达等作者被读者普遍认可，其作品重印数也很多。出版社应加大开发新作者、新选题的力度，不能一味依靠老作者的老作品去占领市场、满足消费者的需求。

其次，大众类重印书价值不大，长年依靠蔡志忠漫画等作品，大众类新书与重印书存在脱节现象。虽然2011年重印"快乐使者"系列绘本，可其他新书的重印却无法完成。这一方面说明需要时间，大众类新书的产品结构到2011年才基本稳定，重印类图书也需要几年才能跟上新书的出版节奏，并不能短浅地只看现在数据就推断其结果。另一方面，说明大众类图书需要更多的精力去研究选题方案，以找到切合市场、读者需求的作品。

最后，旅游类图书情况持续低迷，每年重印旅行类图书的数量基本保持在8本左右，可数量比例、码洋比例却在变化。在2011年，其数量比例和码洋比例均出现最低值。

（四）新书与重印书比较分析

新书与重印书这两条产品线虽然是平行的关系，但却不能孤立来看。首先，新书是由编辑决定的，编辑的偏好以及对某类型选题的熟识程度、人脉资源，都会影响新书的出版，并连带影响其产品结构。而重印书是由市场决定的，是市场给编辑的反馈。这里将分析重印书与新书之间的比例差值。

首先，笔者要提出假设，一年中某一类图书重印品种大于该类图书的新书品种可以说明在接下来的出版或者下一年度的新书出版中，可以加大该类图书的新书出版计划。因为这类图书市场认可度高，所以编辑应该开发更多这类选题。反之，如果某类书重印品种寥寥无几，则是市场的一种反应，在告诫编辑这类图书的市场空间不大。

接下来将分析的是重印书对新书的修正意义。接下来的比例差值都是用某类图书的重印书比例减去新书比例。

在此，讨论相关数据分成两种情况，第一种情况，两组比例差均为正数或者均为负数；第二种情况，两种比例差一为正数一为负数。

首先，考虑两种比例差均为正数或者均为负数的情况，本书将其定义为"同向"。

以文化类 2009 年数据（见表 15）为例，种类比例差为 0.3%，而码洋比例差为 16.1%。从种类比例差为正数判断，来年新书品种可进行增加。同时我们参考码洋比例差，发现重印书种类增加比例小于码洋增加比例，甚至相差悬殊（15.8%），也就是说用很少的种类增加就可以刺激很大的码洋增加。这进一步论证了重印书对新书的修正意义且这种修正效果是巨大的。

这一情况在两种比例差均为负数时同样可以论证。

因此，可以得出结论，比例差同向时，可以直接根据比例差修正来年新书种类比例。而具体的数字变化可以作为修正力度的参考。

其次，来看两种比例差为一正一负的情况。

以大众类 2011 年数据（见表 16）为例，种类比例差为 21%，而码洋比例差为 −7.5%。这时如果仅从种类比例差看，似乎应当增加大众类图书的来年新书比例，但如果参考码洋比例差，会发现增加的种类比例在码洋方面并不能转化成实际的利益赢收，相反还造成了一部分的"损失"。因此可以推断出大众类重印书的种类增加意义不大，甚至会起到相反的作用。

因此，当两个数据存在非"同向"情况时，应当根据码洋数来讨论种类数的修正意义，这个情况的分析要更具体化。这里的码洋参考价值要更大一些，占分析的主导地位。

1. 学术类图书新书与重印书比较分析

表 13　2009～2011 年学术类图书新书与重印书比例差值

项目 年份	新书种类 比例 (%)	重印种类 比例 (%)	种类比例 差 (%)	新书码洋 比例 (%)	重印码洋 比例 (%)	码洋比例 差 (%)
2009 年	35.8	27.3	−8.5	29.5	20.7	−8.8
2010 年	18.9	24.3	−5.4	15.0	16.2	−1.2
2011 年	29.8	20.3	−9.6	25.7	14.1	−11.6

注：比例数值均出自前面表格运算结果，新书比例为该种类占新书总数的比例，重印书比例为该种类占重印书总数的比例。比例差值是重印书比例减去新书比例所得的差值。

从表 13 中数据可清楚地看出，学术类图书三年都是"同向"且"同负向"，这足以说明学术类图书出版特点非常鲜明，且这种情况一直没有得到改善。重印书对新书的修正意义不大，换句话说，重印书无论是从码洋上还是品种上都不如新书。

这就应该令出版社的管理、领导人员深思，学术类新书的出版是否过剩？而被市场认可的图书品种是否较为单一？

这种情况在 2011 年更加严重，出现了种类比例差为 -9.6% 的状况、码洋比例差为 -11.6% 的最高值。这是一个信号，更是一个警示。由于该出版社的学术类产品已经是成熟产品，更应该高度重视，更应该以市场为考量标准，图书要精不能泛，以免成熟产品转变为衰落产品。

2. 学术普及类图书新书与重印书比较分析

表14 2009～2011年学术普及类图书新书与重印书比例差值

项目 年份	新书种类 比例 (%)	重印种类 比例 (%)	种类比例 差 (%)	新书码洋 比例 (%)	重印码洋 比例 (%)	码洋比例 差 (%)
2009 年	11.0	6.7	-4.3	8.2	9.4	1.2
2010 年	10.6	8.3	-2.3	8.9	8.7	-0.2
2011 年	3.4	6.4	3.0	2.3	6.6	4.3

学术普及类图书的情况相比学术类图书更为复杂。

从 2009 年的数据来看，虽然种类比例差是负数（-4.3%），但是码洋比例差却是正数（1.2%），说明从品种上看下一年学术普及类图书应有所减少，但是这种情况并不绝对，因为码洋还相对有所增加。

2010 年，新书中学术普及类图书比例有所减少，重印的图书种类比例有所增加，可是种类比例差仍为负数，和码洋比例差为同负情况。不过从码洋比例差看，情况并不严重（只是 -0.2%），说明下一年只要略加减少新书品种就可以解决这种情况。

2011 年，新书种类明显减少，仅占 3.4%，新书码洋随之减少，下降仅占到总码洋的 2.3%。与此同时，种类比例差和码洋比例差出现同正情况。

这是一个值得思考的问题，面对此种情况，学术普及类新书出版是否减少的过多？虽然在数据上并无不妥，但综观整个出版社图书产品结构构成，是否应该适当增加学术普及类图书的品种以谋求图书产品结构的平衡。当然，这种增加也是要有节制的。

3. 文化类图书新书与重印书比较分析

表15 2009～2011年文化类图书新书与重印书比例差值

项目 年份	新书种类 比例(%)	重印种类 比例(%)	种类比例 差(%)	新书码洋 比例(%)	重印码洋 比例(%)	码洋比例 差(%)
2009年	40.9%	41.2%	0.3%	40.8%	56.9%	16.1%
2010年	53.3%	45.9%	7.4%	48.6%	61.8%	13.2%
2011年	38.7%	48.9%	10.2%	35.3%	67.9%	32.6%

2009年的情况前面举例时已经分析过了，2010年可以看出新书种类比例明显增加，对应码洋也有所增加。比例差值还是同正情况，说明其产品结构正朝着正确方向发展，下一年可增加该类图书品种。

2011年，该类新书品种和码洋比例并没有按预期增加反而有所减少，而重印书的种类比例和码洋比例却在增加。比例差值同正的情况越来越明显，正差值也越来越大，尤其是码洋比例差值高达32.6%。这说明，其产品线可加大选题创新，多开发些新的选题，适当出版一些新的图书品种。

根据之前对文化类新书和重印书的分析，重印书依靠几本、几个作者带动印数、码洋的情况严重。比如三年重印印数最高均是龙应台的《目送》，2009年14万册、2010年30万册、2011年21万册，龙应台的其他作品也保持着很高的重印率。所以，这种现象就更加印证了文化类图书出版应加大对畅销书、常销书方向目标的开发，提高选题质量，编辑应该着力挖掘新的经典之作。

4. 大众类图书新书与重印书比较分析

表16 2009～2011年大众类图书新书与重印书比例差值

项目 年份	新书种类 比例(%)	重印种类 比例(%)	种类比例 差(%)	新书码洋 比例(%)	重印码洋 比例(%)	码洋比例 差(%)
2009年	3.5%	21.1%	17.6%	4.4%	8.5%	4.1%
2010年	12.8%	17.9%	5.1%	16.8%	8.1%	-8.7%
2011年	16.6%	21.0%	4.4%	15.1%	7.6%	-7.5%

2009年，我们可以很清楚地看到，大众类图书的种类、码洋比例差值是同正的情况，说明市场对大众类图书是有所需求的，这与该社的判断相吻合。2010年，情况发生了微妙的变化。虽然种类差值为正，可码洋差值却为负，这说明增长的大众图书种类并没有给出版社带来预期的效益。2011年该类图书品种又有所增加，可情况依旧不见改变。

造成这种情况的原因我们在前面的分析中已经提到过，大众类图书是该社从2009年末，成立大众部门之后开始运营出版的。其成长需要时间让编辑在不断的摸索中找准目标市场。绘本类图书在2011年的重印状况就很能说明问题。然而，若想尽快站稳脚跟，依靠单一品种、单一类别的图书是远远不够的。大众类图书品种、类别要多样，针对读者人群也要多样，需进行多种尝试。比如健康类图书，可针对中、老年人和年轻人进行不同的定位、营销策略。现在大众类图书的码洋差值为负，但相信这只是过渡阶段，我们不能过于悲观地看待这种情况，应把这种情况看作是激励出版社出版大众类新书品种的能力，使其不断进行品种的开发尝试。

5. 旅行类图书新书与重印书比较分析

表17　2009～2011年旅行类图书重印书与新书比例差值

项目 年份	新书种类比例(%)	重印种类比例(%)	种类比例差(%)	新书码洋比例(%)	重印码洋比例(%)	码洋比例差(%)
2009年	8.7	3.6	-5.1	17.2	4.6	-12.6
2010年	4.4	3.7	-0.7	10.7	5.3	-5.4
2011年	11.5	3.4	-8.1	21.7	3.9	-17.8

近三年旅行类图书负同向情况明显，在之前的分析中可以看出，旅游类重印书寥寥无几，却常有新书出版。这是因为旅行类图书属于版权引进类图书，而且又因其是指南类图书，具有时效性，需要适时更新，否则就失去效用，所以较之其他种类的图书，旅行类图书的重印情况较为少见。

点 评

前面已经很详尽地分析了三年中新书和重印书出版的情况，根据以上分析，笔者做如下总结。

1. 基于该出版的四条产品线

（1）学术类出版产品线（包括学术类图书和学术普及类图书）。

优点是已经取得了不错的口碑和市场认可，存在的问题主要是：首先，学术类图书、学术普及类图书依靠老选题、老作者的情况严重，新图书的量大却缺少质，缺乏新的可以带动市场的图书（丛书上尤为明显）；其次，学术普及类图书产品有些不足，应该适当增加，但也要注意要精不要多。

（2）文化类图书产品线。

这条产品线的优点是已经成为该社主打品牌，具有特色，而这种鲜明的特色使得该出版社可以保持这种风格并长久不衰。但此类选题也有可以改进的地方：无论是新书还是重印书，都存在依靠个别产品和个别作者支撑的情况，这种情况很危险，在市场达到饱和之前，出版社还需要开发更多的畅销书、常销书；选题很散，相比学术书其系列书相对较少，如中学生图书馆系列，可多开发、挖掘这种类型的丛书、系列书。

该社的编辑对于策划文化类的选题已经十分成熟，但同时这也是一把双刃剑。一方面编辑对选题的经验性会有所增加。可另一方面，随着编辑的熟识程度，编辑对选题的开发范围会越来越小，这会出现编辑只会策划可以做得好或者自己有经验的选题。所以依托一个作者或一类选题支撑该类图书的情况才会出现。既然现在该出版社文化类图书出版已经成熟，不妨再多加尝试，激励编辑向他们没有触碰过或经验不足的领域开发。这也是笔者想说的第三点，文化类的选题要多向各种方向发展，切忌死守陈旧。

（3）大众类图书产品线。

目前该社的大众类图书正在摸索阶段，优、缺点都很明显。首先，在不断扩大品种的同时缺少畅销书、常销书。其次，不能依靠单一品种和单一类别，应该向不同方向延伸，通过不断的实践去寻找目标读者。最后，需开发发行渠道，利用各种宣传手段，加大营销。

（4）旅行指南图书产品线。

重印书与新书之间存在脱节，重印书不多，印数也不高，这就要求新书一定要有利可赚才可弥补重印书状况的劣势。因前面提到2012年不会再继续出版旅行类图书，所以这里不再讨论。

总而言之，其合理产品线应归结为：精品学术、主打文化，枝叶向学术普及、大众扩散。

2．基于该出版社的战略

波士顿矩阵，又称市场增长率——相对市场份额矩阵，其提出了一种用来分析和规划企业产品组合的方法，解决了企业产品品种与市场需求关系的问题。这里用波士顿矩阵，分类并评析出版企业应采取的出版物产品战略。

根据波士顿矩阵，把出版社产品分为四类。

第一类：市场占有率高、销售增长率也高的出版物，此类出版物称之为"明星类产品"。第二类：市场占有率高、销售增长率低的出版物，此类出版物称之为"现金牛类产品"。第三类：市场占有率低、销售增长率高的出版物，此类出版物称之为"问号类产品"。第四类：市场占有率低、销售增长率低的出版物，此类出版物称之为"瘦狗类产品"。

每一个出版物都存在市场生命周期，例如该出版社文化类图书较大众类图书来说，生命周期长，且市场占有率高，赢利多，现金收入多。因此，该社的文化类产品是现金牛类产品，出版社可以用此类产品支持其他需要现金带发展的产品。而在支持问号类产品（该社大众类图书）时，出版社应慎重考虑这样做是否合算。

而对于市场占有率低、销售增长率高的问号类产品，由于其产品生命周期短，所以更需要出版社打开发行渠道，加大、加强发行并根据情况选择依靠现金牛类出版物的现金支持。

不过，应该注意这四类出版物的位置不会固定不变。这就要求出版社要重视每一个位置上的产品。比如，该社的明星产品学术类图书，如果大意地以为其已经占据一部分市场份额而疏忽对待，那么其从明星产品变为问号产品也是有可能的。而且，对于一个出版社来说，明星类、现金牛类出版物不能太少，而另两类出版物不能相对过多，并且对不同的出版物应持不同的投资策略。

其一，发展。目标是提高出版物的相对市场占有率。这种策略适用于问号类出版物，应与有效的促销组合结合，使它们尽快转变为明星类出版物。

其二，维持。目标是维持出版物的相对市场占有率。这种策略适用于现金牛类出版物，使之保持在市场生命周期中的成熟阶段。

其三，收割。目的在于尽可能多追求短期利润，而不顾长期效益。此策略适用于生命周期很快就要从成熟期转入衰退期的出版物。应对其减少投资，趁其在市场中还有价值时趁早收割。

其四，放弃。目的是清理、变卖现存出版物。适用于没有市场，或者妨碍出版企业增加赢利的某些瘦狗类出版物。

日知图书公司近三年产品结构调整案例分析

产品结构调整是民营图书公司应对瞬息万变的出版市场的核心武器。上世纪80年代末，中宣部和新闻出版总署明确提出："优化选题，调整完善图书结构，是提高图书质量、多出好书的关键。"经过近二十五年的发展，我国出版业和以民营图书公司为首的新生出版力量在产品结构调整、繁荣出版市场方面进行摸索并实践了诸多课题，并在一定程度上取得了成功。但是，如果从满足广大人民群众日益增长的精神文化需求的角度来审视，我国出版业生产的产品和当今市场需求仍存在很大的差距。党的十七届六中全会吹响了文化大发展、大繁荣的号角，今天的出版业更加强调产品结构调整，这具有极其重要的现实意义。做好产品结构调整是实现出版业、出版社、民营图书公司协调发展、可持续发展的必然要求，是满足广大人民群众日益增长的精神文化需求的必然要求，是增强国家文化软实力的必然要求。

出版企业的产品结构调整是指在满足图书市场需要和国家政治要求的前提下，在各种基础条件（技术装备、生产能力、企业资源、市场销售等）的制约下，寻求出版企业各种不同产品之间的最佳组合。出版企业的产品结构调整的整个过程也是出版企业产品战略决策的推进：遵循一定的优化调整原则，考虑市场需求、读者阅读兴趣等多方面的外部条件和自身制约因素，运用科学的决策方法和手段，对多种产品的组合方案进行论证、比较，直至最终找出不同产品的最佳组合。出版业的产品结构需要通过不间断的新产品开发、改进以及淘汰老产品，适时调整企业产品战略来实现。

一、出版业与日知图书公司现状概况

（一）出版业现状概况

新闻出版产业作为中国特色社会主义文化产业的基础和核心组成部分，是中国经济转变方式需要着重发展的产业，同时出版产业自身也面临着转变发展方式的问题。2010年10月，党的十七届五中全会通过了《中国中央关于制定国民经济和社会发展第十二个五年规划的建议》，其中提出"十二五"规划的指导思想是以科学发展观为主题，以转变发展方式为主线，提出要推动文化产业成为国民经济的"支柱型产业"。

2010年新闻出版业总产出达到1.2万亿元，据新闻出版总署对比中国出版集团、凤凰出版集团、浙江联合出版集团、河北出版集团、中国科学出版集团的销售收入增长率，其销售收入增长的平均值为12.74%。

《2010—2011中国出版业发展报告》中提到：出版业转变发展方式必须坚持以人为本的发展理念，出版业发展方式转变的根本目的，是不断满足人民群众日益增长的精神文化需求。2010年出版业更注重文化价值的传播，注重内容质量的提升，注重通过出版销售广大人民群众喜闻乐见的富有文化含量的精品出版物来实现出版规模的增长。

随着出版业转变发展方式的脚步，国家政策对民营图书公司发展提供了更多的机会，提出更高的要求。2010年，新闻出版业建设了"农家书屋工程"为首的诸多出版事业发展工程，其主要任务就是构建公共文化服务体系，这些出版事业发展工程亦为民营图书公司拓宽了发展的道路。

（二）日知图书公司概况

北京日知图书有限公司是中国民营图书公司中的老牌企业，是一家专业从事图书选题策划、书稿编辑、设计制作、图书发行的企业。在出版业界中，日知图书公司出版的生活类图书在图书市场上有着很好的口碑。自1993年成立至今，"日知图书"已成为了一家具有独特出版特色的图书品牌，并以"渠道内容服务商"的商业模式、"优秀大众彩图版图书"的产品品质，在合作伙伴和读者中树立了良好的企业形象。经过全公司上下近二十年坚持不懈的共同努力，逐渐形成了"日知图书"这一行业知名的书业品牌。

2011年日知图书公司的销售回款达到1.3061亿元，较2010年的1.1713亿元增长了约11.6%，虽然较行业巨头的平均增长值较低，但是这样的增长率足以证明日知图书公司是在出版业界具有一定竞争力的。2011年日知图书的产品规模（生产实洋）达到了1.8623亿元，较2010年的1.6346亿元相比增加了近14%，而发货实洋则由1.4347亿元增长到1.7794亿元，其增长率高达24%。从这两个数据来看，日知图书公司在出版物生产、销售两个环节已经达到了一定的高度。

日知图书公司始终坚持追求卓越的创新精神。社科、收藏、少儿、生活这四大出版领域是该公司的优势出版领域，除了这四大优势出版领域，日知图书公司在更多的领域内也在进行着探索；在坚持传统的书店销售渠道、直销渠道、网上书店渠道、商超卖场的同时，不断开发和寻找新的商业模式，与更多的合作伙伴一起分享日知图书所带来的价值。

日知图书公司始终坚守中国出版行业参与者的使命感与责任感。"中国出版走出去"对于中华文明传播具有不可估量的重大意义，基于这个出发点，日知图书先后成功地向海外输出了《中国通史》《中国通史少年彩图版》《游遍中国》《上下五千年》《图说天下中国历史系列》等作品英文、韩文、中文繁体等不同语言文字版本。

　　日知图书公司最初经营工具书，以邮购方式进行销售。上世纪90年代末，李某加盟日知公司，主管财经类工具书，实行的仍旧是直销渠道。经过多年的内容积累，2003年日知图书公司开始调整出版方向，也曾盲目地以市场为导向发展过产品、产品线，然而收效甚微。日知图书公司意识到，图书的销售链条是从经销商到书店、再到读者的，民营出版商并没有机会直接面对读者，而对经销渠道的熟络与深刻认知，才是日知图书公司在多年发展中积累的最佳的企业资源，定位渠道为核心的出版要比以市场为导向更易进行实践。为渠道服务，而非直接为读者服务，便成为日知图书公司的出版理念。

二、日知图书公司产品结构和发行渠道

（一）日知图书公司产品结构现状

　　由于日知图书公司的核心出版理念是为渠道服务，所以其产品结构和发行渠道有着紧密的关系。日知图书公司的产品共分为7个大类、29个小类。2011年全年，日知图书公司投放各种发行渠道的图书共计889种，较2010年的732种增加了157种。

　　按照产品类型占总产品规模的比例，我们可以清晰地发现超市促销品在日知图书公司的产品规模中占有最大的比例，达到了近37%（见图1）。而排列其后的是社科类图书占17%，少儿类图书占13%，生活正价品和礼品书分别占据12%。产品结构中所占比例最少的是单品书的6%，收藏正价品图书占到了3%。

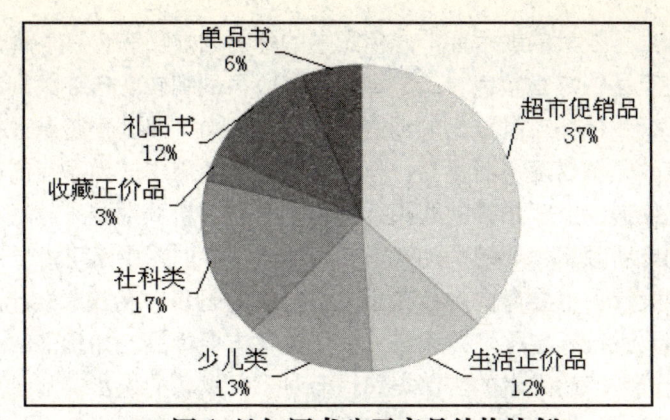

图1 日知图书公司产品结构比例

超市促销品 37%
生活正价品 12%
少儿类 13%
社科类 17%
收藏正价品 3%
礼品书 12%
单品书 6%

（二）日知图书公司发行渠道现状

日知图书公司在近二十年的发展历程中积累了殷实的发行渠道基础，现有的发行渠道包括：商超渠道、传统批发、电子商务、直销渠道、农家书屋等渠道。按照渠道的差异，日知图书公司在各渠道投入了不同的产品（见表1）。

表1 产品结构和发行渠道的对应情况

类别＼渠道	商超渠道	传统批发	电子商务	直销渠道	农家书屋
超市促销品	✓		✓		
生活正价品		✓	✓		
少儿类		✓	✓		✓
社科类		✓	✓		✓
收藏正价品				✓	
礼品书				✓	
单品书		✓	✓		

日知图书公司在商超渠道的特点体现在"贴近购买，与大众日常消费相适应"。日知图书公司在商超渠道投入的图书主要都是专门为渠道打造、供应的超市促销品，其中类型以生活类（烹饪、娱乐、美容、健康等）和少儿类（育儿、幼教等）等实用性图书为主。日知图书公司根据渠道需求，紧扣这两大类主题，在比较商超渠道的其他同类产品后发挥自身资源优势，凸显出日知图书公司的超市促销品特点：一是在超市促销品中大量使用图片，日知图书公司的菜谱系列全部由公司出资

拍摄图片，建立了强大的图片库，彩色图书的优势凸显出来，在表现形式上形成了日知图书公司产品的感官特色；二是日知图书公司的编辑队伍在策划图书过程中的导向性明确，编辑依托自身强大的创造力和编辑能力，对公司资源进行整合，再加上对销售渠道的了解程度不断提高，充分掌握渠道的需求成为了在商超渠道立足的法宝。在商超渠道，顾客频繁的购买行为要求产品更新周期越来越短，这就要求产品生产组织的更新频率也要随之加快。商超渠道销售的图书不可能要求销售周期较长，在产品的设计上也要考虑产品在超市中摆放的因素，在开本设计、封面选择、内容安排上都要进行一定程度的调整。生活类超市促销品，如食谱、家居、健康等种类的图书便成为商超渠道的常销类别。而对于大卖场的供货，则以品种全、分类细为特点进行设计、打造产品，不但要提供畅销书，还要有大批定价低、好品质、好纸质的性价比优良的大众常销书作为金字塔型销售链的基座。

日知图书公司的传统批发渠道即出版业最传统的书店批发渠道，主要经营生活正价品图书、少儿类、社科类、单品书等。近年来受到电子商务、数字出版的冲击，传统批发渠道的规模正逐步缩减，根据日知图书公司的发行情况（按发货实洋计算）看，2009年至2010年传统图书批发市场的规模缩小了近一半，从9118万元下降到4433万元，2011年基本维持在2010年的水平（见图2）。

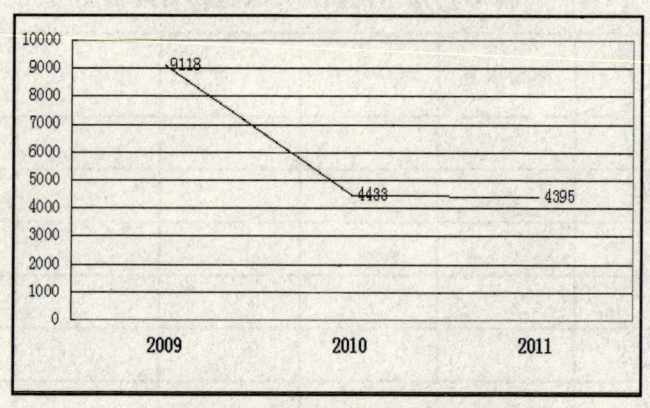

图2 传统批发渠道的发行情况

在传统批发渠道受到读者欢迎的图书产品，基本上都是日知图书公司的经典产品，虽然在发行规模上有所下降，但是这种图书市场的变化为日知图书公司的产品结构调整和发行渠道战略带来了调整、更新的契机。

日知图书公司的电子商务发行渠道和直销渠道的情况与传统批发相反，在2009年至2011年间实现了稳步的增长。电子商务渠道的发行规模，从2009年的764万元提升到2010年的978万元，又在2011年实现质的飞跃达到2216万元。

表2中显示，公司在电子商务渠道投入了最广泛的产品种类，其中涉及超市促销品这样的廉价图书，亦有专为中高端渠道打造的单品书系列。根据数据统计显示，电子商务渠道的赢利能力也是公司各发行渠道中最强的，达到了54.50%。

日知图书公司的直销渠道赢利状况紧随电子商务渠道之后，达到了51.90%。日知图书公司的直销渠道历史悠久，从1993年日知图书公司成立之后便主要依托直销渠道进行图书的推广与销售。现在的直销渠道已经与最初的直销方式大相径庭，最初的直销渠道主要依赖图书推销员上门推销，而如今的直销渠道已经发展到多种模式并存。现在的直销渠道主要包括：政府合作、邮局销售、校园推展、小区推展，还有带有公益性质的各种展销会。政府合作是直销渠道中最为宝贵的资源，除了销售量及利润的提升，与政府合作的直销为日知带来了业内声誉。而邮局销售、校园推展、小区推展则可视为纯商业的直销行为，这种直销一定程度上面对读者本身，另一方面与校园图书馆的合作可以为日知图书公司建立坚实的合作关系伙伴。在直销渠道投入的图书基本上都是"高码洋、低折扣"的专门为此渠道定制的精装书、礼品书和收藏类图书。直销渠道的客户与高端商超（机场书店等）的客户类似，他们对于图书的价格并不十分敏感，而对于图书的质量要求却非常高，日知图书公司利用自身熟知渠道规律的优势，在面对竞争对手时不是简单地以价格争取读者，而是提供具体的项目服务来争取胜利，这尤其体现在直销渠道中，以高品质战胜对手。

日知图书公司的农家书屋渠道是随着国家政策扶持的"农家书屋"工程建设起来的。2007年3月，为深入贯彻落实中共中央、国务院《关于推进社会主义新农村建设的若干意见》和《关于进一步加强农村文化建设的意见》，切实解决广大农民群众"买书难、借书难、看书难"的问题，国家新闻出版总署会同中央文明办、国家发展改革委、科技部、民政部、财政部、农业部、国家人口计生委联合发出了《关于印发〈农家书屋工程实施意见〉的通知》，开始在全国范围内实施"农家书屋"工程。日知图书公司在农家书屋渠道主要投入了少儿类和社科类图书，但是这些图书与其他渠道投入的同类图书具有一定的差异。具体表现为在内容上，日知图书公司的图书更加注重贴合农村书屋发展现状，文字浅显易懂，搭配精美的图例和图片，适合农村读者的需要。形式上，日知图书公司的图书产品为了贴合农民大众的审美习惯，针对农家书屋工程的产品进行了一定程度的包装简化，使其更适合农村书屋的风格以及农民的阅读习惯。农家书屋工程的建设自全面开始实施至今已有五年的时间。截至2011年底，全国累计建成农村书屋50.5万个，预计到2012年底，农家书屋工程将迎来64万行政村的全面覆盖，届时每个行政村都会拥有图书室，如此看来日知图书公司在农家书屋渠道上仍具有大量的发展机会。

三、日知图书公司的产品结构调整战略
（一）根据政策引领在新发行渠道中调整产品结构

政策在产业发展中扮演着必不可少的领导作用，一个新的国家政策的及时出台可能会对其相应的产业起到挽救性的作用。"农家书屋工程"的开工建设就是国家为出版业创造的新机会。农家书屋对于出版业的启示，既是广大农民群众对于精神文明生活基本要求的提高，又是建设社会主义新农村的最佳途径之一。在物质生活资料逐渐丰富后，中国广大基层农民群众必定有对于文化生活的要求，而农村书屋作为农村公共资源势必得到农民大众的认可。农村书屋的开工建设亦为民营出版公司带来了新的机会。同样作为国家引导的新生力量，数字出版也是不可忽视的发行渠道。国家出资建设数字出版基地，各大城市也争先建设相关产业园区，随着我国版权保护法律、相关科技的建设和完善，数字出版领域必定会引起传统出版企业争相进入。在数字出版环境下，仍旧存在着大量亟待解决的问题，诸如数字出版发行平台和数字出版物的阅读器种类仍不够丰富、在传统出版物面前没有价格优势等。

日知图书公司在农家书屋和数字出版这两个发行渠道中皆付出了精心的努力工作。在农家书屋方面，2009 年公司图书在该渠道的发货实洋达到 325 万元，2010 年下降到 184 万元，而 2011 年则快速增长到了 1058 万元。纵观日知图书公司产品在农家书屋的发行情况可以看出其在 2010 年的下降、2011 年的大幅度回升与其投放在该渠道的图书的总体发行情况有着一定的联系。（见图 3）

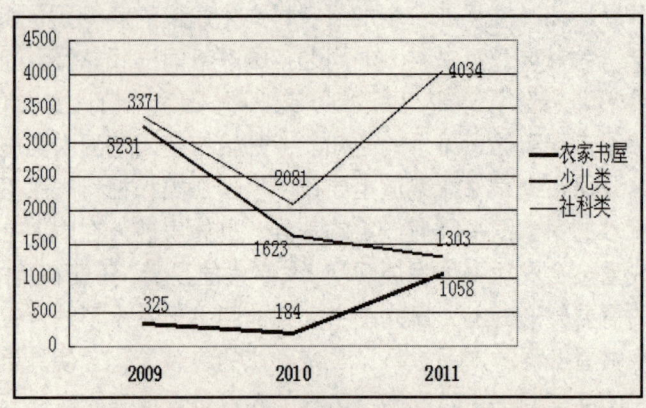

图 3 农家书屋发行量与其产品结构关系

从图中 2009 年至 2010 年的数据变动可以看出，农家书屋发行状况的不佳与少儿类图书发行实洋减半、社科类图书发行实洋大量减少有着不可分割的关系，而观察后半段 2010 至 2011 的直线可以清楚地知道，社科类图书的发行情况大为好转带动了农家书屋发行状况的回暖，而在这里也能看出少儿类图书在 2011 年的发行状

况不佳没有给日知图书公司在农家书屋的发行带来太大的影响。日知图书公司所做的少儿类图书以精品类为主，主要针对城市中高端客户，其在农家书屋中布局的主要是适合农村基本情况的基础类读本和少量中高档儿童图书，所以整体规模的下降对于日知图书公司产品结构调整和渠道管理存在一定程度的影响。研究三条折线的斜率可以发现，2010年至2011年农家书屋直线的斜率基本上等于社科类减去少儿类之差，因此可以判断，日知图书公司在农村书屋投放的社科类出版物是其在该渠道的支柱产品类型，社科类图书主要以农村政策解读、农业科学技术、农村生活等内容的图书为主，农村读者对于这些有指导意义的图书比较欢迎。所以，今后几年，在国家政策不断推动农家书屋工程进程，扩大其规模的情况下，日知图书公司仍存在极大的发展机会。抓住优势，补强弱势，在农家书屋渠道的产品结构调整中，公司应该把握自身在社科类图书已有的良好基础，在不断减少的少儿类图书中发现问题，找到适合农村儿童的少儿类读物的切合点，更好地策划更多适销对路的产品投入其中。

在关于日知图书公司2009至2011年按产品结构做出的投入品种情况调查中，社科类图书的新品种连年增加，其具体情况为2009年社科类新增加品种90种，2010年新增加品种153种，2011年新增加品种165种。而2011年日知图书总计投入新书品种为564种，单社科类图书就占到总新书品种的约30%，更在所有产品种类中所占比例最多（其次是商超促销品的122种，占到21%）。少儿类图书的新投入种类与社科类存在较大差异，2009年公司少儿类新增加品种为134种，2010年新增加品种为187种，而2011年则只投入了71个新品种，在这三年间，少儿类新品种的投入比率分别占到总投入新品种的25%、23.9%、12.6%。由此可以看出，少儿类图书在公司的新投入种类比率中逐渐下降，这一定程度上也影响了该类图书在各渠道的销售，而社科类的投入量则保持着上升的态势，在接下来的几年中社科类图书势必成为公司图书产品结构调整的核心。

对于同为国家引领的新发行渠道，日知图书公司在数字出版领域踌躇满志。在数字出版平台，许多广为人知的日知图书公司曾出版发行的畅销书，以及更多在各渠道受到大众读者欢迎的图书被推上台面。根据数字出版渠道定制属于这个渠道的出版物也给公司未来的发展提出了新的要求和目标。

利用SWOT战略环境分析法进行分析，无论是农家书屋还是数字出版都是难得一遇的外部环境机会，国家对出版行业的高度重视，让整个出版业的社会作用和社会责任都有所增加，这对日知图书公司来说也是利好消息。紧随国家发展的战略脚步，在知识产权问题不断得到落实的同时发挥自身"渠道服务"的特点，公司完全有能力在新渠道里站稳脚跟并且在激烈的行业竞争中谋求发展。

（二）如何面对电子商务的发展进行产品结构调整

随着世界各国对电子商务关注度、投入的持续增长，全球电子商务市场在近几年来发展迅速。2011年全球电子商务市场总规模达到6800亿美元，同比增长18.9%，预计到2013年，全球电子商务市场总规模将达到9630亿美元。回顾过去，2004年全球电子商务市场的规模已经达到了2.5万亿美元，2006年达到了5.8万亿美元。在此期间全球电子商务交易数量、规模都在以50%左右的速度迅速增长。

对比全球电子商务市场的快速发展，日知图书公司在电子商务渠道上也取得了相当优异的成绩。2009年，公司在电子商务渠道的发货实洋仅有764万元，2010年这个数字增长到978万元，2011年则发生了显著的变化，公司在电子商务渠道的发货实洋增长了127%，达到了2216万元。除此之外，按照发行渠道来看公司的赢利（发货毛利率）情况，电子商务渠道的发货毛利率排在所有发行渠道之首（见图4）。

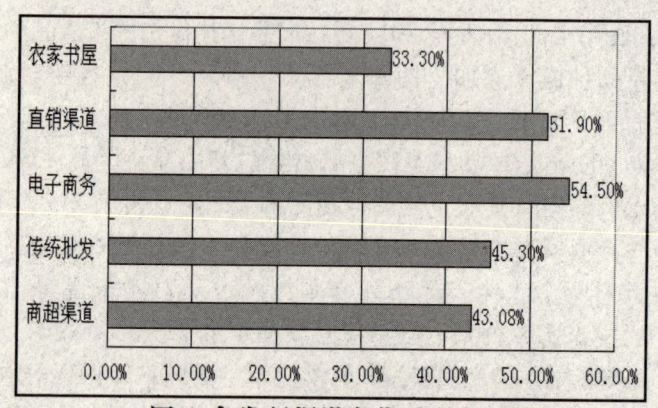

发行渠道	发货毛利率
农家书屋	33.30%
直销渠道	51.90%
电子商务	54.50%
传统批发	45.30%
商超渠道	43.08%

图4 各发行渠道发货毛利率对比图

从日知图书公司年度赢利情况来看，电子商务渠道54.40%的发货毛利率远高于其在2009—2011年三年的年发货毛利率。2009年，公司总的发货毛利率为49.65%，2010年下降到43.98%，2011年又增长到46.49%。总体来说，虽然赢利状况略有波动，但是总体比较稳定，三年的平均发货毛利率为46.67%。电子商务渠道的发货毛利率54.50%比这个平均值高了7.83个百分点，说明公司在电子商务渠道投入的产品结构中，毛利率高的产品类型占的比重很大。

日知图书公司在电子商务渠道投入了除收藏正价品和礼品书以外的所有产品类型，与农家书屋渠道比起来，其产品结构更加复杂，影响其赢利状况的因素也更多。面对选择网络购物的大众群体，公司为其定制、投入的丰富的产品构成情况见表2。

表2 电子商务渠道投入的各产品类型的赢利状况

单位：%

年份 类别	2009年	2010年	2011年	三年平均值
超市促销品	46.75	39.65	42.70	43.03
生活正价品	50.29	48.06	50.88	49.74
少儿类	46.12	36.10	37.60	39.94
社科类	55.12	51.31	43.49	49.97
单品书	54.70	62.80	52.15	56.55

通过表2可以看出日知图书公司在电子商务渠道54.50%的高毛利率要归功于毛利率高的单品书、社科类图书和生活正价品图书。单品书是公司一直坚持的产品类型，一般来说单品书就是畅销书，但是对于公司来说单品书不止于一般意义的畅销书。公司最著名的畅销书有四个系列，分别为《货币战争》系列、《中国大趋势》系列、《再启动》系列、《图说天下》系列。前三个系列在2010都曾单独作为"畅销书"的产品类型归类于公司的产品结构中，据2010年3月的发货统计，一个月，四个系列共发货30300册，在除超市促销品的全部发货类型中，占到了近6%，而其发货实洋则占到了7.5%。这可以看出作为单独一个类目，这三个系列在当年成为了公司产品结构的重要组成部分，但是因为其后市场发生变化，所有的畅销书都被归在了单品书的类目下，而这个类目亦因重新组合而变得更加强大，这从电子商务渠道的单品书高达56.55%的三年平均毛利率就能够清楚地看到。从整理的2009—2011年单品书发货实洋的资料中可以了解到，2009年公司的单品书品种仅有3种，发货实洋为933万元，每种图书的发货实洋就有311万元；2010年单品书品种增加到30种，发货实洋规模为737万元，平均每种图书的发货实洋为24.57万元；2011年，单品书种类继续增加，达到了56种，而发货实洋也实现了飞跃，较2010年增长110.9%达到了1554万元，平均每种图书的发货实洋为27.75万元。

编辑策划畅销书是一件困难的事情。市场上众多的图书公司都在寻求机会打造属于自己的畅销书。一本图书从进入市场，被读者认知、购买，再到造成影响力成为畅销书，需要各方面的力量支持，拥有畅销书，就意味着为自己的公司吹响了占领市场的号角，就意味着图书品牌已经在读者中得到了认可。日知图书公司曾经在这里成功过，如今也一如既往地在努力，畅销书无论是在现在还是在未来都是图书公司的创名、创利之道，将畅销书作为公司的追求目标，是非常具有实际意义的。

三年平均毛利率值排在单品书之后的分别是社科类图书和生活正价品类图书。日知图书公司不但专为农村书屋策划出版社科类图书，也为广大选择网络购书的读者策划出版了相应的图书。2009年日知投入市场的社科类图书共180种，发货实洋3371万元；2010年社科类图书共159种，发货实洋2081万元；2011年则为177种，但是发货实洋则飙升至4034万元。2010年因为张悟本事件的发生对于当时医学类社科图书占据半壁江山的市场来说是严重的打击，但是公司没有因此颓败，反而在2011年调整产品结构，在该类目实现了突破。现在，日知图书投入电子商务渠道的社科图书系列有：书立方、国医绝学健康系列、梦想之旅、全景二战、天下收藏、超值典藏、科技文献、心灵咖啡和中国学生的第一套科普读物等。在公司投入电子商务渠道的社科类图书中，超值典藏系列独占鳌头。超值典藏系列推出了90多个品种的图书，单月发货量30余万册，发货实洋近300万元，而这其中有近60个品种在诸如亚马逊图书（原卓越亚马逊）、当当图书、京东图书等大型图书类电子商务网站进行销售，并且销售成绩喜人。

日知图书公司推出的生活正价品类图书在2009年共推出106种，发货实洋3215万元；2010年推出42种，发货实洋990万元；2011年推出109种，发货实洋1732万元。在大型图书电子商务网站输入"日知图书_生活"共可以找到200多个品种，但是其中大部分都是日知推出的超市促销品中生活类的廉价图书。公司投入电子商务渠道的生活正价品类图书的系列有：生活坊、七彩生活、悦动减肥馆、新美食坊、图说生活、品质生活等。在这些系列中，品质生活系列是其中的佼佼者，其单月发货册数达到8万册，发货实洋达到近120万元。投入电子商务渠道的品质生活系列有20多个品种，一般都是图书捆绑DVD的销售形式，主要涉及的内容包括美容、减肥、美食等女性关注的题材。公司在竞争激烈的生活类图书市场中生存依靠的是其对渠道的了解和产品的准确定位，超市促销品中的生活类定位在低端，而电子商务渠道的生活正价品则定位在中端水平，适应了渠道，适应了市场，也就抓住了赢取利润、进一步打开市场的机会。

未来，电子商务的发展会让便捷的购物体验成为更多人的选择，日知图书公司应该在可行的范围内规划好自己的产品结构，推出更多优秀的单品书、社科类和生活正价品图书。而少儿类图书虽然发货毛利率较低，但是电子商务的发展必然会使更多青少年或其家长选择网络购买少儿类图书，而能否用自己的包装设计、内容质量吸引到他们的眼球，也将是公司要重点研发的课题之一。

（三）应对直销渠道的增加调整产品结构

从1993年日知图书公司创立至今，直销渠道一直是公司的主要销售渠道。从

第一章
出版产品结构调整综合案例评析

进入出版行业开始，公司就是以经营工具书，依靠邮购形式经营。时至今日，其直销渠道已经发展到多种多样。上文已述，公司现在的直销渠道包括：政府合作、邮局销售、校园推展、小区推展以及公益性的各种展销会。公司在直销渠道现阶段只供应收藏正价品图书和礼品书。2009年这两类专供直销渠道的图书总共推出28种，发货实洋866万元；2010年，推出37种，发货实洋1591万元；2011年，这两类图书的种类增加到105种，发货实洋更跃进到2399万元。在直销渠道，公司的发货毛利率为51.90%，而再看2009-2011年专为直销渠道打造的礼品书和收藏正价品图书的发货毛利率，分别为48.88%、50.84%、55.29%，其平均值为51.67%。也就是说随着三年直销渠道不断被开拓，投入图书品种的不断增加，礼品书和收藏正价品图书的产品结构不断得到调整，公司的直销渠道得到了稳定、长足的发展。

近年极其受到关注的新的直销形式——团购，算是日知图书公司培育和发展的一个新的重点项目。公司的礼品书和收藏正价品一直都是以高码洋、低折扣的形式出现在市场上，给许多购买阅读、馈赠、收藏的读者带来了"高端"的收藏阅读体验，以团购的形式销售势必就要打出一定的折扣牌，但是并不以牺牲产品质量为代价，反而可以在控制成本的同时给予购买者更好的体验。

虽然目前看来直销渠道还不足以代替商超渠道和传统批发渠道成为可为公司带来最大销售量的渠道，但是凭借其"高端"定位和"高端"质量，直销渠道有希望在传统批发渠道逐渐衰落的同时崛起。公司在直销渠道的礼品书和收藏正价品是社会上流行的高端"文化礼品"，随着我国经济发展以及和各国经济联系的逐渐加深，这些"文化礼品"非常适合"走出去"，但是这也要靠日知投入更多的精力，把"文化礼品"做得更加精致，去当代文化之糟粕，留取中华文明之精华，相信不远的未来日知图书公司的精品图书定会出现在外国读者朋友的书架上。

目前日知公司的收藏正价品图书主要分为四个系列：中国收藏艺术品欣赏（每册均价158元）、鉴宝大众收藏（每册均价26元）、收藏入门百科（每册均价88元）、名家谈鉴定（每册均价98元）。礼品书则分为八个类目，包含收藏、养生、地理、社科历史、常春藤学生版、常春藤儿童版、藏书阁和校园书架。礼品书形式基本上都以大16开精装，三册一套配以精致的纸盒包装或者其他包装，每套售价298元。以此可见，公司在细分产品结构之后，对类目产品的定位也十分精准，既有不到30元的普及类，也有几百元的高端精装书，面对各个层次的消费者都有适合其消费能力的产品，就目前的发货量来看常春藤学生版和常春藤儿童版以每月近万套的发货量占据礼品书和收藏类图书的榜首，2011年12月这两个系列的图书发货实洋分别达到280万元和320万元，成为公司所有图书中发货实洋最多的两个系列。

从调整产品结构的角度看，2010年至2011年，公司对礼品书在原有基础上做的产品系列细分对其2011年的高销售量产生了极大的积极影响，在高端读者越来越挑剔的今日，只有制作符合其"高端"口味的图书才能留住读者。收藏正价品图书虽然在价格细分上已针对各个阶层的消费者，但是产品细化程度仍旧存在不足，若想在收藏类图书市场中占据一席之地就必须要了解这个市场读者的真实需求，开发适应收藏市场变化的该类图书。近年，电视台新推出的收藏品拍卖类节目广受大众好评，公司可以增加类似题材的有关收藏品市场变化的图书系列来迎合市场的变化。

（四）面对发展成熟的发行渠道调整产品结构

商超渠道和传统批发渠道是日知图书公司在2009—2011年发行情况最佳的两个发行渠道。此问题前面做了一定的概况性描述，商超渠道的市场规模在波动中略有萎缩，传统批发则呈现大幅度下降。但无论如何，2011年商超渠道的发货实洋仍旧达到了4389万元、传统批发渠道的发货实洋达到了4395万元，这两个渠道占到总发货实洋的60.76%。电子商务渠道、直销渠道和农家书屋渠道，这三个发行渠道的增长量表面掩盖了商超和传统批发渠道的颓势，而若不能重新在商超和传统批发渠道找回一些增长点，公司的整体发展将会受到限制。

在商超渠道，公司投入的是专为渠道定制的商超促销品，这类产品价格低廉、携带方便、内容丰富、品种众多，其定位主要为在超市购物的中低端阅读需求者。超市促销品图书在2009年共计发行361种，发货实洋4076万元；2010年共发行316种，发货实洋5326万元；2011年共发行326种，发货实洋3435万元。由发货实洋来看，2009—2011年间商超促销品图书经历了波峰，而后跌入低谷。商超渠道的统计结果与其略有出入。在商超渠道，公司2009年发行实洋有4619万元，2010年达到5162万元，2011年退回至4389万元。一方面，这是因为电子商务渠道也对超市促销品进行销售，另一方面则是一些正价品图书开始进入到商超渠道。也就是说，面对商超渠道表现的低迷，公司已经做出了一定的产品结构调整，不光在商超渠道投入专为其定制的促销品图书，更增加了中端正价品图书在超市的销售，这样的好处就是在商超渠道公司的产品线丰富了，并且商超渠道的发货毛利率也随之提升了一些。

长远看来，必须调整产品结构适应商超渠道的发展，在商超中论斤卖书、低价卖书的时代很快就将成为过去，正价品图书，甚至在未来精装礼品书涌入超市也是指日可待的。

电子商务渠道和新发行渠道的出现压缩了传统批发渠道的生存空间，这带来了一定程度的外部环境威胁，加之国内数量不断增加的出版集团、发行集团以及其他图书公司,日知图书公司可谓面临着不小的挑战。目前看来,公司在合理的产品结构调整、发行渠道调整中已经找到了自己的存活之道,新发行渠道的出现不仅解决了传统批发渠道的萎缩,更为公司带来了新的发展空间。但是,无论如何传统批发渠道作为数字出版时代之前就已存在且成熟的营销渠道,不会那么轻松就被新的营销渠道取代,抓住在传统批发渠道的创新能力建设才是关键,这种创新能力体现在多个方面,尤其是图书内容质量、材质质量的创新和图书产品结构的创新。抓住传统批发渠道读者的新需求、新动向,布置符合现今市场的图书产品结构,这将使公司在市场上大有作为。

四、日知图书公司的产品结构调整方向

(一)日知图书公司的产品结构调整方向

面对新生的渠道、变化的市场,日知图书公司必须在产品结构调整中找到属于自己的道路才能够更强有力地在市场中守住自己的领域并且在更多的领域进行拓荒。进行产品结构调整方向的定位首先要了解各产品类型的销售状况,上文已经分析了各产品类型的走势,除少儿类外其他类别图书基本都在曲折中得到了发展,而从表3的近三年退货率中更能详细地看清楚问题所在。

表3 2009–2011年日知产品结构退货比率表

单位:%

年份 类别	2009年	2010年	2011年	退货率趋势
超市促销品	4.00	6.18	8.62	退货率小幅上升
生活正价品	9.39	43.13	22.69	退货率波动
少儿类	6.59	15.16	17.57	退货率上升
社科类	21.54	46.47	10.61	退货率大幅减少
礼品书与收藏正价品	1.73	4.71	7.71	退货率小幅上升
单品书	0.86	16.28	21.30	退货率大幅上升

从上表可以看出,唯有社科类图书的退货率呈下降趋势,虽然在2010年达到了波峰,但是在2011年退货率下降了36%。综合社科类图书在发货码洋上波谷后

起势的表现,社科类图书必定是日知图书在今后调整产品结构中一个主要的类目,丰富社科类图书的细分市场,做好定位,社科类图书将有机会成为公司的重点图书出版类目。公司的社科类图书投放在三个不同渠道,而这三个渠道都应该将社科类图书作为其产品结构的重点项目来对待。

超市促销品、礼品书与收藏正价品图书的退货率虽然小幅上升,但是上升幅度都保持在10%以内,目前情况良好,这两类图书占据着日知最稳定的两个发行渠道,即商超渠道和直销渠道。在发展社科类图书的同时,可以将超市促销品、礼品书与收藏正价品图书的位置摆正,才能够在优化产品结构的基础上发展发行渠道。

少儿类图书的发货码洋连续三年下降,而退货率却保持了连年的上涨。公司的少儿类图书和社科类图书一样投放在了三个渠道,但是近年收到的反馈却迥然不同。如果想重新让少儿类图书在产品结构中占到一定的比例,应该在原有的市场基础上进行调研,对已有的少儿类图书进行重新定位。这也要求公司主动去倾听渠道的声音,同样的少儿类读物可能适合一代人,但是并不是所有读者群体都喜欢原有的形式。另外少儿类读物可以建设其数字阅读平台,或者制作成学习型的网页游戏,以适应新时代少年儿童对少儿类出版物的需求。

单品书的退货量在表中显示的趋势是大幅上升的,这与单品书实现翻倍增长的发货实洋是相符的。单品书对公司的产品结构来讲占有重要地位,因为其对于日知图书公司来说是其市场上的支柱,应该集中力量策划有代表性的单品新书来满足市场的需求,并且在可行的情况下对单品书实行按需印刷。

综上所述,日知图书公司的产品结构调整方向,应该是以社科类图书为主要增长点,超市促销品、礼品书与收藏正价品图书协调发展,把单品书做精,生活正价品图书可按需出版,少儿类图书应寻找新的出版方式和稳定的增长点。

(二)日知图书公司的发展战略

日知图书公司之所以能做到准确的市场定位与稳健的发展,与其正确的发展战略是分不开的。产品结构调整首先要有相应的产品,这就要求公司需培养好编辑团队。有了好的产品,就能服务渠道,才可更好地去服务读者。在这个链条中,编辑、出版商与经销商、书店与读者都有着紧密的联系,只有达成共识、营销和谐的出版氛围,才可在市场上有所发展。在每个环节都把事情做好,成果自然就会呈现出来。公司若想在业界做大、做强,就要学习更多其他行业中优秀企业的优点。内部要组成学习力强、具有创新思维的团队,在不断的实践中让编辑、发行人才得到成长,人力资本的优化升级才是企业前进的动力源泉,也只有这样才能更好地进行产品结构调整。

日知图书公司已经拥有良好的内部环境优势,其成熟的发行渠道及渠道关系、有力的政府采购背景、丰富的产品资源、优秀的编辑团队、明确的市场战略组成了颇具实力的综合竞争力。而对照这些内部环境优势，公司几乎不存在内部环境弱点，按照渠道需求定制产品、及时淘汰市场竞争力弱的产品、职工的高工作效率都是其显著的优势。数字出版时代已经到来，公司早已未雨绸缪，在数字出版领域公司坚持自己的出版思想和生存之道，根据电子阅读渠道商垄断性更强的特点，提供不同的渠道内容以满足消费者的需要。

在大好的出版行业深化改革前提下，公司应再接再厉，继续坚持自己渠道服务供应的商业模式，加大产品结构调整和发行渠道调整。同时，充分利用现已形成的品牌知名度和影响力，提高公司在高端市场和低端市场外具备一定消费能力的中端市场的份额，重点发展现有的畅销书，以一种产品类型带动其他产品类型，以一种发行渠道优势带动其他发行渠道共同发展，形成辐射式的发展战略模式。

点 评

2011年，仅北京市的民营图书公司数量就达到了3000余家，日知图书公司在其中占据一席之地并且年产值达到上亿元是非常值得敬佩的。经历19年的风雨，面对市场的变化、读者趣味的变化、渠道的变化，日知图书一直在发展、壮大，并且对未来做出预估，也正是这样，公司才成为了行业的佼佼者。

在2009—2011年中，公司对各产品结构做了以下调整：

(1) 控制逐渐萎靡的少儿类图书的出版规模，刺激并诱发社科类图书的发展以弥补市场空缺。

(2) 整合曾出版过的少儿类、社科类、单品书，开发出适应商超渠道发展变化的新的超市促销品类图书。

(3) 抓住新发行渠道的机遇，着重发展适应农家书屋渠道的社科类图书，并且摸索出农家书屋渠道对于少儿类图书的需求特点。

(4) 整合礼品书和单品书，策划出新的产品类型收藏正价品类图书。

(5) 整合原有畅销书类型的图书，形成新的单品书类型，并定位中高端市场。

无论是新时代下的数字出版渠道，还是渐渐萎缩的传统发行渠道，公司都已经做好准备来迎接挑战。未来，公司的产品结构调整，要把握的是数字出版发展的客观规律，借鉴国外已有经验，在做好新平台的基础上，完善传统纸质出版物出版：

(1) 以社科类图书为主要增长点，在现有投入三个渠道的基础上策划适合商超渠道销售的社科类普及读物以及适合直销渠道的高端社科类图书，以创新的形式和产品组合打开新市场的大门。

（2）超市促销品、礼品书与收藏正价品图书协调发展，既不放弃低端超市促销品图书的出版，也不放弃高端市场对于礼品书、收藏正价品图书的需求，并在这一前提下找准时机在高端礼品超市推出适应其需求的超市促销用礼品书，让高档图书进入普通读者的视野，激发其阅读、收藏的兴趣。

（3）单品书做精做好，畅销书可以制作多种版本投放市场，并且开发潜力畅销书加入礼品书、收藏正价品图书的行列。

（4）生活正价品图书按需出版，生活正价品类图书受市场外部环境变化的威胁较大，日知图书在生活正价品图书类型上应该更多地去贴近市场需求，以调研及其他形式探寻新的市场机会。

（5）在少儿类图书中寻找新的出版方式与利润增长点。在连续三年的市场反应中并不占优的少儿类图书应该及早开发其在数字出版领域中的潜力，随着社会发展，接触电子阅读器人群的年龄也在下降，抓住发展机遇，以新的出版形式在未形成的市场中抢占有利先机。

第二章

出版产品营销模式综合案例评析

"米其林红色指南"系列图书之营销策划分析

近年来,随着我国经济的迅猛发展,人民的生活水平也在逐渐提高,这使得"旅游热"现象日渐升温。旅游市场的兴旺,直接带动了旅游类图书出版的热潮。

面对庞大的消费市场以及消费欲望高涨的消费者,旅游类图书市场规模无疑在急剧增大,间接导致旅游类图书出版的市场细分越来越精密。旅游类图书出版的范围广、种类多、读者的需求多元化,使旅游类图书出版的方向趋于精细化、小众化。"米其林红色指南"这个老牌的国际旅游图书品牌,很好地结合中国图书市场情况,迎合了中国消费者的需求,实施了具有针对性的营销策略,在中国图书市场取得了良好的成绩。

不少学者对旅游类畅销书的营销运作都做过深入的剖析,或从选题设计,或从营销角度,或从旅游出版整体概况,或以数据为主的策略分析。本案例结合图书选题和营销,针对米其林红色指南的"小众",展开分析,从图书个体出发,参考现有文献和利用出版方提供的资料,详尽剖析。本案例所提及的图书市场、旅游出版状况,如无特殊标注,皆指中国内地图书市场和旅游出版状况。

探究"米其林红色指南"系列丛书成功营销的关键,检视高档小众图书出版社之出版、渠道设计策略,是本案例的研究目的。

本案例结合编辑学、出版学、图书营销学、印刷工艺学等理论知识,分析"米其林红色指南"丛书的策划营销过程,从中提取成功元素,管中窥豹,为出版业的探索之路提供一点点光亮。

一、图书营销环境分析和目标市场定位

(一)社会环境和图书市场分析

1. 我国旅游市场状况

中国出境旅游市场的增长势头强劲,选择出境游的人们消费水平普遍较高。

随着经济的持续增长和人民生活水平的不断提高,人们已经开始追求更新的生活方式,更高的生活质量。旅游作为一种休闲活动,一直受到大众的追捧。特别是近年来,旅游已经成为大部分国人的主要休闲生活方式。旅游业正处于高速增长阶

段，而国民的视线也从国内游转移到出境游。出境游的火热，体现了我国人民较高的消费水平和日益提高的休闲需求。相比于西方发达国家，中国的旅游市场虽然还处于发展阶段，但是旅游服务业已经出现市场集中度高、区域性强的特点。

米其林系列丛书主要介绍除中国之外的其他各国的旅游概况，属出境游类图书。出境游状况如何，为何国外旅游图书都选择境外游这个主题进军中国？我们通过以下一些数据和事件来解答这些问题。

中国国家旅游局统计，截至 2008 年，中国出境游目的地已达 137 个。

2007 年，我国公民出境人数达到 4095.40 万人次，比 2006 年增长 18.6%。其中，因公出境 603.00 万人次，比 2006 年增长 5.3%；因私出境 3492.40 万人次，比 2006 年增长 21.3%。2008 年，在全球金融危机背景下的中国公民出境游市场保持了近 12% 的增长速度，是中国三大旅游板块中增长最快的市场。

出境游市场的变化不仅表现为市场规模的加大，还体现在：

（1）公民因私出境人数逐年上升，除了表 1 所显示的，2008 年中国公民因私出境人数占出境旅游市场的比例，同比上升 2.5%。

（2）出境旅游目的地集中度高。前十大旅游目的地（见表 1）的人数比例，占整个中国公民出境旅游市场的 90%。其中，热门的出境游国家或地区都集中于亚洲。在 2008 年上升最快的国家和地区为越南、美国和中国台湾。

表 1 2006—2007 年公民出境游主要目的地

排名	目的地	所属大洲	排名	目的地	所属大洲
1	中国香港	亚洲	6	美国	北美洲
2	中国澳门	亚洲	7	新加坡	亚洲
3	日本	亚洲	8	泰国	亚洲
4	越南	亚洲	9	马来西亚	亚洲
5	俄罗斯	跨越亚欧	10	澳大利亚	大洋洲

从全国区域格局来看，出境旅游市场基本分三个板块：以上海为中心的华东地区，以北京为中心的环渤海地区，和以广东为中心的珠三角地区。这三个区域的经济发展水平高，是旅游类图书的重点目标市场地域。

以下再来看看旅游者的消费水平状况。据旅游业统计公告显示，北京市出境旅游者的自费项目花费水平较高，75% 的旅游者该项花费在万元以上。

据尼尔森公司 2008 年度中国出境游调查报告显示，中国游客境外游人均单次消费已接近 21000 元人民币。尼尔森公司的研究人员认为目前中国出境旅游市场的增长势头仍十分强劲，预计在未来 10 年内可保持 10% 的年增长率。

二、我国旅游类图书市场

（一）我国旅游出版市场概况

2008 年中国旅游类图书市场的销售码洋已达四亿元人民币，伴随旅游业的快速发展，其吸引了国际国内的众多出版商投入中国旅游类图书市场。众多非旅游类出版社选择与国外旅游类出版社合作出版来竞争占领这一市场，导致旅游出版市场竞争加剧。70% 的出版社在做旅游类图书出版，年出版 5 种以下旅游类图书的出版社约占出版旅游类图书出版社的 50%。众多出版商的介入，表明旅游图书市场的方兴未艾，但是由于缺少引领性的旅游出版品牌，业界普遍存在着跟风出版以及攒书出版现象，这扰乱了市场秩序，也造成了旅游类图书品质良莠不齐的局面。

如表 2，在 2006 至 2008 年，旅游类图书码洋份额、品种份额、动销品种数量都呈增长趋势。

表 2　2006-2008 年旅游类图书码洋、品种状况

所占比例 \ 年份	2006 年	2007 年	2008 年
旅游类图书码洋份额（%）	0.55	0.62	0.70
旅游类图书品种份额（%）	0.52	0.54	0.59
旅游类图书动销品种数量（种）	2609	3276	3985

近三年世界旅游类图书在整个图书市场的码洋份额虽然一路波动，但整体处于上升趋势，这与旅游市场出境游火热相呼应。目前，世界上绝大部分国家和地区已相继成为中国公民出境游的目的地。据世界旅游组织的预测，到 2020 年，中国出境游将超过 1 亿人次，成为世界第四大出境游客源国。由此看来，世界旅游类图书开发的空间很大。

从四大销售区域来看，2008 年，北部地区旅游类图书销售最好，占旅游类图书市场的 43.99%，将近一半。而中西部地区的销售则最差，仅为 10.49%。从各个省份的零售状况来看，如图 1，北京、上海、深圳三个城市位居前列。

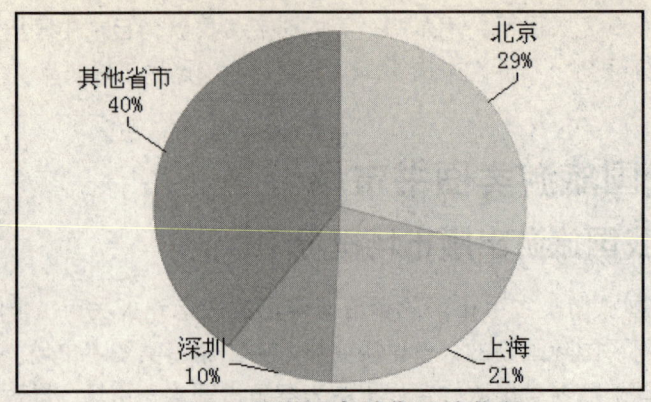

图 1 旅游图书销售区域状况

可见，经济发达地区的旅游类图书销售相对要好得多。这与旅游行为需要财力支撑有关。

另外，旅游类图书价格相对较高。2007年的旅游类图书零售均价为32.41元。这一价位相对较高，主要与旅游类图书图文并茂、装帧精美、用纸考究等特点有关。

根据商报·东方数据"中国出版物流通监测系统"的数据显示，在旅游类图书中，特色旅游、旅游百科和指南类图书占据销售量前三位；世界旅游类书籍则由世界综合旅游和各大洲旅游拔得头筹。2008年与2007年相比，旅游类图书品种结构变化不大。

出境旅游类图书市场目前仍处在快速发展的成长阶段，并且在出境旅游业发展的推动下，还有巨大的增长潜力。因此在最近几年，该类图书仍能保持快于总体市场的增长速度发展。

（二）参与旅游出版市场的竞争者分析

1999年只有47家出版社出版旅游类图书参与竞争，2000年，参与旅游出版的出版社达到了73家，在2001年上升到89家。而在2002年1—4月，有100家出版社在该类图书市场中有品种投入。

参与者的快速增加和我国出版政策的开放，使出境旅游类图书市场的格局有了很大的变化。

国内的专业旅游出版社在长期竞争中，培养了不少的品牌图书，例如中国旅游出版社的"走遍全球"系列、广东旅游出版社的"世界之旅热线丛书"、广东地图出版社的"环球旅游丛书"以及旅游教育出版社的"世界之旅"系列。甚至刚涉足旅游出版的出版社，也打造出一批名牌产品，如中国水利水电出版社的"异域风情丛书"、中华书局的"世界旅游指南"系列、广西师范大学出版社的"米其林旅游指南"系列丛书等。

中国旅游图书出版市场的竞争格局，不仅有众多国内的出版社，还吸引了实力雄厚的跨国出版商。

加入世界贸易组织后，我国进一步开放了外商在出版行业的投资领域。在分销方面，中国已经向外国投资者开放了图书、报纸、期刊的零售市场。在出版内容领域，中外出版者目前可以开展版权贸易和合作出版。

这一政策，给我国出版业带来了威胁，也带来了机遇。国内的部分出版社纷纷采取与国外机构合作，以版权贸易的方式，迅速进入旅游类图书市场。其中就有2000年前后引进的"走遍全球"系列、"美国国家地理学会旅行家"系列、"百地福旅游指南"系列；2004年左右引进的"异域风情丛书"（新加坡APA出版公司）、"M带我游世界"系列（AA，英国汽车协会）被引进中国。随后，"米其林旅游指南"系列、著名的自助游"Lonely Planet"系列、"DK目击者指南"、TIME OUT城市指南等等国际知名旅游品牌图书纷纷进入中国市场。这些旅游类图书经过多年在图书市场的磨砺，不仅拥有良好的作者队伍，还具备成熟的运作模式和明确的市场定位。

这些图书的进入，一方面带来先进的运作模式及优质的内容资源，另一方面通过版权合作，使部分国内出版社迅速进入旅游出版领域。

（三）参与旅游出版，符合化学工业出版社和米其林出版公司的发展战略

1. 化学工业出版社参与旅游出版，是开拓新的出版领域，达到"做大做强"的目的

化学工业出版社（简称化工社）是我国的老牌科技专业出版社，在我国出版业的迅速发展下，出版社不仅要求"做专做精"，也积极拓展其他出版领域，以期"做大做强"。这样的目标有助于化工社在市场经济下，维持自身的长远发展，并满足读者需求。

化学工业出版社成立于1953年，其出版范围涵盖化学、化工、材料、环境、能源、生物、药学、医学、大众健康、机械、电气、计算机、轻工、建筑、安全、农业科技等众多专业学科。50多年来，化工社已经从专业科技出版社逐步发展成为具有一定品牌优势的综合性科技出版社。

现在，化工社拥有9个专业出版分社和销售、印务、编辑加工、信息、财务、物业等6个经营中心，组织出版的化学、化工、材料、环境、能源、生物、药学、机械、安全等专业图书一直占据全国零售市场的前列。

由于原有领域受市场冲击加大或增长乏力，专业社越来越希望突破专业限制开拓新领域，以分解风险，找寻更大的发展空间。随着出版范围的放开，向专业外拓展也是资源强化和厚积薄发的有效行为。于是，国内不少专业社开始拓展出版领域，如中国水利水电出版社、化学工业出版社等。

化工社自2006年秋季进入大众读物出版领域，以"要有人文的关怀，要有科技的含量"为出版指导思想，经过两年多的发展，在时尚生活、美容美体、自然科普、大众健康等领域形成了规模和特色。化工社在中国图书零售市场排名第6位，其中在科技类图书零售市场排名第2位，在包括旅游在内的生活类图书零售市场排名第8位，与米其林的合作将有助于加强该社旅游美食类图书板块的建设。

2. 米其林系列图书再战中国，带着它的使命，扩展米其林知名度

米其林集团宣称，出版指南的目的是要推动汽车业的发展，继而带动轮胎业务。他们希望推动和改善旅游，换句话说是令旅游更安全及更惬意，以促进人类的移动性，这是米其林地图和旅游指南业务的共同目标。

米其林地图和旅游指南业务总裁克里斯蒂安·德莱对媒体表示："出版旅游指南、地图的业务即使不赚钱也要继续推广，目的是推动品牌形象和品牌发展，与消费者的联系更为密切。"

同时，米其林在中国开展轮胎业务已有一段时间，对米其林集团来说，红色指南主要任务就是宣传品牌，扩大米其林品牌影响力。应该说，有米其林开展轮胎业务的地方，就有米其林指南助阵。

（四）读者的需求：多元化，个性化

人民生活水平的提高，生活质量得到大幅度的改善。多元化的旅游方式，不同的阅读需求，读者需要更加细化的讯息。旅游类图书出版市场趋向精细化，多元化。

尼尔森公司旅游和休闲研究专家潘文博士说，虽然出境游的总体趋势是经济型，但是选择豪华出游的群体也越来越壮大。这也就是说，这部分旅游者的消费能力比较强，他们已经不满足于一般的"游山玩水"，而有更高的要求。

旅游者从"走马观花"的游览转变到"深度游"，他们对旅游类图书的阅读需求随之改变，千篇一律的旅游信息已不能满足旅游中的实际应用，例如商务游人士，到国外，游山玩水只需要一次，但是对于选择美食、购物、酒店的过程却是一直延续的。他们所需要的是一本资讯及时、实用的旅游指南。

总的来说，读者对旅游类图书的要求是多元化，个性化。企图以一本旅游图书满足大部分读者的时代已然成为过去，更可能的是，读者需要不同的旅游图书组合，满足其实际需求。

（五）米其林红色指南确定目标市场

1．对目标市场的选择

所谓目标市场，就是图书营销活动所要满足的一个或几个细分市场，是出版社为实现自己的任务和经营目标需要进入的市场。

米其林红色指南是以自己的评价体系，向读者介绍餐馆与酒店。入选的餐馆与酒店通常消费较高，低则几百，高则几千，甚至上万。指南内容针对的是境外游出版市场。

首先，分析化工社为何选择"米其林红色指南"系列进入境外游出版市场：

（1）旅游类图书出版市场规模大，发展潜力高，而且进入壁垒不森严。

（2）米其林红色指南主要提供境外美食与餐馆的资讯，图书市场上的可替代品甚少。

（3）米其林红色指南的品牌悠久，在国际上有很好的知名度与美誉度，内容实用。

（4）化工社在其专业领域内颇有声誉，拥有固定的优质读者群。

（5）化工社在大众出版领域有较高的占有率，有大众出版的成功经验，开拓了多种铺货渠道。

（6）出版米其林红色指南，符合化工社的发展计划，有助于快速进入旅游出版市场。

（7）中国人对美食向来比较热衷，根据研究发现，美食成为中国出境游客选择出境休闲游目的地的重要因素之一。当中国游客选择出境游目的地时，旅行所需的成本与花费（61%）是最重要的考虑因素。近六成的中国出境游游客（58%）表示他们在选择出境休闲游目的地时，会将当地美食列入考虑。

2．进入目标市场的策略

化工社以选择专业化的方式进入旅游类图书出版市场，也就是说，针对不同的读者群提供不同的图书产品。同时采用集中性策略，选择少数子市场作为目标市场，集中力量为其服务，形成特色，增强竞争力。

3．米其林红色指南的市场定位：高端，小众

何谓市场定位，即出版社为自己的产品确定一个位置，树立一个形象，使其具有鲜明的特色，以区别竞争者并能招揽读者。针对旅游类图书出版这个具有巨大发展空间的市场，缺乏专门讨论美食、酒店的资讯类图书，化工社可以补缺定位。面对出现于外国市场百余年的品牌图书，化工社的补缺是为其在中国开拓新的市场，而关键在于图书营销的新理念和新模式。

米其林有自己清晰的销售模式：图书市场跟着轮胎市场走。这基于米其林公司对其市场的清晰认识，即有车的地方就有人，有人就有旅游者，有人的地方就要吃饭，所以，他们推出的米其林绿色指南、餐饮指南将吃、游、玩进行整合包装，以高品质的定位吸引了许多发达国家和发展中国家的背包客及一般旅游者。

化工社根据"米其林红色指南"系列的特点，将其定位于：高端的旅游图书，读者定位非常明确，就是经常出国，有相当经济能力和消费能力的高端读者群。这部分读者消费较为理性，知识层次也比较高，购买图书不会凑热闹而不做甄别。同时，这部分读者对图书的价格也不太敏感。

（六）版权引进过程

早在2005年的第十二届北京国际图书博览会上，米其林中国公司主要负责人广泛寻访合作者，着重考察了各出版社原有旅游系列图书产品的风格和品相。经过考察后，他们选择与广西师范大学出版社合作，推出"米其林旅游指南"系列图书，取得成功。其中，《米其林旅游指南·法国》在第十二届世界美食图书大奖赛斩获最佳评委会美食图书奖。

而化学工业出版社与米其林出版公司的交往得益于"米其林轮胎"——这一化工行业的橡胶制品。双方一见如故，互相为对方的悠久历史与品牌影响力所吸引。通过化工社近两年的争取，终于与米其林出版公司达成合作意向。

由于米其林红色指南肩负的任务，更侧重于对米其林品牌的宣传推广。所以，在版税方面，他们对出版社并没有很高的要求，甚至可以说是"优惠的"，至于数额，出版方并没有透露。不过米其林公司要求化工社对其品牌推广的工作要加大力度。

（七）米其林红色指南的品牌文化

法国米其林集团是欧洲旅游信息领域的最大出版商，每年旅游地图和旅游指南类书籍出版量超过2000万册。作为一个拥有百年历史的旅游出版品牌，米其林代表着权威、优质。品牌是米其林红色指南营销最有力的工具。

1. 米其林红色指南的历史与现状

早在1900年，汽车还不普及，米其林兄弟便推出了一本小册子，为驾车出游者介绍卫生可靠、价格公道的住宿和用餐地点。当年，书中还有汽车维修常识，并详列各地加油站、轮胎供货商、修车厂，甚至公共厕所的地点。这本早期采用蓝色封面的实用指南，本来寄放在加油站、修车厂等地点，供人免费索取，直到1920年才改为定价出售。这本小册子逐渐发展为红、绿两个版本。

《红色指南》以其认真诚实而家喻户晓。调查人员秘密光顾酒店和餐馆，每年为法国的餐馆评定星级,并因此而著名,红色指南又称"红宝书""美食圣经"。

《绿色指南》源于前者,它提供法国、欧洲乃至世界其他国家的风景、文化、历史以及饮食、住宿和交通方面的信息,着重介绍各旅游胜地的相关数据和信息,受到世界各地热爱旅游的人士喜爱。

截至2008年,米其林相关旅游图书的内容覆盖全球23个国家和地区,包括:奥地利、比利时、捷克、丹麦、芬兰、法国、德国、希腊、匈牙利、爱尔兰、意大利、卢森堡、荷兰、挪威、波兰、西班牙、葡萄牙、瑞典、英国、瑞士、美国、日本、中国香港和中国澳门。

米其林指南的创办人曾说:"这本指南诞生于世纪之交,并将与世纪共存。"现在,他们的红色小册子跨越国境和各大洲,成为全球美食的导向标。

米其林指南在每年三月的第一个星期三出版,推荐的餐厅和旅馆涵盖全欧洲,出版英国、意大利、西班牙、德文等多种语言及国家版本,总发行量超过150万本。如同现任总裁所言,米其林指南已成为法国美食文化的一部分。

时至今日,米其林指南已有在线的版本,读者可以免费登录查询此网址:http://www.viamichelin.com/viamichelin/gbr/tpl/hme/MaHomePage.htm。同时米其林公司进一步开发了车用的GPRS版本Via Michel in Navigation 3 Europe软件,除了可以操作一般的GPRS功能,如路线规划和语音带路,还可以查询米其林指南里的欧洲餐旅数据。或者你可以再加购各个单一城市的餐旅指南软件,在GPRS上使用。2009年5月,iPhone和iPod Touch用户可以通过iTunes平台购买程序,里面包括米其林红色指南中收录的法国、德国、西班牙、葡萄牙、意大利、英国、纽约和旧金山的所有餐厅的信息。

在中国,米其林红色指南承诺每两年出版一个修订版。

2. 米其林红色指南的评价体系

数十年来,米其林指南坚持以下的编写原则:专业"美食侦探"匿名造访;独立客观,以满足读者的最大利益为唯一原则;选择的酒店和餐厅涵盖各种风格和价位;每年更新。

米其林指南一向以中立可靠的评论著称,自1920年起,它不再接受任何广告。极力保持其独立性,以确保调查的中立和可信性。指南被大众誉为"严肃和可靠"的刊物,在人们心中树立一个极高的形象。米其林指南的评鉴采取匿名拜访和不事先告知的方式,派不同的人进行多次秘密测试。评鉴员一星期要吃十几次,每次至少点三道菜和一瓶酒,自己付账,有时要在一家餐厅吃好几次才能填写报告,如果报告指出的餐厅是不错的,总部就会另派几位评鉴员再次前往试吃观察,才有可能登上这本小本子。为了避免评鉴员和餐厅有不法的勾当,评鉴员每年都要轮调评鉴的区域，每位全职评审每年旅游30000公里。指南介绍超过500种产品和服务项目。餐饮评审群并非男主厨为主，红色指南有16名女性评审。

一般评等交叉的汤匙和叉子标志在1931年设计出来表示餐厅的等级，后来才有星星作为餐饮最高等级的标志。

叉匙：以餐厅的表现，给予一到五个叉匙符号。五个叉匙代表传统风格上的豪华；四个叉匙代表舒适；三个叉匙代表非常舒适；两个叉匙代表舒适；一个叉匙代表还算舒适。如果这家餐厅的环境特别令人感到愉悦悠闲，前面的叉匙标志就会用红色来替代一般的黑色。在酒店的评等上，叉匙用小屋符号代替，数量评价同上。

人头标志：此人头意指米其林推荐的超值餐馆，提供不错的食物和适当的价格。"两个铜板"的标志，就是小硬币之意，有此标志的餐厅表示提供不超过25美元的简单餐饮。

星星评级：米星星的数量代表厨艺的高低。

一颗星代表"同类别中不错的餐厅"，两颗星的餐厅具有"出色的菜肴，值得绕道前往"，而三颗星则表示"出类拔萃的菜肴，值得专程前往"。

米其林红色指南对于餐厅的介绍，除了各种"符号"外，只列出地址、电话、基本消费、当地著名的葡萄酒、三种招牌菜、餐厅营业时间以及接受信用卡的种类，直到2000年起才首次加入简单文字评语。

对于餐厅和主厨而言，获得米其林星级，不但是巨大的荣誉，也是商业利益的象征。据估计，一颗星可以带来20%–25%的营业额，反之亦然。能入选米其林红色指南，本身就是一种至高的荣誉，对任何一个经营者来说都是一项褒奖。米其林红色指南在法国美食界的地位现今是无可替代的，三颗星的评价是大部分厨师的最高荣誉。

（八）首发进入中国市场的三本红色指南：《米其林红色指南·欧洲》、《米其林红色指南·纽约》与《米其林红色指南·东京》

直至今日红色指南丛书共出版了涉及23个国家的21本指南，已经成为了当之无愧的国际餐饮评荐权威，也称为欧洲的"美食圣经"。

之所以选择首先引入欧洲、纽约、东京三个版本的红色指南，考虑如下：

1.《欧洲》是红色指南最经典的图书

欧盟20多个国家集体对中国旅游市场开放，经历了一段过渡期后，我国公民赴欧洲旅游趋于理智，更加讲究旅游的品质，以往"十国游""多国游"不再盲目地受到热捧,现在的出国游宣传语多是"文化""精华""休闲"等,深度旅游成为新旅游方式的热点所在。

欧洲作为中国人向往旅游的目的地,是游客花费最高的旅游目的地,人均消费达到 5253 美元。而到其他亚洲国家(除中国香港以外)的旅游平均花费仅占到欧洲旅游花费的三分之一,人均费用 1904 美元。指南中收录了 20 个欧洲国家的餐馆及酒店,可谓"一书在手,欧洲畅游"。

2.《纽约》版本,看好中美旅游市场

米其林早在 2006 年就在美国扩展它的市场。

2006 年,美国旅华人数已达 171 万人次,同比增长近 10%。

2007 年 5 月,中美两国政府在华盛顿发表了《中华人民共和国政府与美利坚合众国政府关于旅行和旅游的公告联合声明》。

同年 12 月,两国签署《中华人民共和国政府与美利坚合众国政府关于便利中国旅游团队赴美利坚合众国旅游的谅解备忘录》。近年来,中美两国关系继续取得积极进展,两国旅游交流与合作朝着乐观方向发展。美国已成为中国第四大旅游客源国和第一大远程客源国。美国政府对我国居民放松旅游政策,为我国赴美旅游带来便利,也为旅游出版业带来新的需求。

中美之间以上条约的签署,对旅游类图书出版市场而言,意味美国主题的旅游书将会出现一个新的增长需求。而《纽约》版本一书,是化工社根据图书市场需求,为满足读者的需要,顺势引入的。2006 年的《纽约》原版畅销美国,虽然美国本土有美食指南 ZAGAT,但是《纽约》首版即卖 15 万册。《纽约》在美国市场的成功,也给它进军中国市场打了强心针。

3.《东京》是第一本亚洲地区的米其林红色指南,意义非凡

《东京》原版在日本曾掀起抢购热潮,一出版便在日本各书店全数售罄,出版后第四天出版商便决定加印,截至 2007 年,狂销 30 万册。米其林登陆日本,在日本国内也掀起极热烈的讨论,虽然批评的声音不绝于耳,但夸赞声却是更为热烈,也间接产生了口碑营销的效用。

同时,因为地理位置的关系,亚洲各国目前仍是最受中国出境游客青睐的旅游目的地。上文表 2 也显示亚洲国家和地区是我国出境游常去的目的地。

在日本本土估计约有 30 万家餐厅,数量高居全球之冠。根据日本旅游局(JNTO)的统计,2007 年到日本旅游的中国游客较 2006 年增加了 16.1%,可见中国游客赴日旅游是一个非常具有潜力的市场。而且随着近年来中国经济的高速增长和人民币升值,中国公民境外游逐渐从旅游观光过渡到文化、美食寻访之旅,在花销上也更加具有目的性与合理性。

三、"米其林红色指南"的内容、装帧与定价策略分析

（一）图书内容的构成

1. 品牌文化介绍和出版理念
2. 分类和星级评定的标准和使用说明，详见第二章第三节
3. 附录：地图、区号等
4. 夹页广告、勒口广告、封底广告

表3 米其林红色指南所刊载广告

	《欧洲》	《纽约》	《东京》
广告类型	米其林红色指南系列丛图书宣传	积家手表广告	米其林红色指南系列丛图书宣传
	米其林轮胎品牌广告	玛莎拉蒂汽车广告	米其林轮胎品牌广告
	香槟广告	招商银行广告	奔驰汽车广告
	葡萄酒广告	米其林红色指南系列丛书图书宣传	积家手表广告
	珠宝品牌广告	米其林轮胎品牌广告	免税广告
	奥迪汽车广告	珠宝品牌广告	西铁城手表广告
	积家手表广告	奥迪汽车广告	奥迪汽车广告
	玛莎拉蒂汽车广告	免税店广告	葡萄酒广告
	土耳其大使馆广告	葡萄酒广告	香槟广告
	招商银行广告	香槟广告	Jeep汽车广告
	免税店广告	中国国际航空公司线路	中国国际航空公司线路

《欧洲》共介绍了20个欧洲国家的3000家酒店和餐厅，覆盖了巴黎、伦敦、法兰克福、斯德哥尔摩、雅典、布达佩斯等34个城市。同时，指南中还提供了150幅详尽的城市旅游地图，地图上标出了酒店和餐厅的位置。除了酒店和餐厅的实用信息，读者还可以找到每个国家和城市的观光、交通、购物等丰富的旅游信息，

让读者将便利的游览信息一网打尽。

《纽约》和《东京》是红色指南走出欧洲市场后率先推出的新的城市卷，其在版式和内容上作了很大变革，如加入了很多图片以及餐厅菜单介绍等。这两本指南的出版在当地市场取得了不俗的销售成绩，引起了读者与媒体的广泛关注。

如表3，红色指南刊载的广告，多是高档商品，与米其林的目标读者有很大的交叉。广告在《欧洲》《纽约》《东京》三本书中的页码占有率分别为1.63%、3%、2.89%。虽然占有率不大，但是广告赞助可观，近60万的收入，足以补贴三本书的投入成本。

我国图书刊载广告的做法并不多，红色指南的广告时称书媒广告。它是指利用图书作为传播媒介，通过书签、勒口、插页、腰封等载体上的广告图文进行广告传播的形式。书媒广告以其形式新颖、营销精准、渠道畅通、成本优化等独特的优势得到读者、作者、出版机构以及广告客户的多方青睐，实现品牌推广、广告表达、精准营销等诉求。

与中国内地书媒的发展状况相比，书媒在中国台湾、中国香港地区以及欧美等国家作为传播媒介已经发展得较为成熟。这些书媒广告与米其林红色指南的读者定位是相同的，一般针对高端人群。

虽然国家工商行政管理局、新闻出版署1990年3月15日发布的《关于报社、期刊社和出版社刊登、经营广告的几项规定》中规定，经工商行政管理机关批准，出版社可以利用公开发行的年鉴类工具书经营各类广告，其他公开发行的图书只准用来经营书刊的出版、发行广告。但是这项规定已于2004年8月废止。目前我国还没有任何关于图书中刊登广告的法律条文和政策法规。通过了解，现在只要出版社向当地工商局申领了广告经营许可证，就可以在自己出版的图书上刊登广告。

（二）图书的装帧结构

《欧洲》《纽约》《东京》都采用同样方式的包装，与国外的原版书差别不大。经典的红色封皮，米其林轮胎先生和米其林的品牌标志醒目居于封面的右上角。全书采用四色全彩印刷，封皮是250克铜卡纸，采用紫外固化光油工艺，使封面显得有质感。内文采用70克双面铜版纸，夹页广告采用128克双面铜版纸。

《欧洲》《纽约》封面和封底的勒口，打开后，内里为地图。利用折页设计，《欧洲》封面勒口地图（连封二）展开为22.2cm*18.6cm，封底两折勒口地图（连封三）展开为33.1cm*18.6cm；《纽约》封面勒口地图（连封二）为29.6cm*18.6cm，封底勒口地图（连封三）为29.2cm*18.6cm；《东京》只有封底大勒口的中日航线图，为17.1cm*18.6cm。以上数据均为手工量测。

除却封皮，《欧洲》页码数为926，包括2个页码的记事页；《纽约》页码数为480，1个页码的记事页；《东京》页码数为416，包括5个页码的记事页，另附2页的粉色衬纸。

至于重量，694克的中文版《欧洲》，比原版重了200多克；《纽约》重约386克，《东京》重约416克。三本书与其体积相比，略显过重，尤其是作为旅游书而言，可能在携带便携性上有所欠缺。

（三）图书的定价策略：理解价值定价法

图书的定价方法一般有三大类：成本导向定价法、需求导向定价法和竞争导向定价法。需求导向定价法是现代商品定价的一种重要方法。读者对某种图书商品的内容、风格特色、装帧设计和效用等各种性能指标的主观评价，是为理解价值。消费者对商品的理解价值直接影响消费者对该商品价格水平的评价。因此，深入细致了解不同读者心目中的需要导向，关注消费者为了满足自己需求和欲望所可能支付的成本，根据读者对图书价格的认同，结合同行的普遍标准确定图书定价，而不能仅根据表面现象去降低或提高价格。换言之，要将消费者的需求程度作为价格体系的重点。在保持合理书价水平的同时，还要综合考虑图书的品种类别（不同的图书品种要求不同的定价策略）、内容特质（如印制精良、名家力作、独占性强的，定价一般相应要高，但不排除相反的情况）等因素，视读者的需求弹性，差别定价。

米其林红色指南是国际知名旅游图书品牌，运用理解价值定价法，有利于贯彻名牌高价、优质优价的价格原则，有利于图书的成长。

《米其林红色指南·欧洲》的定价为168元，《米其林红色指南·纽约》的定价为78元，《米其林红色指南·东京》的定价也为78元。从表4可以看出，与国内外经济发展水平联系，国内的米其林红色指南系列的定价相对较高。

总的来说，这样的高定价符合声望定价策略，也有助于迎合目标读者。

表4 《米其林红色指南》各个版本的简要信息比较

	欧洲 （中文版）	欧洲 （原版）	纽约 （中文版）	纽约 （原版）	东京 （中文版）	东京 （原版）
出版时间	2008.6	2007.6	2008.6	2006.10	2008.9	2007.11
重量	694克	410.56克	386克	362.87克	350克	不详
页码	920	960	480	477	416	415
定价	¥168.00	$25.00	¥78.00	$16.95	¥78.00	￥2200
版别	1	26	1	2	1	1

数据来源：亚马逊网站 http://www.amazon.com

（四）收益分析

根据出版社提供的相关数据我们了解到，米其林红色指南系列的销量良好，已翻印了一次。对于这种小众图书来说，要达到几十万的销量可能比较困难，毕竟它针对的读者群有限。米其林红色指南的主要收入有两部分：广告收入和发行收入。虽然在隆重的新书发布会和其他各种营销活动上花费不少，但总体来讲，米其林红色指南这个系列丛书是赢利的。

对化工社来说，这本书由于码洋较高，销售良好，达到了出版社所追求的经济效益和图书品牌效益。另外，红色指南的广告收入是全数归出版社所得的，这次广告运营也给出版社带来了额外的收入。

对米其林集团而言，红色指南的出版也达到了预期的效果。在品牌宣传推广方面，米其林指南的推广宣传是米其林集团的共生品策略的运用，指南丛书已经成为一种强大的品牌构建和营销渠道，其作用在于可不遗余力地对米其林轮胎进行宣传。

提高米其林品牌的知名度与认知度，是米其林集团所期望的。他们在版权贸易过程中，对出版方提出条件：必须做品牌宣传活动，扩大米其林品牌影响力。这正是米其林红色指南即使不赢利，也要支持其运营下去的重要原因。

所以，米其林红色指南的出版，对化工社和米其林集团来说是双赢的结果。

四、米其林红色指南的营销宣传

（一）分销渠道的设计和执行

分销渠道，也称营销渠道或配销通路，在我国称为发行渠道，是指图书产品从出版社向读者转移的过程中，经过的与图书发行有关的一切组织和个人连接起来而形成的通道。分销渠道的起点是出版社，终点是读者，中间环节包括各种批发商、零售商和书业服务机构。分销渠道有两种基本模式：产销结合的直接分销渠道和产销分离的间接发行渠道。

2005年12月1日，国务院颁布《直销管理条例》，自实施以来，国内直销业开始有了很大的变化，在出版行业，诸如化学、机械、电子、建筑、生物、医学等专业用书，因其读者对象相对固定甚至明确，颇具直销潜质。国内不少专业出版社，开始尝试直销的模式，化工社就是其中之一。

针对米其林红色指南的受众特点：知识水平较高，有一定的经济基础，化工社开发了多种渠道，全面铺货，接触目标读者。米其林系列针对的是高端人群，为此出版社放弃了二三线城市的发行，集中力量在一线发达城市开展发行工作。

1. 图书直销部分

(1) 化工社自设的门市销售图书，这是我国最常见的图书直接分销渠道。

(2) 网上书店。

化工社建立了网络书店，具电子商务功能。读者可以注册为化工社会员，在其网络书店购书。网站支持网上支付，并提供多种支付和运输方式供用户选择。为了吸引读者，网站实行普通会员8折购书，VIP会员7.5折购书。这个折扣是比较合理的，因为大幅度的打折，会影响经销商的积极性。另外，网络书店设有售后服务热线、意见反馈板块，可与读者开展良性互动。值得一提的是，化工社网络书店在2007年全国出版社网络书店中排名第5。

(3) 邮购。

化工社设立购书热线，方便直接。此热线也在米其林的网站上显示，为读者提供直接的购书服务。

(4) 数据库营销。

化工社的发行部杨主任认为，基于网络的数据库营销将成为未来直销的主流模式。专业社拥有一批忠实的读者，在对其进行分类的基础上，向其提供个性化的服务。除此之外，读者数据库将为出版社的市场调研提供最佳平台，这将对出版社的图书策划和营销有很大的帮助。

化工社在专业出版领域上拥有一批固定的、优质的读者群，运用数据库，收集顾客信息，根据他们的阅读需求和阅读喜好；主要通过电子邮件推介相应的图书。另外，针对米其林红色指南，化工社还专门委托一家数据库营销公司对目标客户进行直邮和电话营销。

充分利用社内外数据库展开营销，这样的做法针对性强，相对成本较低，集中精力服务于所细分的图书市场，免除了经销商的环节，这种模式的回款较快，可加速出版社资金流动的速率。

当然，图书直销的运作模式在我国还不成熟。要成功运作一本图书的营销策划，还需要其他渠道的补充。

2. 其他渠道

(1) 普通书店。

这是最普遍的分销渠道，也是很多出版社图书销售最多的地方。几年来，化工社为了适应市场变化，促进图书市场的繁荣和健康有序的发展，实现社店在图书销售中的双赢，开展了很多有益的社店互动活动。

(2) 机场。

红色指南已经进入首都机场航站2号楼、3号楼，广州、深圳、重庆、沈阳等机场。

这些场所商务人士、旅游者集中密度大，是一个有效接触目标读者的理想场所。

（3）高档的餐厅、酒店是商务人士、旅游者常去的场所，红色指南在这些场所可以更直接地与目标读者进行有效接触，促进其品牌知名度，也可提升其销量。

（4）网络书店。

新书上市时，可在较大型的网络书店如当当网、卓越网等网站展开购书送礼的活动。

其中，书店渠道的销售、数据库营销、网上书店都是米其林红色指南的重要销售渠道，其所占销售比例较大。

（二）米其林品牌的整合营销传播

1．整合营销传播

整合营销传播，全称为 Integrated Marketing Communications，简称IMC。美国"整合营销之父"唐·E.舒尔兹（1993）对概念的描述：整合营销传播是将所有与产品或服务有关的讯息来源加以管理的过程，使顾客以及潜在消费者接触整合的资讯，并且产生购买行为，并维持消费忠诚度。

美国大学教授汤姆·邓肯（Tom Duncan）将IMC定义为"通过战略性地控制或影响相关团体所接收到的信息，鼓励数据导向，有目的地开展对话，从而创造并培养与顾客及其他利益相关者之间的可获利关系。整合营销传播理论的关键是灵活运用以广告、销售促进、公共关系、人员推销和直接销售为主的各种渠道，通过妥善安排传播的渠道、预算、内容和启动时间，使其相辅相成，以获得最佳效果。

一个以交易为中心的市场营销活动使用4P（产品、价格、地点、促销）来推销产品，一个整合计划使用4C（顾客、成本、方便、沟通）来传递品牌关系。图书出版具有商业属性和文化属性，更加适合利用整合计划来发展自我。这样的出版模式符合中国国情，也能在市场经济下生存发展。

整合营销传播计划的八个步骤分别是：

(1) 分析SWOT；
(2) 分析目标市场和品牌关系；
(3) 确定营销传播目标；
(4) 发展战略和根本原理；
(5) 确定预算；
(6) 确定（促销）时间；
(7) 测试市场营销组合；
(8) 评估绩效。

2. 米其林红色指南的 SWOT 分析

SWOT 分析，是编制计划的首要步骤。SWOT 的四个字母分别代表优势（Strengths）、劣势（Weaknesses）、机会（Opportunities）、威胁（Threats）。优势和劣势是内在要素，机会与威胁则是外在要素。

出版社可以运用"威胁—机会"矩阵图（见图2）进行市场分析：

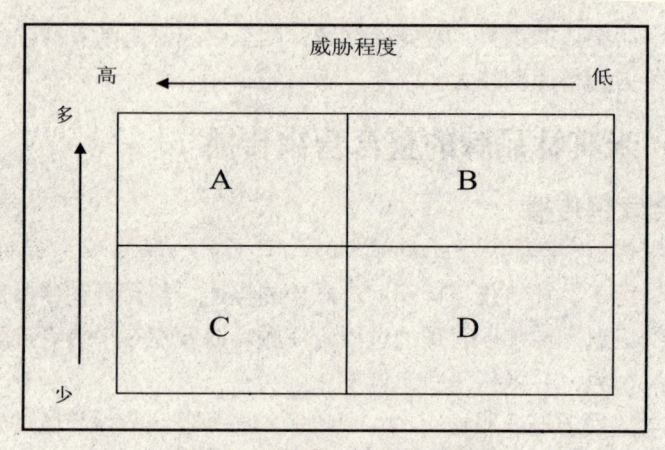

```
              威胁程度
    高  ←──────────────────  低
多  ┌──────────┬──────────┐
    │          │          │
↑   │    A     │    B     │
    │          │          │
    ├──────────┼──────────┤
    │          │          │
    │    C     │    D     │
    │          │          │
少  └──────────┴──────────┘
```

图2 "威胁—机会"矩阵

A：风险出版社，多机会和高威胁；
B：理想出版社，多机会和低威胁；
C：困难出版社，低机会和高威胁；
D：成熟出版社，低机会和低威胁。

出版社面对不同的环境，根据自身情况，选择最合适的发展策略。

对"米其林红色指南"系列丛书，以下列出图书在 SWOT 中的关键因素。

优势（Strengths）：在欧洲国家享有较高的知名度及美誉度、有优秀的编辑作者队伍、资讯实用性强。

劣势（Weaknesses）：在中国的知名度较低、定价高、图书较重不易携带、以西方人的饮食口味定制、无固定的目标市场。

机会（Opportunities）：中国人热爱美食、中国拥有相当部分的富裕阶层、旅游出版市场成长空间大。

威胁（Threats）：旅游出版竞争激烈、内容更新慢、面临网络媒体的冲击、金融危机。

总的来说，用 SWOT 法概括该系列图书：米其林红色指南的优势在于品牌价值和优质内容，弱点是在中国的知名度不高，机会在于面向高端读者群的旅游出版市场成长空间大，威胁在于旅游出版竞争激烈和面临金融危机。

3．分析米其林红色指南的目标市场和品牌关系

整合营销传播的一个关键原则是要"了解客户"，因此市场细分应从识别和描述现有客户开始。此处有三个关键：一是把产品卖给现有客户比卖给一个新客户的成本低；二是某些客户比其他客户更有利可图；三是利用品牌高获利性客户的共性，指导发现新客户。在出版业，购书者就是出版社的客户，图书就是出版社的产品。保持原有的读者，积极把这些读者发展为社内其他图书的消费者，这无疑构成了一个良好的利益链。

对于经常出外旅游的读者来说，认准一套自己比较喜欢的旅游指南系列更为重要——因为同一个系列的旅游指南往往都有相同的编辑方式和整体风格，熟悉它的编排方式和内容后，往往可以充分地利用书中所提供的信息。在林林总总的各类旅游图书中，有很大一部分是成套的旅游指南，它们大多品种丰富，每个系列中都包含多个国家、地区或城市的分册。对出版社来说，出版系列丛书是对出版资源的合理利用和延续赢利。另外，保持读者群以及设法吸引竞争对手的读者群，是出版社处理"顾客关系"的重点。

米其林选择与化学工业出版社合作，一部分原因在于化工社拥有优质的读者资源——固定、具有较高经济实力与消费水平、理性、知识层次高的高端读者群。

责任编辑肖志明对米其林红色指南的目标市场定位：经常出国，有相当经济能力和消费能力的高端读者群。这部分读者消费较为理性，知识层次也比较高，对图书有一定的甄别能力，对价格敏感性较低。

4．确定营销传播目标

营销传播目标有两种：传播目标和行为目标。这两类目标都是必要的，因为现有顾客和潜在顾客只有相信产品对他们有利，才会行动。利用 AIDA 模型，来看看顾客的购买过程。

AIDA 是四个英文单词的首字母：A 为 Attention，即引起注意；I 为 Interest，即诱发兴趣；D 为 Desire，即刺激欲望；最后一个字母 A 为 Action，即促成购买。

图书销售的第一步是引起读者的关注（Attention），如报刊的广告、新书发布会的新闻报道。读者如果没有机会接收到关于米其林文化的讯息，是不会掏钱买"高价"图书的。这就需要媒体的宣传，以让读者了解轮胎公司还有一系列享誉国际、备受赞誉的旅游指南，从而对米其林红色指南产生兴趣（Interest）。由于米其林公司在媒体上已发布相关图书的历史文化知识和餐馆评价说明，读者通过网络、旅行出版物（如航空公司杂志）可得到相关的信息，对米其林红色指南有了进一步的了解：此书是欧洲的"美食圣经"，畅销全球。网络、纸质媒体对米其林红色指南议

论纷纷，最终还是肯定了此书的作用，当读者有购买的欲望（Desire）时，发现购买很方便——网上书店（当当网、卓越网、化工社网站）、实体书店、化工社直销电话、机场、高档酒店，于是采取行动（Action）——购买图书。

当然，出版社要制定好每个过程方能达到销售目标。传播目标比行为目标的达成更加艰难，也就是说，读者在采取行动这一步上，停滞的机率比较大。所以，对已确定的营销目标，出版社必须采取针对性的发展策略来促使读者完成整个购买过程。

5．发展战略和根本原理

根据SWOT分析和由此产生的目标来确定最优的营销传播组合和媒体组合。

一般来说，营销传播组合包括一系列广泛的职能和工具：大众媒体接触、景接触、个人接触、经验接触。整合营销传播的特点在于，用整合的方式，管理这些传统的营销职能，确保"一种声音说话，一个面孔视人"。

无论什么目标，一种营销传播工具占据异常的主导地位时都会产生问题。这种主导地位往往发生在大众传媒广告上，特别是出版物。由于出版物的宣传预算有限，经常以报刊广告为主。出版方化学工业出版社和米其林出版公司，可以尝试以最有效的传播组合来传达图书信息。

结合红色指南的营销活动，运用整合营销传播的理论来进行分析。

（1）事件营销：举行新书发布会，积累媒体资源。

事件营销，通过品牌宣传从而创造品牌的知名度，并帮助维持品牌在目标顾客心目中的地位。事件营销的活动方式最基本的有创造事件、参与事件和赞助。

为了使活动得到回报，活动需要引入那些能引起媒体兴趣的元素，从而起到产品宣传的作用。米其林红色指南的悠久品牌和社会知名人士的参与，对媒体来说颇具吸引力。

2008年6月，米其林出版公司和化工社首度携手推出《米其林红色指南·欧洲》《米其林红色指南·纽约》发布会，会上邀请了欧洲部分国家的驻华使节、美食界和时尚界知名人士出席，嘉宾的身份与图书的定位相得益彰。同时，举办方也邀请了近百家媒体参加发布会。其中，以报刊媒体为主，还邀请了电视台、电台、知名网站的媒体记者到场。米其林红色指南以商务游人士为目标读者群，所以邀请的媒体以旅行及生活方式报刊为主。如图3所示。媒体来自北京、上海、广州三地，这也是米其林红色指南的重点营销地区，从表5中也可以看出出版方考虑所邀请媒体的因素。媒体的新闻报道会给出版方省下部分购买广告版面的费用，这样也符合出版行业营销预算有限的实际情况。

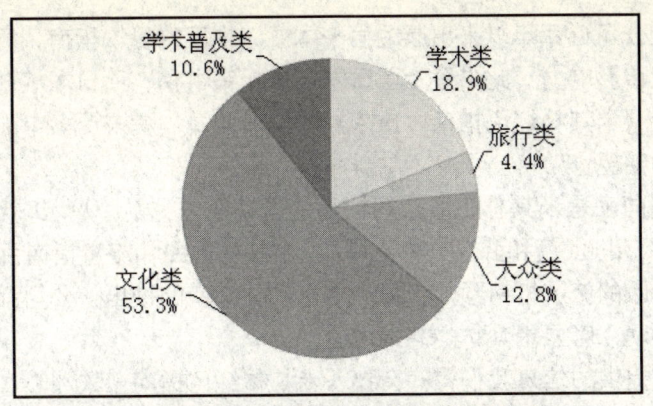

图3 参与新书发布会的媒体类型

（饼图数据：学术普及类 10.6%、学术类 18.9%、旅行类 4.4%、大众类 12.8%、文化类 53.3%）

表5 选择目标媒体帮助宣传

类型	媒体代表	媒体优势
大众类报刊	新京报、北京晚报、上海一周、解放日报、广州日报	接触大量受众，地域覆盖率高，传达信息
旅行及生活方式类	旅行家、时尚旅游、ELLE、周末画报、中国食物、美食与美酒、罗博报告、携程自由行	所接触的读者爱好美食、美酒、旅行，经济能力较高，追求高品质生活
直邮（DM）类	风尚（中国移动 VIP 专刊）、金卡生活（中国银联）、中国旅游报	圈定于消费水平高的直邮类杂志的优质客户资源
航空	中国之翼、国际航空报	接触以飞机为交通工具的游客
商业类	经济观察报、财富时报	接触受众中的商务人士
出版类	中国图书商报、出版商务周刊	接触与书业相关的人员，吸引其兴趣，拓展销售渠道
汽车类	中国汽车画报、时尚座驾	报刊的受众熟悉米其林品牌，容易接受延伸产品。

注：媒体名单提供：米其林出版公司

2008年10月，米其林出版公司携手日本国家旅游局，推出旅游指南系列《日本经典游》和红色指南系列《米其林红色指南·东京》。《米其林红色指南·东京》

是米其林出版公司近百年以来出版的第一本亚洲地区的餐饮指南，凭借着优良的品质与强大的宣传影响力，此书登上了日本年度畅销书榜。而日本旅游局的推介，无疑是对中国版《米其林红色指南·东京》的推波助澜，使得更多中国人有了想去日本旅游消费的期望。

事件营销向来是米其林出版公司惯用的营销手法，从2005年就与法语联盟合作在其北京、广州、上海和武汉办事处举办"米其林地图和旅游指南百年历史巡展"，为第一本中文版的旅游指南预热。每一本米其林指南的推出，公司都举行隆重的发布会或主题活动，彰显米其林的高端地位。

从出版方提供的信息我们得知，仅《米其林红色指南·欧洲》《米其林红色指南·纽约》两本新书的新书发布会，出版社便投入了30多万元，但取得了1200万元的广告效应。米其林出版公司的负责人直言此次营销活动，在米其林品牌宣传方面达到了预期效果。我们必须清楚的是，轮胎业务是米其林集团的主要业务，而米其林的出版物可以说是一个宣传品牌、提高品牌可信度，从而促进轮胎业务增长的重要工具。

当然，米其林集团在组建红色指南优质内容上，提供雄厚的资金支持，使米其林红色指南可以坚持"匿名造访、独立客观、精挑细选、每年更新"的承诺。

（2）广告：在旅游、时尚场所投放宣传。

广告由多种多样的媒体承载，经常是营销传播预算中的主要部分。广告的主要功能是建立品牌认知，这对新产品非常重要，尤其是要建立品牌可信度和动量。品牌动量指的是品牌的认知和定位在目标客户中的加速度扩展。图书产品利用大众媒体广告，去激励对这个品牌有兴趣的受众进一步了解产品。换而言之，大众媒体广告使潜在顾客发现更多的选择。

红色指南在机场、一些时尚场所都做了宣传广告。至于书讯和软性广告，花费比较少，多是媒体的自发报道。这也是米其林红色指南的新闻性所带来的良好效果。

此外，产品的包装是顾客购买前的最后一个广告。米其林红色指南，又称"红宝书"，百年来沿用红色的封皮至今，醒目且悦目。红色的封面设计产生强烈的视觉效果，使品牌更具生命力，与其他的营销传播活动相配合，低成本传递品牌信息。

（3）直接营销。

直接营销是最快速增长的营销传播方式之一。直销有所谓的前端和后端，前端包括营销传播、内外部呼叫中心和其他用来引发销售和需求的行为；后端包括接受和处理订单、存货控制、装单、开票、处理退货及其他客服功能。关键点在于前端设置期望而后段实现期望。直销的四个基本要素：供给、数据库、反馈、执行。一般来说，公司经常使用大众媒体广告鼓励客户与公司接触——我选择进入何种数据库——随后通过直销手段对这些潜在客户做出反应。

图书直销的手段多种多样，有信函、网上邮件、电话、出版社的网上书店、出版社自有书店等等。

据《图书商报》2007年的报道，化工社于2006年1月设立直销部，隶属于社销售中心，由邮购、网上书店（读者俱乐部）、作者包销和两个书店组成，服务范围涉及大中院校师生、图书馆、资料室、科研人员、研究机构等，人员占全社人员的4%，年收入占全社比重8.5%左右。

该社网上书店、读者俱乐部均主要通过网络进行读者维护和图书销售，其运作方式是通过网络对读者进行分类，建立数据库，为读者提供个性化服务。应用于米其林红色指南的直销，顾客可以通过拨打化工社的销售热线、读者俱乐部或邮购等方式进行图书购买。

（4）异业营销。

何为异业营销？营销专家认为，这是两个或两个以上的企业通过分享市场营销中的资源，降低成本，提高效率，增强市场竞争力的一种营销策略。通过异业营销能让企业对自己的资源价值重新审视和评价，并通过将现有资源对应外部资源进行"外包"和"嫁接"，让自己的核心竞争优势更为强化，获得竞争对手难以模仿和企及的营销效果。

异业营销讲究品牌上的对称性、企业价值观的匹配性。合作的品牌讲究显性的原则，如一个市场上的绝对领导品牌是不会跟一个末位品牌牵手合作的，一个品牌核心利益强大的企业也不可能与一个品牌核心利益纤弱的搞联袂。品牌之间的异业联合必须"门当户对"，才能给双方带来"1+1>2"的效果。品牌价值观决定着异业结盟的使命。米其林红色指南与航空公司、旅行社的目标顾客范围有交叉的领域，也就是说，他们共同面向一部分高端的顾客。同时，他们都是旅游业的重要参与者，关系密切，三方合作，就是强强联手，组合的竞争力得到大大的提高，用营销学的说法，就是联合品牌策略。在其他行业，联合品牌是很常见的品牌营销策略，例如信用卡公司与航空公司的合作。

出版社计划于2009年10月与航空公司、旅行社推出"米其林红色指南体验之旅"。这个活动的预期效果是将会深化米其林品牌的认知度和美誉度，带动参与方的业务增长。

6. 确定预算、促销时间，测试市场营销组合和评估绩效

米其林集团主要通过新书发布会积累媒体资源，让媒体进行自发性的报道。目前为止，国内对于米其林红色指南的报道多是正面的，为米其林红色指南的品牌作了很大的推广。事实上，米其林集团没有在任何场所和媒体投放收费广告的经济预算。

对于化工社而言，在营销宣传方面要进行支出，例如在机场的图书展示广告。

但是这个数据尚属商业秘密，我们无从得知。

营销宣传活动在新书面世后集中开展。从化工社负责该书出版事宜的肖志明编辑那里了解到，米其林的宣传是有效的，很多读者自身对红色指南有一定了解，从而购买此书。而米其林红色指南出版的消息在上千家媒体上得到刊载，包括书刊、网站等，所取得的广告效应至少有1200万。

点 评

本案例从选题特点到营销宣传，对米其林红色指南做了一个全面的分析，运用出版学、营销学等相关理论，剖析其营销传播的内涵，从而归结成功经验，启示其他小众图书的营销。

1. 建立品牌意识，维护品牌影响力

品牌图书的生命力周期要比普通图书强，而且凭借品牌，可以缩短新品种图书进入市场的引入期。据调查显示，中国人的品牌情结还比较浓重。对于读者而言，品牌也是在茫茫书海中的一个导向标。品牌维护非常重要，这是一个漫长的过程，举行一些有意义、有影响的活动，能够提升品牌价值。

2. 建立顾客数据库，进行图书直销

小众出版商也要考虑到渠道价格体系的完整统一，防止恶意竞争和窜货，出版社的直销折扣一般高于书商。培育直销模式，必须维持与经销商的良好关系，防止冲突。

3. 建立整合营销传播意识，关注读者需求，与读者之间建立良性互动关系

以往的营销经验表明，寻找一个新的顾客比留住一个老顾客的成本要高5倍，为提高读者保留率以及读者对出版社图书的忠实度，出版社很有必要使出版的图书质量超越读者的期望，向读者传递更高的图书内涵与外延的价值。这样读者才有可能变成"传道者"或倡导者，将自己愉快的阅读经历告诉他人。这些更高的价值包括：读者意见的反馈与处理、购书方便性、图书内容的延展性、读者的个性化要求等，国内的一些出版社开辟了BBS等信息平台与读者之间进行交流，收集读者的反馈信息，传播新书信息，帮助读者解决图书中的一些问题和疑惑；一些大型的出版社开辟了网上购物通道，中小型出版社也可积极地与当当网、卓越网等网上书店进行

合作。

4. 尝试书媒广告，增值图书业务

这是一种基于图书增值业务的运营模式，它是在普通意义上的图书营销的前端增加了一个图书赢利利润点，通过精准的目标读者群与广告目标受众对接来实现。书媒广告相比起其他宣传方式，有低投入高回报的特点。制作书签、插页、腰封等成本低廉，同时能够重复使用；其精巧的制作、艺术的传达方式使读者也会喜欢，通过潜移默化的影响，让读者了解熟悉并接受广告的品牌价值。

如果出版商本身具有良好的人脉资源，可以在广告公司的协助下完成广告赞助。当然，也可以委托专业的书媒公司来进行运作。

即使书媒广告在西方的运作已很成熟，但中国的读者接受书媒广告仍需要一个过渡期。所以，在出版物上加插广告，必须遵循适度原则，顾及读者的心理承受能力。

5. 可以尝试异业营销，促进销售及扩大知名度

米其林红色指南与航空公司、旅行社的合作即可视为异业营销。图书的异业营销不仅能以较低的成本获得来自于其他行业的宣传支持，还能刺激潜在的和边缘的消费群体，引起他们的关注，并转化成实际购买动机。

6. 调动多种媒介工具，扩展图书品牌

电子媒体是纸媒的最大竞争对手，同时也是最大的互补媒体。纸媒的更新慢、资讯有限，这些缺点都可以通过网络来完善。米其林红色指南现在不仅能在网络上免费查询，还能购买程序安装在 GPRS，或者手机（IPHONE）上进行使用。这种媒介工具的扩张，不仅满足了读者的需求，还彰显米其林的承诺：支持可持续移动性发展。

7. 对于具有时间属性的图书，例如旅游类图书，需要定时更新，维护原有的内容质量

米其林红色指南在国外每年都推出新的版本，更新资讯。这样的做法，会保持图书产品的实用性，保持品牌影响力。

"分享阅读"系列图书营销模式分析

"分享阅读"系列图书是一套适合儿童早期阅读的系列图书，它的适应对象是学前2至6岁的幼儿，功能和作用是通过成人参与的早期阅读活动，培养幼儿的阅读兴趣，让幼儿养成阅读的习惯，获得阅读的正确方法，尽早实现独立自主的阅读行为。

"分享阅读"系列图书的最大特点是在推广一个概念的基础上推广一系列图书，这个系列的每本图书都是根据"分享阅读"这个概念推出的，所以对这本书的介绍，完全可以说是对"分享阅读"这个概念的介绍。

在亲情中享受阅读的乐趣是"分享阅读"系列图书的精髓所在。分享阅读过程，是一个让孩子感受爱、享受爱的过程。让孩子在享受到父母爱的同时，享受到阅读的乐趣，而且这种享受是由父母和孩子通过一起阅读共同创造的。接触过"分享阅读"的人都能深切地体会到：孩子在分享阅读过程中，感受到的是爱，而不是被逼迫、被评价的厌倦和压力。儿童仿佛是在和父母一起做游戏，但在游戏的过程中，孩子们会不知不觉地学会阅读、喜欢阅读，并学会或熟悉许多生字。表面看来，孩子只是进行了阅读，但通过"分享阅读"，他们还发展了思维能力、语言能力和交际能力。虽然孩子们似乎只是学会了朗读几个小故事，但这种小小年纪就可顺利掌握阅读的成功感觉，会对他们自我悦纳心理和自信心的健康发展带来好处。儿童在"分享阅读"中养成的阅读习惯，将会使他们受益终生。

下面具体介绍两本"分享阅读"的读本：《上床睡觉》和《生日气球》。

《上床睡觉》适合3岁儿童阅读，这本书讲述了许多小动物上床睡觉的故事，故事情节非常简单，每页的文字和配图都有固定的模式，有利于儿童掌握词汇并理解其意义。《生日气球》适合幼儿园大班（5-6岁）的孩子阅读，这本书讲述了袋鼠给其他小动物们发气球的故事，并通过小故事告诉孩子们慷慨待人的道理，对于大班年龄段的孩子来说，这本书是非常有趣味性的。

一、"分享阅读"概述

（一）"分享阅读"的特色

1. "分享阅读"的产品体系

"分享阅读"是指在儿童语言发展的伴随阅读阶段，利用心理学家和教育学家为之精心设计的阅读材料和方法，在家庭或幼儿园实施的阅读教育活动。以轻松、愉悦的方式培养儿童的阅读兴趣、提高儿童的阅读综合能力。

"分享阅读"系列图书包括基本产品、家用类产品、教辅类产品等三种阅读产品，这三类产品都有自身的特色：基本产品设计科学合理、可读性强、对孩子有足够的吸引力；家用类产品能够帮助家长在家指导儿童阅读，对儿童的阅读情况做出正确的引导和合理地把握；教辅类产品则为老师的教学、与家长的沟通、获得专业机构相应的帮助和服务提供了支持。

"分享阅读"系列图书的基本产品包括读本和扩展活动册。读本是早期阅读专家根据儿童的口语经验、生活经验、理解能力设计的图书，图文高度匹配，符合儿童阅读习惯和特点；扩展活动册是配合读本的读物，可以让儿童在阅读过程中完成涂色、讲述、改编、插编和续编。

"分享阅读"系列图书的家用类产品包括领读光盘、儿童阅读护照、家长指导手册、阅读能力测试卡。领读光盘是用 flash 动画制作的视听材料，以标准的发音、充沛的情感，示范阅读读本中的文字，同时呈现读本相应内容的 flash 动画，为孩子带来丰富、深刻的阅读体验，为非普通话地区、少数民族地区家庭提供的配合读本领读工具；儿童阅读护照是记录儿童阅读过程的工具，是儿童从小建立的个人读书档案；家长使用手册是帮助家长正确指导儿童早期阅读的工具，内容包括问题解答篇、走出误区篇、知识扩展篇；阅读能力测试卡是为儿童阅读程度提供测试的工具，利用它可登陆中国儿童阅读顾问网进行阅读能力测评，还可以获得网上专家答疑、家长论坛、儿童作品发表等丰富的家庭服务。

"分享阅读"系列图书还有相应的教辅类产品，是与园（校）学期教学计划配套的，包括大书、家园联系手册、教育手册、园（校）服务年卡。大书是和儿童读本完全一样的大开本图书，通常园（校）老师在教儿童阅读过程中会使用它；家园联系册是专为幼儿园与家庭联系、沟通设计的，指导"分享阅读"老师如何做好家园共建工作的手册，上面有教学读本的教学重点与家庭阅读指导，以及丰富的亲子活动设计；教师手册是传达给老师在教学中应具备的理念、方法和做好家长工作的手册；园校服务年卡是获得"分享阅读"支持和增值服务的钥匙，只需轻触鼠标，所有服务送到家，网络服务是"分享阅读"一体化重要的服务方式，中国儿童阅读顾问网为园（校）提供各种网络帮助和服务。

2. "分享阅读"的教育服务

(1) 培训。

为提高"分享阅读"消费者对分享阅读这一理念及该系列图书的把握能力，迪科弈阳还提供了相应的系统培训。培训内容包括了"分享阅读"的理念、"分享阅读"教材教辅分析、"分享阅读"教学及活动的开展、"分享阅读"家园伙伴关系计划、"分享阅读"种子教师计划、"分享阅读"网上教育服务。

(2) 课题管理。

"分享阅读"还利用该系列图书在幼儿园和小学中的推广，申请了国家级课题，课题的研究内容为"分享阅读在幼儿园和小学教学中的研究与应用"，根据这个课题内容，其下还有很多子课题，申请参加子课题的幼儿园和小学应具备以下条件：第一，已成为"分享阅读"示范园（校）或实验园（校）；第二，已有200名以上的在园（校）儿童使用"分享阅读"系列图书；第三，本园（校）的课题负责人已参加过"分享阅读"教师初级培训，并已获得培训结业证书；第四，园（校）应具备电脑，并且能通过互联网进行浏览、学习；第五，园（校）参加过相关课题的研究，有一定的课题管理经验。

(3) 教学管理。

"分享阅读"拥有专业的档案管理机制，为园（校）、教师、儿童及其家庭建立档案，以便为他们提供有针对性的帮助和辅导。同时，"分享阅读"还进行教学管理，以两种方式实施：一种是直接以全国性活动的方式进行园（校）教学管理；另一种是由地方推广中心进行的教学管理，包括资料收集、督学、观摩考察等。

(4) 网络支持。

迪科弈阳公司有专门的网站，可以为"分享阅读"系列图书的读者提供网络支持。网站共分为父母板块、教师板块两大板块，具体模块包括新闻动态、教学指导中心、专家信箱、教师培训、科研与课题动态、展示及评奖中心、论坛、家庭伙伴关系、了解自己等。这个网站为消费者和迪科弈阳公司提供了一个互动平台，使双方能够进行便捷高效的沟通交流。

3. "分享阅读"在园校的开展方式

(1) 正式纳入幼儿园课程体系

"分享阅读"系列图书采用符合儿童心理发展规律的科学依据进行编写，运用系统科学的教学方法，创设有利于阅读的环境，开展内容丰富的主题拓展活动，可最大限度提高儿童的阅读能力，并培养他们的阅读兴趣。

"分享阅读"将为教师提供系统的教学方案、全面的培训和指导，并为教师提供交流和研讨的平台。

(2) 开设"分享阅读"兴趣班。

幼儿园和小学还可以利用"分享阅读"的材料，组织对阅读感兴趣的儿童利用课余、周末、节假日、寒暑假等时间通过开设兴趣班来进行学习。

在兴趣班里，教师按幼儿的实际情况来开展教学和进行引导，锻炼幼儿听、说、读等语言能力以及促进创造性、思维性等能力的全面发展。

(3) 开设"分享阅读角"。

幼儿园和小学可以根据幼儿的年龄特点，为各年段的儿童提供与他们身心发展特点相适宜的功能性读本，营造一个安静、宽松和温馨的阅读场所。教师可以和幼儿一起阅读图书、续编、改编故事和制作图书，也可以让幼儿自由阅读，和同伴一起来分享读书的快乐。教师可以在这个过程中观察和了解幼儿的兴趣和对阅读的反应，适时进行调整和指导，帮助幼儿养成阅读的习惯，从而学会如何阅读。

另外，园（校）可以利用现有的"儿童活动室"增加"分享阅读"图书的数量，丰富学习活动的区域，同时还可以设立小型儿童图书馆配备"分享阅读"材料，让家长来为孩子借阅图书，并通过合理收费来保障图书馆的正常运作和图书的更新，把适合儿童和方便流通的其他教育资源充分—并利用起来，最大化地实现教育资源的价值。

4. "分享阅读"的价值分析

分享阅读主要指利用心理学家和教育学家根据儿童认知规律编写的"分享阅读"材料，配合"分享阅读"教育方法，在家庭或者幼儿园实施的一种不以学习为直接目的、类似游戏的阅读活动。"分享阅读"是一种有指导性的、理想的早期阅读方法，它和一般的早期阅读教育具有以下几点区别：

(1) 分享阅读过程，是一个让孩子感受爱、享受爱的过程。

"分享阅读"之所以被称为"分享"，就是由于它强调"享受"，既让孩子享受到阅读的乐趣，又让孩子享受到父母的爱，而且这种"享受"是由父母和孩子一起阅读共同创造的。在这种阅读活动中，儿童就像小时候在摇篮里听妈妈哼优美的摇篮曲一样，把这些视觉、听觉、触觉的信息都由大脑诠释为慈爱、安全、惬意、温情和父母深切的爱。同时，为人父母者也能感受到孩子对自己深深的依恋，父母与孩子之间弥漫着亲密的气氛，产生共同的欢乐，进而收到最佳的教育效果。

(2) 分享阅读是一个让儿童从"听故事"过渡到"读故事"的安全桥梁。

在儿童能够进行阅读活动前，他们的故事来源主要是通过父母的讲述获得的，大约从三岁开始，儿童就会主动要求父母重复讲述那些他们已经熟悉的故事。在"分享阅读"中，同样强调同一个故事的阅读活动要反复进行多次，随着阅读活动的多次重复，儿童可以变得越来越熟悉故事中的语言。在成年人朗读上一句的时候，儿童可以在心中形成对下一句的预期，于是，在成年人朗读的同时，他们可以开始试着跟随成年人一起朗读。儿童的这种模仿行为，具有很重要的意义，正是通过这样的模仿，儿童开始从被动听别人讲故事，慢慢地参与到阅读活动中，并最终逐步过渡到自己主动读故事的行为活动。

(3) 分享阅读不以识字为目的，却可以让儿童在不知不觉中学习了识字。

在进行"分享阅读"学习的时候，强调的是家长和孩子共用一本书，成年人在为儿童逐字朗读的时候，一边用手指的动作，引导儿童注意到每一个字的字形，同时，读出每一个字的发音。这样，儿童可以在听故事的过程中，学着把自己听到的字音和看到的字形一一对应起来，经过多次重复以后，儿童可以逐渐达到对"字形—字音—字义"的三项掌握。需要特别指出的是，在"分享阅读"过程中实现的识字教学，是阅读活动的一种副产品，不是"分享阅读"活动本身的主要目的之所在，因此，儿童是在毫不知情的情况下进行了学习，丝毫不会觉得枯燥和乏味。

(4) 分享阅读是一种游戏，重要的不是在阅读中学习，而是学会阅读这种能力。

在早期阅读的研究中存在这样一种倾向，认为早期阅读的最大好处是让孩子开阔视野、学习知识。的确，儿童在学会阅读后，阅读活动确实可以为其带来很多好处。但同样的，早期阅读之所以被称为早期阅读，除了它发生的时间早以外，更重要的是它和普通阅读的目的不同。在"分享阅读"中，强调的是让孩子学会阅读这种能力，而不是在阅读中学习。

二、参与儿童早期阅读出版，符合迪科奕阳的发展战略

（一）迪科奕阳的目标

现今人们普遍认识到了教育的重要性，"教育要从娃娃抓起"这种教育理念深受父母的认同，父母对于幼儿教育的需求迫切强烈。

奕阳教育作为国内幼教领域的专业研究机构和整合服务提供者，以"创新早期教育，引领成长之道"为己任，以先进的课程体系和强大的服务支持满足幼教机构和千万家庭对优质早期教育的全方位需求，秉承"学习、创新、分享"的价值观，与儿童、家长、幼儿园及合作伙伴共同成长。

奕阳教育的理念是关注儿童成长，创造学习价值。奕阳教育的方向是为幼教机构提供越来越全面的解决方案，为幼教机构的成长提供持续的能量。

（二）迪科弈阳的实力

奕阳教育在专业科研方面实力不凡，奕阳教育旗下的研究院是以幼儿园五大领域课程为基础、应用研究为导向的专业研究机构。研究院拥有一支高水平、年轻化的专业研究队伍，同时通过和北京师范大学儿童阅读与学习研究中心、美国伊利诺依大学阅读研究中心等国内外顶级科研机构合作，整合国内外学术力量，开展儿童学习机制的研究和实践。

奕阳教育承担国家教育科研课题，从事基础研究和应用研究工作，并将国际前沿理论和最新科研成果转化为教学课程，为儿童教育与学习提供优质的方案和指导，在儿童早期阅读、英语学习、科学教育、创造力培养、海外儿童汉语学习等方面处于国内领先水平，并在幼儿园教育领域有着广泛的实践和影响。

1. 专业研究

奕阳教育研究院下设课程研究中心、幼儿园管理研究中心、幼教政策研究中心、海外汉语教学研究中心、早期阅读联合研究中心五个中心，系统地组织协调基础研究和应用研究工作，对外承担教育科研课题。

2. 专家队伍

奕阳教育学术委员会汇集了 30 余人的一流专家队伍，专家皆为该领域的学术带头人，以扎实的教育、心理科学研究为奕阳教育的产品研发、教学模式建立提供持续动力和长久支持。

3. 专业合作

奕阳教育和北京师范大学教育心理与心理健康研究所、美国 UIUC 大学阅读研究中心、知名师范院校的教育、心理院系等国内外学术机构建立了广泛、深入、长期的合作关系。

4. 专业员工

奕阳教育有着中国幼教服务企业中最专业的员工队伍，教育研发和教育服务专业人员占到奕阳教育员工比例的 60%，55% 以上的员工拥有学前教育、心理学硕士以上学历，本科以上学历员工比例为 90%。

5. 专业顾问

奕阳教育顾问团目前有 80 多名成员，她们均为幼教界的资深专业人士，有着良好的学术背景和丰富的实践经验，为教学实践工作提供指导。

(三) 迪科弈阳的教育实践

1. 幼儿园课程

弈阳教育以促进儿童成长为核心，以幼儿园教学为对象，以权威的幼教理论为基础，以先进的课程观为示范，以最新的研究成果为核心内容，以丰富的教材教辅为载体，依托自主研发的课程方案——分享阅读（核心段、第一部、新起点）、拼音故事、英语、对外汉语、MARVEL创造力、创意泥、科学课程、艺术课程等，结合全面的教学服务和平台支持，为幼儿园提供全面的课程解决方案，助力幼儿园教学水平的持续提升。

根据迪科弈阳提供的数据，截至2008年底，弈阳教育在全国共设立了45个独立教育服务中心，服务网络覆盖全国200多个城市。已有近200所幼儿园通过弈阳教育加入了教育部科研课题的研究，引进弈阳教育课程的合作园所达到了2500多所，其中省级示范园占22.5%，一级一类园占53.4%，一级二类园占24.1%。

2. 社会责任

不爱阅读的民族是没有希望的民族。弈阳教育不仅是阅读促进领域的倡导者和研究者，更通过"书香校园""书香家庭"的建设和推广活动积极推动早期阅读乃至全民阅读的热潮。

弈阳教育关注教育公平，支助弱势群体教育。持续资助打工子弟学校教育材料，并参与培训教师；关注聋儿特教群体，持续捐助阅读材料，支持开展应用研究；与社会公益组织合作，把阅读材料和教育力量共同传递到最基层的农村地区，让当地的人们长远受益；参与震后灾区心理重建，发起"千秋助读"公益活动，捐赠图书，援建流动图书馆。

弈阳教育关注产业兴衰，与中国图书发行业协会非国有工作委员会等行业协会合作，承担图书、教育等产业研究课题，为产业发展贡献一己之力。

三、"分享阅读"营销环境分析

(一) 我国城市儿童教育消费市场状况

我国城市儿童教育消费产业呈现出以下几个特点：

第一，我国儿童教育消费市场有巨大的潜在需求，但是对产品、服务质量的要求也逐年增高。据保守统计中国有万亿的儿童消费市场，而这个市场才刚刚进入快速发展的阶段，远远超过成人消费品市场的增长速度和增长潜力。

早期教育作为儿童消费市场的重要领域，受中国传统文化与教育的影响，备受家长们的关注。传统的教育理念加之现今社会对教育的重视程度,使得家长们异常重视孩子的早期教育。现在市场上针对早期儿童教育的产品很多,但质量良莠不齐,家长在面对众多选择的同时应提高对儿童早期教育的把握认知并学会挑选出适合自身情况的产品,只有这样才能更好地使孩子体验到早期阅读带来的快乐。

第二,儿童消费占家庭总消费的比重逐渐上升,儿童的成长性消费占儿童消费的比例也逐年增加。随着生活水平的提高以及家长对儿童早期教育问题的重视,家长在孩子身上投入的教育费用越来越多。家长会选择适合孩子自身发展的项目对其进行培养,不在乎教育花费的金额,而注重教育发展潜在的成果。

根据迪科弈阳提供的关于儿童消费市场消费趋势的调查数据显示:儿童消费主要分为3个部分,分别是基本生活消费(孩子的吃、穿、用)、享乐型消费(孩子的玩、乐)、成长性消费(孩子的读书、教育)。20世纪80年代,儿童的基本生活消费、享乐型消费、成长性消费所占比例分别为70%、20%、10%;而到了20世纪90年代,这三项消费所占的比例分别为50%、25%、25%;今天,这三项消费所占的比例则分别为40%、20%、40%。纵观数据,儿童的基本生活消费比例不断下降,享乐型消费基本持平,而成长性消费则有着大幅度的上升,这说明家长们的观念随着时代的发展也在发生着变化,孩子的教育无疑成为现今家长们最重视,也是最舍得消费的一个消费部分。

(二)我国儿童早期阅读图书市场

1. 我国儿童早期阅读出版市场概况

我国儿童早期阅读出版市场的发展速度较为缓慢,虽然有很多新创意不断涌入,但儿童早期阅读在出版市场中并没有形成一个牢靠的根基,所以导致我国现今儿童早期阅读出版市场的规模依然较小,究其原因,有以下几点:

第一,缺乏合适的作者。在儿童早期阅读领域中,缺乏深受广大少年儿童喜爱与家长认可的儿童文学大师和儿童插图大师,并且儿童早期阅读读物的作者应该具备一些早期教育经验,同时符合这些条件要求的作者可谓少之又少。

第二,缺乏国内品牌。在儿童早期阅读的出版产品中,充斥着大量的国际品牌,许多孩子都是伴随着迪士尼的卡通读物成长起来的。而人们之所以选择国际品牌,一方面是因为其具有较高的水准以及良好的口碑,另一方面是因为找不到适合的国内品牌儿童早期阅读出版产品。

第三,缺乏规模性产业链。一个产业要想拥有生命力,就必须要形成自己的产业链,而我国儿童早期阅读市场缺乏一个能够系列开发、市场开发和媒体互动的品牌产业链,正是由于产业链的缺失,导致我国儿童早期阅读市场发展缓慢且缺乏活力。

2．我国儿童早期阅读现状分析

（1）家长对早期阅读的认识有很多误区。

第一，对儿童阅读发展阶段的认识不足。在家庭教育中，家长对早期阅读重要性和儿童进行早期阅读行为的年龄段认识存在着巨大的偏差，许多家长认为在学前开展阅读对儿童来说过早，阅读是上学以后的事情。也有些家长把阅读和识字看成是不同阶段的事情。

第二，片面地定义早期阅读。早期阅读是婴幼儿凭借色彩、图像、成人的语言，以及文字来理解以图画为主的婴幼儿读物的所有活动。但一说起早期阅读，人们往往将其与识字联系在一起，把早期阅读当作提前开始的识字教育。相关调查显示：83%的家长不能理解儿童阅读活动的正确含义，对儿童早期阅读活动缺乏科学的认识，简单地将阅读作为教会儿童识字的工具。社会上种种填鸭式的识字教学法仅是机械地教会儿童认字，但是儿童的整体阅读能力、阅读兴趣以及相伴随的写作能力却受到了压抑。

第三，过分功利性的目标设计。过早强调将儿童的阅读活动作为儿童获取信息和知识的主要工具，而忽略了兴趣的提高和能力的培养才是早期阅读的价值所在。让儿童大量阅读知识性、文学性内容，会对他们的成长起到拔苗助长的作用。

（2）优秀阅读产品供给不足。

目前儿童早期阅读产品已成为出版市场上的热点产品，但就现在市场上已有的产品来看，依旧存在许多问题：

第一，创作人员的素质有待提高。在欧美一些发达国家，儿童读物的创作要求创作者具有较高的学历，且具有儿童教育相关背景。而在国内，儿童早期阅读产品的出版门槛则相对较低，对创作者的要求并不严格，导致现今国内出版的儿童早期阅读产品质量良莠不齐。

第二，适读年龄段划分模糊。从目前儿童读物的适读年龄段划分情况来看，出版市场刚刚具有了"年龄段"的概念，但是段级仍不清晰，在各个年龄段中面向幼、儿童的读物依旧断缺。

第三，主题上过于单调。唐诗宋词、古典童话、新老三字经仍然备受推崇，小猫小狗仍是常见的主角，扬善抑恶的道德说教仍是常见的主题，具有时代感和现代气息的作品则少之又少。

（3）早期阅读方法失当。

第一，家长望子成龙，求成心切。家长指导儿童阅读时，对各年龄段的阅读能力发展特点认识不够，开展方式的针对性差，缺乏有效的过程控制。对处于阅读能力发展关键期的低幼龄儿童来说，阅读能力的培养必须基于年龄特征的基础上，如儿童个别差异大，接受信息方式不同，必须确保阅读能力的培养过程是快乐的、轻松的、游戏化的，单纯强调阅读能力的发展而缺乏对过程的把握会落入给孩子增加学习负担的困境，从而剥夺孩子阅读的快乐。

第二，家长愿意给孩子花钱买书，但不愿意花时间陪伴阅读。中国家庭对儿童的早期教育普遍存在着愿意多花钱（资金投入），但是时间投入（人力投入）少、缺少共读时间的特点。父母对孩子的教育投资很多（已占家庭收入的40%），却缺乏和孩子共同进行亲子阅读。据相关调查显示，在北京，家长能够经常和孩子一起阅读的家庭比例不足20%，超过65%的儿童独自进行阅读活动。

第三，幼儿园和小学低年龄段儿童阅读教育也存在诸多问题。在阅读教育的目标设计上，很多教育机构为了迎合家长的功利性心理，将识字量作为主要的教育目标。在阅读教学策略上大多依照字词句段篇的传统策略进行，重视测验，而忽视阅读兴趣的培养，过分注重对文章的深入分析，缺乏对阅读行为本身意义的追求。

目前儿童语言教育领域新理论层出不穷，但是缺乏基于儿童认知规律、科学认识基础上的系统性可操作方案，这使得教学工作者无所适从。

（4）阅读环境与阅读氛围的缺失。

相关调查显示，许多中国家庭环境的布置不利于儿童早期阅读的开展，有意识地为孩子准备书房、书橱和书桌的家庭比例不到3%。幼儿园、小学的阅读角区建设也很不完善。公共阅读学习场所严重短缺，社区系统不能为儿童阅读做出必要的支持。

（5）社会对儿童早期阅读活动支持不足。

第一，功利性极强的潜能开发、天才教育受到很多专家和家长的推崇，而儿童的一些基本素质的培养，如阅读能力以及阅读兴趣，往往处于被忽视的地位，这形成了一种恶性循环。

第二，传播媒体的多元化，尤其是电视卡通的泛滥，吸引了儿童相当多的注意力，不利于阅读能力的培养。

第三，在语言教育上，普遍存在着重视外语、轻视本国语言的教学倾向。

第四，社区图书馆普遍缺乏，未能在阅读的便捷获取渠道上发挥作用。

第五，针对儿童早期阅读的社会组织发展不健全，读书类的社会组织、兴趣小组缺少。

（6）中国儿童早期阅读水平堪忧。

我国与西方发达国家在儿童起始阅读年龄上存在着显著差异，西方发达国家儿童在6-9个月时就开始接触阅读，而中国儿童则普遍要到2-3岁左右才开始阅读活动。美国儿童在4岁后进入独立的、自主性的大量阅读阶段，而中国儿童平均到8岁（小学二年级）才能达到这个水平。虽然汉语阅读在阅读障碍发生率上比英语国家低，但是根据专家对城市儿童的测量，汉语儿童阅读障碍的发生率也达到6%-8%左右。美国一年级儿童每年读30000字,低能力一年级儿童大约每年读16000字,高能力儿童大约每年读44000字。中国一年级儿童每年读4900字,是美国儿童年阅读量的1/6。在中国,高能力和低能力儿童的阅读量相当。在中国,部分年龄在4岁的儿童可以流畅阅读名著,而部分年龄在10多岁的儿童却不能独自完成阅读活动,这种现象在国内十分普遍。由于社会发展不平衡,在地区差距、城乡差距、贫富差距背景下,中国儿童的阅读教育获得严重不足,除那些能够接受正常学前教育的儿童,中国有将近2000万的流动儿童、6000万的残障儿童,以及为数更为庞大的农村儿童,由于经济条件的限制,书本对他们而言仍然属于昂贵的奢侈品。

(三)读者的需求:开展儿童早期阅读的关键要素

开展儿童早期阅读教育时,必须以对儿童身心发展规律的正确认识为基础,针对影响早期阅读关键因素采取正确的教育方法。这些关键因素包括以下几个方面。

1. 阅读材料

借助精心设计的优秀图书,增加儿童趣味性的生活体验,加速其阅读能力的提升,已经成为全世界范围内儿童读写能力培养的重要途径。可见,好的阅读材料是开展儿童早期阅读的第一要素。

现代优秀儿童读物一定具备以下特征:

第一,现代儿童阅读的特点是分段选编,早期阅读的材料必须符合各个年龄段的认知特点,明确"适合的才是最好的"内容原则。

第二,主题接近儿童生活,源于儿童生活;故事语言幽默,想象力丰富,情节出乎意料或引人入胜;内容应当和儿童的生活经验或已有的知识高度结合,最大程度地激发儿童阅读兴趣。

第三,文字难度与儿童智力、情感和语言发展水平相适应。利用儿童的口语词汇,使用易于儿童理解、认知的词汇编写阅读内容,词语应生动、立体,不应使用生涩、难于理解的词语。

第四,在印刷方面要有鲜艳的色彩,使图文进行生动、有机的结合;内容做到形、音、义高度结合,以帮助儿童理解其阅读内容含义。

2. 阅读指导方法

确立正确目标:儿童阅读指导应该以激发儿童的阅读兴趣、培养儿童阅读习惯为主要目的,开阔眼界、丰富知识、增强理解能力、学习汉字能力作为辅助目标。

掌握关键要素:早期阅读中,儿童听读及相伴随的思维、智力发展,对文字形、音、义的结合,语言意识培养以及由口头词汇到书面词汇的过渡,从听到读再到写的自然过程是儿童阅读能力培养的关键。

素材得当，有效参与：在儿童早期阅读过程中应强调合适的素材选择、开放的阅读环境和良好的阅读氛围创造。而父母与教师的有效参与，与儿童间针对阅读行为主动进行互动，可以增强孩子对阅读的兴趣，起到积极的作用。

3. 辅助环境的设计与优化

儿童早期阅读活动的开展离不开外部环境与场所的职称。家庭环境的布置、幼儿园的阅读角区建设，公共读书交流环境的创造对儿童早期阅读活动的进行都显得极为重要。

（四）"分享阅读"确定目标市场

所谓目标市场，就是图书营销活动所要满足的一个或几个细分市场，是出版社为实现自己的任务和经营目标需要进入的市场。"分享阅读"是一系列儿童早期阅读读物，针对的是儿童早期阅读市场。

市场定位，即出版社为自己的产品确定一个在消费者心目中的位置，树立一个形象，使其具有鲜明的特色，以区别竞争者并能招揽读者。针对儿童早期阅读这个具有巨大发展空间的市场，缺乏适合低、幼年龄儿童集体教学的素材和适合推广的科学方法，"分享阅读"系列图书可以补缺定位，并且该系列图书的优势在于其图书营销的新理念与新模式。

迪科奕阳根据"分享阅读"系列图书的特点，将其定位于高端的儿童早期阅读图书。该系列图书的读者定位非常明确，就是儿童家长（儿童）及幼儿园，并要具备较强的经济能力与消费能力。这部分读者消费较为理性，知识层次也比较高，购买图书不会选择盲从跟风而不做甄别。同时，这部分读者对图书的价格也较不敏感。

四、"分享阅读"系列图书的营销模式分析

（一）业务模式及营销步骤

1. "分享阅读"系列图书的价值链与业务模式

"分享阅读"系列图书的两大产品支撑是产品和服务：产品是经过儿童认知与专家精心编选的读本，丰富多元的儿童阅读衍生品分阶段推出；服务指在优势教育资源和背景下的专业支持服务，有针对学校的教学支持，还有针对家庭的全程阅读服务指导。

"分享阅读"的产品和服务必须要结合在一起才能体现出该系列图书的最大效用，"分享阅读"背后的联合研究中心就是帮助产品和服务结合的主体，最终在三

者的共同努力下，以幼儿园等活动场所为载体，合作开展各种形式的分享阅读课程班。

"分享阅读"系列图书对幼儿园而言，能够改善园校阅读教学现状、丰富教学内容、提高教师素质、提升园校的竞争力，是服务家长的好项目；对儿童家长和儿童来讲，能够促进亲子关系、养成亲子阅读习惯、培养儿童阅读能力和兴趣、达到独立阅读的目的，培养儿童的学习、社会交往等能力，促进人格健康全面发展。

2．营销步骤

"分享阅读"的营销步骤：

第一步是进园宣导，其中包括讲座和会议，让目标读者对该系列图书有一个基本的认识，在他们心里初步建立信任、产生好感。

第二步是使目标读者在小范围试用后分享成果，公司开始接受培训和招生。第二步是基于第一步感性的认识上，让目标读者通过具体的实践来检验该系列丛书，促使最终的购买行为。

第三步是帮助目标读者（教师、家长）排除使用障碍，在体验感受升华之后可进行持续购买并扩大使用，满足关联需求。通过前两步，目标读者已经对该系列图书建立了强烈的好感和信心，这一步是为他们提供完善的服务，使目标读者的满意度达到最高，从而实施持续购买行为。

下面通过一个真实的营销案例来说明这些营销步骤是如何实施的。

营销案例：吉林省委机关幼儿园接到"分享阅读"的园长研讨邀请函后，派业务园长和一名骨干教师到北京参会，当晚公司的市场人员和她们进行了沟通，她们觉得"分享阅读"理念和读本符合孩子的阅读需求，也符合她们园的办学理念，当晚向园长进行了汇报，确定了初步的合作意向，并购买了一套读本。

回到幼儿园后，为了证实分享阅读教学的科学性，她们按照读本画了25本小书及大书，在一个班里进行教学，取得了较好的效果。然后该园园长亲自带领4名骨干教师参加了公司在北京组织的教师培训，并与公司达成了合作的意向。

回到幼儿园后，幼儿园精心策划了一次家长会，会上展示了"分享阅读"的教学效果，得到了家长们的认同与支持，幼儿园所有的孩子都报名参加了"分享阅读"教学活动，吉林省委机关幼儿园也与公司正式完成签约，成为示范园校。

（二）"分享阅读"的三大营销策略及技巧分析

1．陆海空并用——迅速占领滩头阵地

陆指高频度的正面接触、沟通，海指会务营销、服务营销，空指专业媒介、大众媒介传播、教育活动。

关于高频度的正面接触和沟通，"分享阅读"的营销团队在告之以理、晓之以利、动之以情的策略下采取"广泛撒网、重点捕鱼"的营销方法进行营销活动。通常借鉴的三种做法有：第一种正面冲锋法，准备一个简单有效的说法，不要指望一次达到目的，礼貌和形象特别重要；第二种，六边形法，通过找熟人的方式，确立合适的见面场所，最好约出来进行商谈，有中间人在场，可避免尴尬局面；第三种旁敲侧击、人为邂逅法，借助一些场所来说服、邀请营销对象参加一次会议等等。

关于会务营销、服务营销："分享阅读"的营销团队以讲座和会议的方式宣传"分享阅读"这种早期阅读概念以及其系列图书，形成了一套固定的营销模式与宣传内容。在消费者对"分享阅读"的试用或正式使用开始后，公司一直会使读者在相配套的教务服务体系下接受培训、指导等服务。

关于专业媒介、大众媒介传播、教育活动："分享阅读"重视在专业领域树立自己的权威，通过各种途径在早期教育类期刊、学术活动、教育研讨会上展示自己，而且不采取功利的态度急于推销这套丛书，而是以一个诚恳的态度、专业的姿态提高"分享阅读"系列图书的关注度，间接提升该系列图书的影响力。

通过这种全方位、多角度、立体式的营销策略，"分享阅读"以自信、诚恳、专业的态度顺利打开了儿童早期阅读市场，让更多的读者有机会去了解和认识该系列丛书。

2．迅速突破临界量

下面从"分享阅读"营销团队的营销实例来看该系列图书如何迅速突破临界量。

营销人员经过公司的培训，带着宣讲用品，通过密集公关，和幼儿园达成初步合作意向，在园内开展"分享阅读"实验，营销人员和园长进行进一步沟通并组织教师培训。在培训时，动员周边的一些园校共同参加，将实验园规模进行扩展。一段时间后，组织一次小型教学研讨会，邀请更多园校共同参加。有了初步成果后，精心筹办一次地方说明会，邀请公司专家、当地教育界名人、实验园园长讲话，并安排实验园实地教学观摩。在此次会议上，邀请代理地区大部分园校参加，扩大市场影响力，在会后，营销人员及时跟进与大部分园校达成合作，组织一次大型的培训会，解决签约园校的开课问题。最后，营销人员和地方媒体、园校合作，开始新一轮密集的招生工作，全面实现赢利。

临界量在营销学上的解释是当一个产品在某一个区域市场销售积累到一个特定数量后，就会产生一个巨大的内在推动力，使销售产生一个显著的飞跃。临界量是一个动态的、相对的概念，就"分享阅读"项目来讲，迪科弈阳很早就提出了这个概念，也期望着临界量的到来，但从每年25%-30%的发展速度看，真正意义上的临界量还没有形成。

3. 维护客户关系，深化价值，满足关联需求

"分享阅读"的营销策略就是在顾客已经感到满意的情况下，继续提供后续的服务。客户服务内容由营销团队统一策划，客户服务中心负责提供必要的方案支持、资源支持和人力支持。

如果说，前两个环节是在进行一种普遍的营销，那么第三个环节就是针对客户的差异化与个性化进行营销，即精细化营销，提供更多增值服务，最终加大关联产品的销售力度。

北京市石景山区八角幼儿园是最早一批使用"分享阅读"系列图书的幼儿园，自从幼儿园成为了"分享阅读"的使用者，就会定期接受专业老师进行的入园培训指导，指导的内容不仅包括使用该系类阅读产品的方法和技巧，还包括一些先进的早期教育、早期阅读理念和思想。这种定期的指导不仅让该园的老师在使用"分享阅读"系列图书进行教学时有了科学、有效的方法，更提高了园校教师的专业素养。

（三）"分享阅读"的整合营销传播

1. 整合营销传播

整合营销传播，全称为 Integrated Marketing Communications，简称 IMC，前面已有具体介绍。下面将从 SWOT 分析、目标市场和品牌关系、目标市场的确立、发展策略等方面展开对"分享阅读"系列图书的整合营销传播进行探讨。

2. "分享阅读"系列图书的 SWOT 分析

SWOT 分析，前面已有具体介绍。

针对"分享阅读"系列图书，以下列出该系列图书在 SWOT 中的关键因素。

优势（Strengths）：有固定的目标市场，有优秀的编辑作者队伍和科研队伍，有成熟的运作模式和营销模式，有完善的服务体系和营销技巧；

劣势（Weaknesses）：该系列图书没有打入主流出版市场进行宣传，因此知名度较低，又因其定位的层次较高，决定了它的定价也相对较高；

机会（Opportunities）：中国社会越来越重视儿童的早期教育、中国拥有相当部分的富裕阶层、儿童早期阅读出版市场成长空间大；

威胁（Threats）：儿童早期阅读出版竞争激烈、新的教育观念和方法更新速度快、面临网络媒体的冲击。

用 SWOT 分析概括"分享阅读"系列图书："分享阅读"的优势在于其品牌价值和营销模式，弱点是较低的知名度和较高的定价，机会在于早期阅读出版市场有很好的发展前景和发展动力，威胁在于儿童早期阅读出版市场中不断涌现出强有力的对手、概念以及新的出版方式。

3. 分析"分享阅读"系列图书的目标市场和品牌关系

整合营销传播的一个关键原则是要"了解客户",因此市场细分应从识别和描述现有客户开始。此处有三个关键:第一,把产品卖给现有客户比卖给一个新客户的成本低;第二,某些客户比其他客户更有利可图;第三,利用品牌高获利性客户的共性,指导发现新客户。在出版业,购书者就是出版社的客户,图书就是出版社的产品。保持原有的读者,积极把这些读者发展为社内其他图书的消费者,这无疑构成了一个良好的利益链。

对于儿童家长来说,为孩子选购一套儿童读物往往要经过认真的筛选和比较;对于幼儿园老师来说,为每个年龄段的孩子挑选一套阅读教材也十分慎重。而且儿童家长和幼儿园老师一旦对某个早期阅读品牌建立了信任感,就会成为该品牌的忠实购买者,因为同一个系列的儿童读物往往有着相同的编辑思路和整体风格,熟悉它的编排和内容后,往往可以使孩子对图书产生一种亲切感,也使儿童家长和教师能够更有把握对孩子进行阅读陪伴和指导。所以在林林总总的儿童读物中,有很大一部分是系列丛书,它们大多品种丰富,每个系列中都包含了多个分册。对出版社来说,出版系列丛书是对出版资源的合理利用和延续赢利。采取系列图书的出版模式,可以保持读者群以及设法吸引竞争对手的读者群,是出版社处理"顾客关系"的重点。

营销案例:北京市顺义区马坡幼儿园非常重视儿童早期阅读,近几年来,有很多的儿童读物有机会走进该幼儿园的课堂,但是李园长和全体老师对这类读物的选择非常慎重。直到有机会接触到"分享阅读",就被该系列图书打动了。李院长认为有三个原因让他相信这个品牌:产品本身质量、品牌资质、服务。产品在试用阶段就被孩子们接受和喜爱,并且具有非常完备的产品体系,满足了教学的不同需求;迪科弈阳的资质更是他们选择该系列图书的一个重要因素,因为迪科弈阳是一家研究儿童早期阅读的专业机构,拥有强大的科研专家队伍;"分享阅读"从入园宣传到正式成为幼儿园的阅读教材,一直有老师来进行专业培训和指导,这更让园长和老师对"分享阅读"充满信心。

4. 确定营销传播目标

营销传播目标有两种:传播目标(最终要达到的营销效果)和行为目标(每个营销阶段所要达到的目的)。这两类目标都是必要的,因为现有顾客和潜在顾客只有相信产品对他们有利,才会行动。

图书销售的第一步是引起读者的关注(Attention),如在幼儿园中开展关于早期阅读的免费培训和讲座,使越来越多的儿童家长和幼儿园科学地认识早期阅读并且了解"分享阅读"的教学方法。使读者了解迪科奕阳,该机构推出了一系列基于"分享阅读法"的儿童读物，从而对"分享阅读"产生兴趣（Interest）。进一步了解"分享阅读"系列图书，读者会发现该图书有着非常高的专业水准，按不同的教育目标和年龄段，有不同的分册，非常适合作为儿童早期阅读的图书，从而激发了读者的购买欲望（Desire）。通过咨询服务和网络平台，儿童家长和教师可以从上面了解到更多的信息，随着各方面的了解，发现"分享阅读"不仅是一套优秀的儿童早期阅读读物，还是一种科学的教育手段，其完善的教育服务体系让儿童家长和幼儿园老师感到满意与放心，于是采取行动（Action）——购买图书。

出版社要制定每个过程，并要求效果达到预期目标。传播目标比行为目标的达成更加艰难，也就是说，读者在采取行动这一环节上，停滞的几率比较大。所以，对已确定的营销目标，出版社必须采取针对性的发展策略来促使读者完成整个购买过程。

5．发展战略和根本原理

根据 SWOT 分析和由此产生的目标来确定最优的营销传播组合和媒体组合。

无论什么目标，一种营销传播工具占据异常的主导地位时都会产生问题。这种主导地位往往发生在大众传媒广告上，特别是出版物。由于出版物的宣传预算有限，宣传方式经常以报刊广告为主。迪科弈阳尝试以最有效的传播组合来传达图书信息。

结合"分享阅读"系列图书的营销活动，运用整合营销传播的理论来对该系列图书的营销行为进行分析。

（1）事件营销。

所谓事件营销，是指企业通过策划、组织和利用具有新闻价值、社会影响以及名人效应的人物或事件，吸引媒体、社会团体和消费者的兴趣与关注，以求提高企业或产品的知名度、美誉度，树立良好的品牌形象，并最终促成产品或服务的销售手段和方式。组织进行事件营销无外乎两种模式：借力模式和主动模式。

主动模式是指组织主动设置一些结合自身发展需要的议题，通过传播，使之成为公众所关注的公共热点，是一种积极主动的营销手段。"分享阅读"作为儿童早期阅读系列图书，与之相关的营销活动就一定与教育、读书紧密联系。2003 年 4 月，迪科弈阳发布了中国儿童早期阅读研究报告的第一版，引来儿童早期阅读这个专业领域中不少专家和学者的关注，这对"分享阅读"在专业领域的口碑打下良好基础。2004 年 8 月，迪科弈阳在青岛举办了第一届早期阅读国际峰会暨教学设计大赛，第一次以大赛的形式宣传早期阅读，推广"分享阅读"概念。2005 年 8 月，迪科弈阳在庐山举办第二届早期阅读国际峰会暨"阅读启迪童心"大赛，大赛请来了早期阅读方面的专家和学者，共同为早期阅读的发展献计献策，同时再次扩大"分享阅读"的知名度。2006年8月，迪科奕阳举办的第三届早期阅读国际峰会暨"阅读启迪童心"大赛在昆明举办，由于前两次的成功经验，这一次大赛进行得很顺利，得到了众多教育媒体的关注和报道。2007年12月，在北京举办的第四届早期阅读国际峰会暨"阅读启迪童心·创意引领未来"大赛，由于前三届所创造的影响，本届大赛的反响很强烈，颁奖典礼举行得十分隆重，这同时也是为了答谢早期阅读专家对"分享阅读"的支持，使"分享阅读"品牌在市场上顺利传播，产生了较好的品牌影响。

所谓借力模式就是将有组织的议题向社会热点话题靠拢，从而实现公众对热点话题的关注向组织议题关注的转变。"分享阅读"系列图书正是借助参与学术活动、加入学术组织、赞助大型活动，在一定程度上宣传自己，提高自身的知名度。2003年12月，"分享阅读助力中国儿童成长——安德森中国行"启动；2004年2月，"分享阅读"参与幼教百年庆典；2005年10-11月，迪科奕阳分别加入北京市学前教育研究会、北美学前组织和国际阅读协会；2006年4月，迪科奕阳参与国际阅读日活动，在推广儿童多读书、读好书的同时，也为"分享阅读"做了充分的宣传；2006年7月，迪科奕阳向天下溪等公益组织捐赠图书，这样的活动陆续进行，一方面为公司营造了良好的形象，另一方面各大媒体的报道也为"分享阅读"间接进行了宣传。

（2）广告营销。

广告的主要功能是建立品牌认知，这对新产品来说非常重要，尤其是要建立品牌可信度和动量，品牌动量指的是品牌的认知和定位在目标客户中的加速度扩展。图书产品利用大众媒体广告，去激励受众对品牌产生兴趣以进一步了解产品。换而言之，大众媒体广告可使潜在顾客发现更多的选择。但是"分享阅读"系列图书的目标市场划分范围非常明确，其全部选择在早教期刊中进行宣传。

2004年12月，《学前教育》杂志出版了"分享阅读"增刊，在学前教育领域引起了强烈的关注。《学前教育》是中国第一本全国公开发行的幼教专业期刊，几十年来杂志一直以"幼教工作者的亲密助手，学前儿童家长的有益读物"为办刊宗旨，以促进教师与幼儿健康成长、快乐生活为理想目标，赢得了广大读者的认可，成为幼教工作者的必读参考书。特别是该杂志分为幼教版与家教版，分别针对幼教工作者与幼儿家长两类读者，而这两类读者刚好涵盖了"分享阅读"系列图书的目标市场，是非常高效的广告宣传。

随后，"分享阅读"创办了自己的期刊。2005年7月，《家长导刊》创刊。2006年1月，《奕阳幼教评论》创刊，开始向幼儿园免费派发。这不仅促进了对"分享阅读"系列图书集中连续性的宣传，也使这些期刊在早教期刊的市场竞争中占据了一席之地，争取了在早期教育与早期阅读方面的话语权。

但由于"分享阅读"在实践层面的营销策略突出的是"专业化的教学服务",表现为较少参加相关展会、刊登营销广告,所以在专业杂志上进行宣传的次数并不多。

"分享阅读"在广告中的宣传口号是"让我们从分享阅读开始分享成功!"同时,"分享阅读"在广告中还传递着这样的理念——"分享阅读"不仅是系列图书,更是一种不以教育为目的,却能够给儿童的发展带来长期、巨大影响的理想的早期教育手段。

(3) 直接营销。

"分享阅读"是这样利用直接营销的——迪科弈阳的工作人员直接走进园校进行图书的宣传和销售。为了配合这种直接营销,迪科弈阳给直销工作人员进行了专门的培训。表1为他们的直销工具说明:

表1 直销工具一览表

类别	工具名称
常备	名片
杀手级文件	分享阅读(彩色)
	分享阅读教学成果展
	园校合作单页
	讲座/课例盘
辅助说明类	媒介手册
	百年幼教折页
业务合作文件	早期阅读研究报告
	分享阅读专题片
	易拉宝
	anderson 中国行
	分享阅读教学成果展海报
	园校合作协议
销售工具外包装	公司活页夹
	手提袋

走进园校面对的是幼儿园老师和儿童家长，通过以上这些直销工具，可让老师与家长对"分享阅读"系列图书甚至"分享阅读"品牌有直观的认识与感受。

值得注意的是，"分享阅读"系列图书的直销场所是在园校里开展的，因此针对不同的幼儿园园长进行公关与沟通也是直销工作人员必要的功课。"分享阅读"对园长的分类以及沟通技巧总结了一套经验：第一类是成长型（25至30岁），优点是自信、工作热情高、具有个人主义办园理念、勤于学习、愿意接受新观念，不足是缺乏工作经验，她们在内心里希望得到他人的认可与鼓励，害怕被否定或不被重视，因此在沟通上要注意认同她们的办园理念，科学地进行引导与渗透；第二类是成长＋理论型（30至35岁左右），优点是自信、具备专业教育理论（或理论＋少部分经验）、注重学习，容易接受新观念，但相对缺乏实际工作经验，她们同样希望得到他人的认可与鼓励，这类园长担心得不到科学的指导，针对这一类型的沟通要点是认可她们的办园理念，分享她们成功的教育成果，并可适当展示企业的规模，赢得她们的信任；第三类是理论＋经验型（35至40岁），优点是事业发展稳定、有强烈的责任感、具备理论和实践的双重素质、善于借鉴地学习和接受新观念并实施市场化运作，但她们通常不愿意冒险，在接触这类园长时，要分析园校现状，探讨可行性发展目标，与成功教育成果自然结合；第四类是经验型（40至45岁），优点是具备丰富的实践经验、有选择地接受新观念、注重对教师的培养，她们的不足是规避风险、追求平稳，给她们传达信息时要注重分析园校现状，保证对教师进行理念培训，使她们可以直观地感受到未来成功的教育成果。

6．确定预算、确定（促销）时间、测试市场营销组合和评估绩效

以财务管理为中心的市场营销是现代优秀企业的优选策略，但由于迪科弈阳更多的关注点在品牌建设上，产品促销的财务管理一直没有形成一套完整有效的系统，换句话说，"分享阅读"之所以有良好的市场表现，主要是其拥有一批真正热爱儿童教育的人在经营一个优质项目。

目前"分享阅读"系列图书的年销售额达到几千万，这正是由于该系列图书出版后迪科弈阳致力于这种"专业化的教学服务"式营销所带来的效果。而事件营销、广告营销和直销是长期辅助这种营销模式的营销组合，只要"分享阅读"还活跃在图书市场中，"分享阅读"系列图书的营销模式就会一直持续下去。

点 评

"分享阅读"系列图书对图书营销模式的启示：本案例从图书自身特色到营销宣传，对"分享阅读"系列图书作了一个较深入的分析，运用出版学、营销学相关理论，剖析其营销模式的内涵，从而总结成功经验。

根据现代营销职能的特征，图书营销模式应该是在以市场为导向靶、以产品为主线条、以信息为线索源、以人才为驱动力的基础之上，提供整合服务，掌握顾客关系，确立品牌优势，满足关联需求，建立领域价值链。具体地说，现代图书营销模式的构架应做到以下几点。

1. 产品研发力

在这个飞速发展的社会，图书的特色和创新点往往体现在概念的打造上。因为现在读者购书并不是简单的条件反射，而是在一定的购书意向（需求）指使下的心理补偿行为，读者购书的概念越明确，意向越清晰，目标越具体，购书冲动就越是强烈。能有效激发、激活读者需求的，往往不是图书本身，而是图书所代表和折射出的社会现状、审美趋势。在商业社会的市场化运作中，概念是一面旗帜，是一种看不清摸不着的无形资产，代表着一种市场凝聚力与号召力。在产品供过于求的买方市场条件下，通过有效的灌输，在消费者心目中"植入"产品的概念，成了产品畅销的先导。一件产品要吸引消费者，除了其自身的使用价值以外，它所蕴涵的内在价值必须能给消费者提供更大的联想空间，使消费者可从中得到多种享受，提高对需求的满足系数，这样才能吸引消费者的关注。在打造成功图书产品的过程中，应该利用概念与时俱进的规律，以打造概念为突破口，引领图书消费时尚，将图书特色演绎成广大读者所接受的概念，在推出图书的同时，精心"制造"出相应的消费概念，在读者头脑中形成"意识造型"，使读者在对消费概念认同、内化的过程中，从"要我买"变成"我要买"，产生购买欲望，引发购买行为。图书的特色和创新点只是图书产品力的一部分，对这个特色和概念的执行，即后续的研发能力也很重要，特别是"系列图书"，是否准确地理解与把握图书"卖点"，有计划、有步骤、有组织地进行图书产品的研发工作，不断调整产品以适应图书市场，是决定图书产品能否获得成功的关键之处。

2. 服务力

一流的客户关系管理首先是要提供优质的服务。出版单位要改变以往"用户围绕出版社转"的概念，转变为"出版社围绕客户转"，以承诺服务为动力，以全面提高服务质量为追求，努力使用户的要求成为出版企业不断进步的方向。在营销人员的培训方面，要注重逐步调整营销队伍的知识结构，全面提高营销人员素质，强化营销管理工作的"优质服务"意识，增强营销人员的市场意识、服务意识与竞争意识，提高营销人员的营销技能。其次是提供客户关怀和增值服务。客户关怀包括两个方面：一是提醒客户享受应得服务（主动提醒客户享受应得服务，可避免产品的误用，保护客户利益。同时主动提醒还会给客户良好的印象）；二是提供增值服务（建立在基本服务基础之上，企业"额外"提供的服务，让客户感到物超所值，有利于赢得客户满意度并形成客户忠诚）。加强客户关系管理还是开发利用客户资源的重要途径。通过双向的信息交流，建立客户档案和开展与客户的合作等，可以从客户的反馈中获得有关产品特征、需求变动以及潜在客户等方面的信息。这些来自客户的信息往往具有针对性、可靠性等特点，与其他来源的市场信息相比，这对企业营销策略具有更为重要的参考价值。

3. 传播力

在信息膨胀过度、媒体泛滥、图书趋于同质化与出版市场多元化的现今出版环境中，单纯一种媒体发送的信息可信度下降，消费者获得市场信息的渠道越来越广，他们的需求差异比以往更为显著，许多曾经有效的营销手段开始渐渐地失去效用。而整合营销传播通过研究特定目标消费者的需求信息，开发出更为符合细分读者需求的出版产品。通过整合各种传播方式（广告、公关、促销、CI、包装等），使消费者获得更多的信息接触机会。强调信息传播以"一个声音"为主，由于消费者"听见的是一种声音"，他们能够更有效地接受出版社所传播的信息，准确辨认出版社及其产品和服务。对于出版社来说，这也有助于实现传播资源的合理配置，使其以相对较低的成本投入产出较高的效益。

本案例从以下四个方面综合实施整合营销传播。

(1) 以消费者为中心，强调与传播对象的沟通。

产品开发关注消费者的需求，以现代的营销理念来讲，就是应该注重市场调研，注意信息的搜集、分析，建立目标消费者资料库。目前我国出版社的市场调研还停留在较为初级、感性的阶段，出版社内的营销部门缺乏调查能力，而又很少借力于社外的专业咨询公司。要加强营销部门与编辑部门间的沟通合作，提高出版社的信息化水平和营销部门的专业素质，借助专业咨询公司的服务，加强售后服务意识，才能建立起一个有效的目标消费者资料库，对消费者的需求有一个最大限度的把握。

(2) 注重各种传播方式的整合，使消费者获得更多信息接触的机会。

多种传播方式的运用在于整合的力量，在营销过程中不能单一地使用某种传播方式，而是要全方位立体化把广告、公关、促销等多种传播方式组合在一起。出版物单品大部分属于不可重复消费的产品，所以其营销费用是有限的。出版物的传播组合是要尽量把广告和促销与公关进行组合,不断地为新闻媒体制造话题,综合利用各种媒体(报纸、杂志、电视广播、网络)多方位地进行传播活动,而不是简单地寻求某一种、某一次"一鸣惊人"的奇招。

(3)突出信息传播以"一个声音"为主,用多样化的传播手段,向消费者传递同一信息。

这要求出版物在策划阶段就要制定一个系统完整的传播计划,把从出版物的装帧、设计到广告、营销、公关的每一个部分信息都制作一个统一的规划。在策划与营销的过程中就应该根据规划严格地去执行每一部分的信息传播,保证所传播信息的统一。

(4)强调传播活动的系统性。

整合营销传播是复杂的系统工程,要加强营销信息传播的系统化,强调传播过程中各要素协同合作,发挥联合作用与统一作用。出版社应决定符合企业实情的各种传播手段和方法的优先次序,通过计划、调整、控制等管理流程,有效地、阶段性地整合诸多传播活动。通过稳定、持续的营销协同工作使出版社的产品概念、品牌概念不断深入人心,使消费者理解、接受、认可这些概念,并最终实施购买行为。

4. 营销力

图书的营销策略要根据市场的需求、图书的特性确立营销模式。出版单位要根据自身所处地理位置、外部条件、内部条件采取适合的营销模式,只要结合实际,具有特色,就可取得较好的营销效果。不同的图书所面对的受众不同,所以营销人员不应"以不变应万变",应针对不同类型书籍,结合自身特点,制定不同的营销方案,采取不同的营销手段。

营销不是传统的发行,也不是简单的销售,它是一种手段,也是一个过程,一种思路。因此,坚持一种非常明确的图书营销策略,即找到适合的营销模式,进行模式化操作,通过一系列有目的、有针对性、操作性强的举措,采取变化多样、富有创意的手段引导读者进行购买,这样方能实现市场份额占有率的最大化。

"袁腾飞说历史"系列图书营销模式分析

"袁腾飞说历史"系列图书自 2009 年 8 月份上市以来，先后四册均在历史类畅销书排行榜上取得了不俗的成绩。在各个书店的畅销书榜单、网络书店的畅销书榜单以及客观媒体的检测数据上，"袁腾飞说历史"系列图书长期占据着销量第一的宝座。

忙忙碌碌的现代人很少有时间静下心来阅读经典、阅读真正的文学、历史、哲学等相关著作。正是伴随着这种需求，又一类畅销书应运而生，那就是读起来不累，但又能体现一种修养、一种精神追求的书籍，如《明朝那些事儿》《袁腾飞说历史》以及诸如发轫于百家讲坛的历史类图书都可归为此类。

快餐文化的存在无疑为读书人提供了一种填补文化空缺的途径。读者希望可以简单了解一些历史知识，但若想要去研究历史，则既没有时间也没有能力，于是便选择《明朝那些事儿》等被称为"快餐文化"一类的图书来进行阅读。对于历史类畅销书，读者不必过于较真儿，毕竟其中夹杂着许多作者的个人印记，只要读者抱着闲暇娱乐的心态去阅读、审视这类书籍，那么视历史类畅销书中那"个人印记"如洪水猛兽的想法就大可不必了。

一、"袁腾飞说历史"系列图书确定目标市场

目标市场是指图书营销活动所要满足的一个或几个细分市场，是出版社为实现自己的任务和经营目标所需进入的市场。

"袁腾飞说历史"系列图书是历史类畅销书，目标读者是 20 至 30 岁的青年消费群体。

市场定位是指出版社为自己的产品确定一个在消费者心目中的位置，树立一个形象，使其具有鲜明的特色，以区别竞争者并能招揽读者。

2005 年，百家讲坛因阎崇年与刘心武这两位当红讲师的主讲而异常火爆，同时也带动了通俗历史读物的畅销，历史类畅销书的市场就是从那之后渐渐地扩容，随着市场容量的增大，更多的历史类图书有了自己的生存空间。可以说好的历史类图书吸引了更多的读者，而随着读者需求的逐渐增强，对高品质历史类图书的需求

也就变得更加迫切。历史类畅销书和读者相互推动了对方的寻求，形成了近年来图书市场上少见的良性循环。

通过进一步分析，我们会发现"袁腾飞说历史"系列图书的出版商磨铁图书对该系列图书的定位就是具有一般性、快餐类的通俗历史读物，是属于配合当时网络火爆视频闪电战攻势的一部分，讲求的是销量的爆发力。市场对图书的要求就是要尽快跟进网上视频的节奏，起初的中国史，后来的世界史都已证明只要书能紧随网络视频的播出进度，那么图书的销量自然就会有保障。

"袁腾飞说历史"系列图书设定的目标市场乍看很广——号称"900万人一起重上历史课"。但真正吸引读者购买"袁腾飞说历史"系列图书的动因先是网络（这里面人人网的作用功不可没），后是电视（百家讲坛在2009年7月、2010年4月分别播出过袁腾飞主讲的"两宋风云"和"塞北三朝——辽"）。而这两类媒体关注人群又均以年轻人为主，这类受众对客观的刺激十分敏感且购买过程较为迅速。所以，此系列图书真正的目标市场定位应是以青年读者为核心的受众群体。

二、"袁腾飞说历史"系列图书营销模式分析

在这个物价飞涨的年代，性价比和高效益越来越被强调，"如何花最少的钱，办更多的事儿"这句话似乎一夜间引起了大家的共识。在出版界，这个议题就变成了"如何既能减少广告成本与资金压力，又能创造出最好的宣传效果"。图书公司策划出版一本书，理想化的状况是即使不做图书宣传广告该图书也能大卖。如何有效地减小广告投入而又增加了图书的宣传力度与宣传效应是每一个出版机构都在努力尝试解决的问题。

"袁腾飞说历史"系列图书在磨铁图书精心的营销策划下，在降低广告费用、提高宣传力度方面相较于其他出版机构策划的同类型图书有着自身的过人之处。

发掘成名作者、强调出书效率是磨铁图书在"袁腾飞说历史"系列图书的营销策划上表现最为出色的一个环节。

图书营销根据图书自身种类的不同，所采取的营销模式也各具特点，如养生健康类或成长励志类的畅销书相关的广告费用、作者沟通费用、作者宣传推广（例如举办作者讲座、场地租金、组织相关方面）费用、公关费用相对较高；而如"袁腾飞说历史"系列图书这类取材于有着广大读者观众基础的作者，用与视频网站、电视台合作的宣传营销模式，即可用最少的宣传成本创造出最大的宣传效果。

"袁腾飞说历史"这套系列图书的特点是：以内容为核心，将图书作者袁腾飞的相关作品向全媒体出版的方向进行打造，实现集图书出版、网上视频、电视节目

制作与授权、音像制品出版发行为一体的全新出版模式，既可以满足不同人群的阅读需求，也能实现多点赢利。该系列图书自 2009 年 8 月推出至今，已完成多次加印，其他一些相关产品如视频开发、节目制作等也在有条不紊的进行之中。

出版方在联系上作者之后，考虑到作者自身及其作品的商业价值，便与作者签下了 4 年的整体合作协议。在签约之后，磨铁图书还了解到百家讲坛曾在 2008 年下半年邀请作者做过节目，这个消息对于出版方来说无疑为下一步的营销宣传提供了有力的支持。

作者袁腾飞的优势在于授课，出版方在图书出版、节目制作、策划等方面具有优势，因此出版方在面对已有的视频资料时，通过一系列的策划、整理、文字加工，将相关的视频及其讲课讲义整理出了大约 90 万字内容的原始稿件，再通过编辑的加工整理，最终形成了 4 本大约 60 万字的图书，即"袁腾飞说历史"系列图书。该系列图书的第一本于 2009 年 8 月推出，其在市场表现非常好，在第二月便登上了当当网历史类畅销书排行榜的第一名。

本系列图书内容取材于网络视频，因此这套图书的编辑工作质量要求很高。尽管图书在策划环节上与最初想法有些许变化，但最终从作者签约到成书出版，仅历经了半年的时间，这在同业中的效率是可圈可点的。在策划定位上的波动，是因有编辑认为，袁腾飞是历史老师，做成教辅读物可能会更加保险。但是，磨铁图书还是将袁腾飞老师上课的相关视频整理成文字内容做成了历史类畅销书，并将袁腾飞这个品牌从中学的课堂拉到社会大众的层面上来。因为历史这类较专业的知识用通俗的方式来进行表述，本身对大众就有较大的吸引力，而且这种方式也顺应了不少网络、电视受众的阅读需求，有利于读者群的培养。而在封面设计上，出版方将封面设计成白体黑字，这种设计也得到了不少读者的肯定。

在宣传上，出版方首先加强了与优酷视频的合作。优酷通过"牛人计划"推广其优秀视频，磨铁图书通过与优酷的内容编辑、总监进行联系洽谈合作事宜，将袁腾飞老师讲课的相关视频放在优酷首页上进行推荐，扩大视频在广大读者中的影响。此次合作后，磨铁图书便与优酷视频结成了战略合作伙伴关系，通过公司制作视频节目，在优酷上建立视频空间，对袁腾飞老师以及旗下的相关作者进行包装推广，以扩大旗下作者群的影响力。

同时，出版方通过对优酷网的内容授权，以制作视频节目放在网上播放，来分成优酷网相关视频的广告业务收入。此外，在图书热销之后，有不少电视台主动找上门来，要求与出版方合作推出栏目——这也是出版方在当初签约时的设想之一：通过与某家电视台合作，共同策划制作节目进行播放，获得相关的内容授权分成。而随着节目的陆续播出，这些非图书收入，磨铁公司又会将其再次投入到图书的宣传中去，以获得更大的宣传效果。通过网络及电视台节目的推广，将势必扩大袁腾飞老师的影响，这对其个人品牌的打造将非常有利。

另外，虽然图书的相关视频光碟是以随书附送的形式进行销售，但是磨铁图书更大的计划是在未来建立起属于公司的虚拟演播室或通过公益讲座等形式，独立制作各类袁腾飞老师讲课的音像制品。这些内容除了授权视频网站或者供电视台播出以获取分成利润外，还将以DVD的形式进行售卖，这也将是出版方的收入来源之一。

同时，袁腾飞老师这种通俗易懂的讲史方式也受到了一些组织单位的欢迎，商业性的收费讲座在未来也是出版方计划内的一项收入来源。

通过这种全方位、多角度、立体式的营销手段，磨铁图书以自信、诚恳、专业的态度顺利地将"袁腾飞说历史"系列图书推进了图书市场，让更多的读者有机会去了解和认识该系列丛书。

三、《袁腾飞说历史》系列图书市场表现分析

每种产品都有它的生命周期，图书产品同其他物质产品一样都要经历从进入市场到退出市场的全过程。图书产品在其生命周期的各个阶段都会随着市场需求的变化而呈现出不同的市场特征，图书出版企业必须采取适当的营销策略，以使其在各个阶段取得良好的销售收益。

研究图书的生命周期，分析图书出版企业在各个阶段制定的营销策略，对于提高图书产品的销量，延长图书产品的生命周期具有重要意义。因此，我们把图书产品从投放市场到被市场淘汰的全过程称为图书产品的生命周期，这个周期包括引入期、成长期、成熟期和衰退期四个阶段。

引入期，是图书产品刚刚投入市场的时期。在这一阶段，由于图书产品刚上市，读者对新产品缺乏了解，因此市场的初期需求不大，销售增长十分缓慢，出版社利润空间狭小。当然，根据出版单位宣传力度、作者认知度的不同，引入期的长短也不同。

成长期，在这一时期，图书产品逐渐被读者关注，产品销售量增长迅速，码洋提升，利润持续增长。而与此同时，市场竞争开始出现，盗版书以及选题"跟风"的出现应受到出版单位的关注。成长期在图书生命周期中非常关键，若此时图书的销售量得到大幅度提升，将为图书产品进入成熟期打下坚实的基础。

成熟期，图书产品被广大读者接受，并占有一定的市场份额，图书的销售体现出量大且增长稳定的特点。随着图书印数增多，成本降低，这一阶段出版单位的利润达到最高点。同时，市场开始呈现饱和状态，销售增长速率减缓，再加之同类产品的增多，竞争达到白热化阶段。

衰退期，这是图书产品销售量和利润急剧下降的阶段。随着时间的推移，已有图书产品将被更新、更好的图书产品替代，这将导致图书产品销售业绩下滑明显。

"袁腾飞说历史"系列图书的营销策划是针对引入期而制定的。

在本系列图书正式出版前，大部分读者或多或少对作者有一定的了解，因此对作者的宣传已经不是图书宣传活动中所面临的主要问题，图书宣传过程中面临的主要问题是该系列图书中每一单本图书出版的周期要做到适中，既不能过早地投放市场，也不能等市场热度降低之后再进行投放。图书的内容则是图书宣传活动中所需面临的另一个问题，如何在短期内最大限度地发掘图书的销售潜力来弥补产品的后继乏力问题，这需要图书内容的高质量编写，这样方能更好地配合图书宣传活动，使宣传效果达到最大化。

除此之外，出版企业在引入期可对出版图书采取以下四种销售策略：快速掠夺策略、慢速掠夺策略、快速渗透策略和慢速渗透策略。"袁腾飞说历史"系列图书是一类高质高价的图书，应采用快速掠夺策略，即一种以高定价、高宣传投入的促销策略，通过强势促销争取更大的市场份额。

四、"袁腾飞说历史"的内容、装帧与定价策略分析

（一）图书内容的构成

"袁腾飞说历史"系列图书的内容由正文与辅助地图和说明图组成。

（二）图书的装帧结构

营销策划需要的是各环节的联系互动，体现对出版全过程要素的综合考虑。在装帧设计上，不仅要考虑到封面、环衬、内封、封底、插页、版式等与内容的融合、互动，同时还应在腰封、勒口等其他附件设计上下足功夫，以加强对出版物主题的烘托和渲染。

《袁腾飞说中国史》上下、《袁腾飞说世界史》上下四册书，均采用封面附亮膜加腰封并附送光盘。经典简洁的白底黑字，突出强化了腰封的作用，几本书若是没有腰封，将会呈现出不同的效果。封皮使用铜版纸，采用紫外固化亮膜工艺，凸显封面的质感；内文使用轻型纸，厚实、颜色柔和。地图、示意图与说明页，采用色彩柔和的特种纸，最大限度地做到将图书的注解部分具体生动地表达出来。全书印刷风格偏向朴实，但并不意味着工艺上的简略，至少就本系列图书而言，风格朴实只是意味着版面设计和装帧风格偏向恬淡和含蓄。

这里值得说一下本系列图书醒目的腰封设计。如之前所说，如果去掉腰封，那

么本系列图书的封面和封底就将是白底黑字，腰封这个辅助性的图书饰品在图书装帧上显得非常重要，本套图书的腰封便是封面上最突出的特点，腰封集合了颜色、广告宣传和图书定价这几项本来应该在封面上表现的元素，如果没有腰封，那么本套图书作为成品上市的话是不合格的。

除此之外，该系列丛书附带配备制作精美、品种丰富的附加产品，如视频CD等，让读者能够反复回味，刺激他们购买与此系列图书相关的其他商品，图书的附加值再次得到有效的体现。

（三）图书的定价策略：理解价值定价法

图书的定价方法一般分为三大类：成本导向定价法、需求导向定价法和竞争导向定价法。读者对某种图书商品的内容、风格特色、装帧设计和效用等各种性能指标的主观评价，是为理解价值。消费者对商品的理解价值直接影响消费者对该商品价格水平的评价。因此，深入细致了解不同读者心目中的成本构成，关注消费者为满足自身需求和欲望所可能支付的成本，根据读者对图书价格的认同，结合同行的普遍标准确定图书定价，而不能仅根据表面现象去降低或提高价格。换言之，要将消费者需求作为价格体系的重点。在保持合理书价水平的同时，还要综合考虑图书的品种类别（不同的图书品种要求不同的定价策略）、内容特质（如印制精良、名家力作、独占性强的，定价一般相应要高，但不排除相反的情况）等因素，视读者的需求弹性，差别定价。

"袁腾飞说历史"系列图书，作为磨铁图书占领历史类畅销书市场的拳头产品，运用理解价值定价法，有利于贯彻名牌高价、优质优价的价格原则，有利于最大限度地攫取经济效益。

五、"袁腾飞说历史"的整合营销传播

整合营销传播前面已有论述，我们将从SWOT分析、目标市场和品牌关系、目标市场的确立、发展策略等方面展开对"袁腾飞说历史"系列图书的整合营销传播进行探讨。

（一）"袁腾飞说历史"的SWOT分析

对"袁腾飞说历史"系列图书，以下列出图书在SWOT中的关键因素。

优势（Strengths）：有明确的目标市场与潜在市场、有优秀的编辑作者团队与市场策划团队、有成熟的运作模式与营销模式以及完善的营销技巧，由于前期网络

与电视等媒体对图书作者向读者做过宣传，作者知名度较高，间接积攒了图书上市时的爆发力。

劣势（Weaknesses）：该系列图书的内容是条软肋——层次单一，内容深度不够，成为常销书的可能性不大，又因其定位是短期常销书，出版商对作者的号召力及影响力有着足够的自信，相对同类图书的定价要高出不少（《明朝那些事儿》平装本的定价为28.8元，《蒙曼说唐：武则天》的平装本定价为29元，《袁腾飞说历史》系列前三本的平装本定价皆为32.8元，只有最后因印张数不够才将定价定为25元。同为印张数是16上下，价格区间居然差了将近4元。以上仅是略微比较，就可一窥出版商对作者以及图书的自信程度）是影响其销量增长的不稳定因素。

机会（Opportunities）：作者在同类历史类畅销读物的作者之中知名度最高，曝光率最多，其人性化的语言特点是最为吸引人的、不可被他人复制和超越的个人特性，这些优势都可能会让这套系列图书在历史类畅销读物市场掀起畅销风暴。

威胁（Threats）：历史类畅销读物出版竞争从中国图书商报的榜单来看基本上是处于"袁腾飞说历史"系列图书和当年明月的《明朝那些事儿》两强争霸的阶段，这对本系列图书固然是个好消息，有限的读者市场竞争对手越少越好，但当市场上只有这两本图书在竞争时，也可能给读者带来审美疲劳的效果，只有激烈的市场竞争才能带动整个图书出版市场图书质量的提高。长期缺乏竞争的历史类图书出版市场对此系列图书质量的提高是不利的，也会使读者因审美疲劳而流失。

总的来说，利用SWOT分析法概括"袁腾飞说历史"系列图书的优势在于其作者价值与营销模式，弱点在于过高的定价与系列图书本身内容的单薄，机会在于网络与电视等媒体的宣传为图书销售的预热做了相较于其他图书来说最充足的准备，威胁来自历史类图书出版市场长期缺少竞争从而影响了自身质量的提高以及读者的关注，读者的注意力会转移以至于读者流失。建议"袁腾飞说历史"系列图书推出精装版形式的图书以及制作DVD等音像制品进行组合销售，从而形成二次销售，进一步提升该系列图书的销量。

（二）分析"袁腾飞说历史"的目标市场和品牌关系

市场细分应从识别和描述现有客户开始。这符合整合营销传播的一个关键原则——了解客户。

要了解客户，首先需要弄清楚这样几个问题：①把产品卖给现有客户比卖给一个新客户的成本低；②某些客户比其他客户更有利可图；③利用品牌高获利性客户的共性，指导发现新客户。

在图书出版发行中，购书者就是出版社的客户，图书就是出版社的产品。保持原有的读者，积极把这些读者发展为社内其他图书产品的消费者，有利于提高出版企业的经营效果。

先前说历史类畅销图书潜在读者的数量难以估计，不仅是因为以袁腾飞老师为代表的一类作者的不断努力，推动历史类图书向通俗化、趣味化和多元化发展，更是因为当代社会的开放程度更高，无论是研究历史的专家学者还是一名普通的社会成员，都可以畅谈历史，提出自己的见解，提及历史并不像以前那样是一个严肃的话题，"一家之言"层出不穷，古代、近代、现代、当代、中国的、外国的，大家只要是感兴趣都可以去研究，自己动手去考证。这就从一个侧面证明，目标市场就如当代的历史研究一样，随着影响因素的增多，市场容量并不是固定的，而是可以创造与开发的。

只是让人感到不安的，或者说无可奈何的是，就像广播电视报因为有了电视和广播的节目预告而有了稳定的销量一样，文学产品从属于媒体的趋势变得越来越明显。与其说网络视频和电视传播袁腾飞老师的历史课为"袁腾飞说历史"系列图书做了宣传，倒不如说是此系列图书配合了网络和电视，作为其文字化的有效补充，而被推向市场的。

（三）营销传播目标

图书营销就是要吸引读者关注，相关的广告费用、公关费用便水涨船高，在这个传统模式下，出版行业的人们都在抱怨。

一方面，现在编辑的管辖范围实在是太宽了，选题策划、产品规划、作者沟通、书稿审校、出版流程把控、宣传营销等等。纷繁复杂的事物，一个细节做不到位，一本好书就可能做砸。问题是，一个人的时间和精力总是有限的，那么一个团队做一个项目呢，编辑要集中精力放在创意上，把一般的审校和出版流程交由文案编辑，情况会有所不同。

另一方面，在上述模式被推广和运用的同时，一些与之并行的，却是非主流的模式，也在为一些出版商所运用。传统图书选题策划的问题是其内容上的硬伤所致，出版社的御用作家与身处专业领域的作者毕竟是两种不同的类型，御用作者所写之书虽然在文字表现能力方面更胜一筹，但是内容的强度与弹性就比其真实的记录体差上一些，有着深重的主题先行的烙印，让人在读书的过程中，总会碰到毫不相干的事物，而这些毫不相干的事物，却被生拉硬拽到了一起。另一种模式则是像《MOOK》和《故事会》那样，在新闻、报道、评论与网络中，甚至是在街头巷尾、学校的课堂、工厂的车间、机关单位的办公室中，通过发掘生活中的有心人来进行图书内容的搜集与整理，并且记录加工集结出版。"袁腾飞说历史"系列图书最初是因为网络视频火爆，之后才是出版商找到作者商议出版成书，符合上述所说的第二条模式。

诚然，出版社制定的每个营销传播过程，效果不一定达到预期目标。传播目标比行为目标的达成更加艰难。故此，读者在采取行动这一步上，停滞的机率比较大。所以，对已确定的营销目标，出版社必须采取针对性的发展策略来促使读者完成整个购买过程。

（四）发展战略和根本原理

根据 SWOT 分析和由此产生的目标来确定最优的营销传播组合和媒体组合。

一般来说，营销传播组合包括一系列广泛的职能和工具：大众媒体接触、景接触、个人接触、经验接触。整合营销传播的特点在于用整合的方式，管理这些传统的营销职能，确保"一种声音说话，一个面孔视人"。

（五）事件营销

所谓事件营销，是指企业通过策划、组织和利用具有新闻价值、社会影响以及名人效应的人物或事件，吸引媒体、社会团体和消费者的兴趣与关注，以求提高企业或产品的知名度、美誉度，树立良好品牌形象，并最终促成产品或服务的销售的手段和方式。组织进行事件营销无外乎两种模式：借力模式与主动模式。

主动模式是指组织主动设置一些结合自身发展需要的议题，通过传播，使之成为公众关注的公共热点，是一种最积极主动的营销手段。

所谓借力模式就是组织将组织的议题向社会热点话题靠拢，从而实现公众对热点话题的关注向组织议题的关注转变。

"袁腾飞说历史"系列图书在事件营销上的准备工作是很出色的。首先，让我们回顾一下《中国图书商报·东方数据》关于此系列图书排名的统计状况。

《袁腾飞说中国史》（上）仅在 2009 年 9 月拿过一次历史类图书销售排行榜的第一名，《袁腾飞说中国史》（下）同样也是在 2010 年 2 月拿过一次历史类图书销售排行榜的第一名，《袁腾飞说世界史》（上）则是系列图书中榜单成绩最为辉煌的一本，分别在 2010 年 5、6、7 月蝉联了历史类图书销售排行榜的第一名，《袁腾飞说世界史》（下）也在出版的当月空降榜单第一名。这其中 2010 年的 4 月和 5 月是不得不提的两个月份，因为就在这两个月，围绕本系列图书先后出现了作者袁腾飞状告出版商磨铁拖欠版税，出版商磨铁告作者袁腾飞违约的一系列事件。

2010 年 5 月初，被誉为"史上最牛历史老师"的袁腾飞与北京高腾数码网络技术有限公司，以其出版商磨铁图书公司拒付热销系列图书《袁腾飞说历史》版税 176 万余元为由，将北京磨铁图书有限公司告上朝阳法院。

袁腾飞诉称，2009 年 5 月 11 日，其和北京高腾数码网络技术有限公司与磨铁图书公司签订《签约专属作家创作及出版合同》，约定袁腾飞为磨铁图书公司的专属作家，磨铁图书公司在专属期内对袁腾飞的作品在中国大陆地区享有简体中文版图书的专有使用权；合同同时约定单册作品销量小于8万册时版税率为11%，大于8万册时版税率为12%，重印、再版版税按实际销售额计算；合同还约定签订后的30天内，磨铁公司将付版税预付款100万元。

2009年8月、12月《袁腾飞说历史》出版，并多次加印，两本图书的销售量巨大。但磨铁图书公司在支付100万元预付款后，一直未支付其余版税。

2010年2月8日，北京高腾数码网络技术有限公司向磨铁图书公司发出催告函，要求提供该系列图书的印数证明并支付版税，但磨铁图书公司未予回应。3月26日，袁腾飞以及北京高腾数码网络技术有限公司委托律师向磨铁图书公司发出解除合同律师函。

原告认为磨铁公司拒绝支付版税的行为已经违反了约定，构成根本违约，故诉至法院要求支付版税1763712元，违约金20732元，并停止重版、加印及发行涉案图书。

而另一边，磨铁公司老总沈浩波于2010年5月6日发表博文《告袁腾飞书：做人不能如此厚颜无耻》。文中称，2009年5月11日，磨铁公司与袁腾飞签订《出版合同》，约定袁腾飞为磨铁的专属作家，在专属期4年内，袁腾飞的作品都交由磨铁公司出版，除了袁腾飞和中央电视台合作的《两宋风云》。

沈浩波说，2009年，他们先后出了《袁腾飞说历史》的1、2两册，今年准备出第3册时，袁腾飞以忙等为理由不确认书稿。

磨铁于4月推出《袁腾飞说历史3》，袁腾飞即发表声明和律师函，表示未经他授权，是非法出版物。

沈浩波还在文中称，双方签约时袁腾飞还未上百家讲坛，磨铁首笔给他支付了100万元人民币预付款。到今年4月又支付了100万元。

沈浩波称，合同里写明是"按照实际销售数字计算版税""6月和12月结算"。

"根据出版行业上市公司的标准，要回款才能结算。而出版行业的回款周期一般为4到6个月，回款后才知道究竟销售多少，3月份即结款是没道理的。"对于袁的书，他们已经"超结"了。他还称曾对袁等人解释过，但对方不听。

针对袁腾飞发出的"要求解约"的律师函，沈浩波称："袁腾飞想单方面终止合同，是不可能的。"

5月13日，沈浩波在京召开与袁腾飞版权纠纷的说明新闻发布会，并召集40多家在京媒体、评论家及出版业内人士和作家作为"观察员"参会。沈浩波现场公开全部销售数据、付款凭据、双方合同等。

沈浩波称，截至4月30日，磨铁公司出版的《袁腾飞说历史》1和2实际销售总量分别为230898册和114762册，根据合同约定的12%的版税，磨铁应付袁腾飞实际销售版税1119899.58元，而目前他们已经付了200万元，因此"磨铁不差袁腾飞钱"。沈浩波还邀请在场人上台，现场对比两书发行的台账、发货明细等，以证明账目数字真实。

　　台上唱得如此热闹，舞台之外的榜单也跟着随之而动，随着各大媒体的纷纷报道，于2010年5月出版的《袁腾飞说世界史》（上）也顺利登上了历史类畅销书榜单的榜首，至于《袁腾飞说中国史》（下）腰封上说《袁腾飞说中国史》（上）上市一月突破六十万册，《袁腾飞说世界史》（上）的腰封上说2009年，《袁腾飞说世界史》（上）（下）在当当网、卓越网历史类畅销榜长居榜首，这些宣传神话也便不攻自破了，事件的结尾以袁腾飞更换手机号和不与磨铁纠缠不了了之，似乎觉得是作家理亏而罢了，但这正是皆大欢喜的结局，更加印证了人们对于本次事件是磨铁与图书作者之间闹纠纷其实是唱双簧赚取大家目光的一种做法。我们且不去纠缠图书销售数量的不实，不去纠缠广告宣传语的不实，我们只看这个事件营销的范例，这次的主动营销真正将《袁腾飞说中国史》本来已经减半的销量重新推上了另一个新的台阶，也为《袁腾飞说世界史》（下）的空降榜单第一名埋下了伏笔，同时受益最大的也是处于风口浪尖上的《袁腾飞说世界史》（上）。

（六）确定预算、确定（促销）时间、测试市场营销组合和评估绩效

　　以财务管理为中心的市场营销是现代优秀企业的优选策略，但由于磨铁图书更多的关注点在品牌建设上，产品促销的财务管理一直没有形成一套完整有效的系统，换句话说，"袁腾飞说历史"之所以有良好的市场表现，很大程度上是靠着作者的影响才有着上佳的市场表现的。

　　目前"袁腾飞说历史"系列图书的热度已经减退，销量和榜单成绩也已进入了平稳期，热销的旋风已经刮过，相对来说"袁腾飞说历史"系列图书的营销组合比较单一，但是无出其右的是本系列图书上市销量的爆发力和后续系列空降榜单的能力。

　　就这一部分的内容，由于企业的中上层人员对具体的财务数据很敏感，精准的数据我们无法获得，因此关于"确定预算、确定（促销）时间、测试市场营销组合和评估绩效"这一部分可能很难用磨铁图书的数据论述。

点 评

此案例成功的关键在于：

1. 市场机会把握准确

机会（Opportunities）：作者在同类历史类畅销读物的作者之中知名度最高，曝光率最多，其人性化的语言特点是最为吸引人的、不可被他人复制和超越的个人特征，这些优势都可能会让这套系列图书在历史类畅销读物市场掀起畅销风暴。

利用SWOT分析法概括"袁腾飞说历史"系列图书的优势在于其作者价值与营销模式，机会在于网络与电视等媒体的宣传为图书销售的预热做了相较于其他图书来说最充足的准备，威胁来自历史类图书出版市场长期缺少竞争从而影响了自身质量的提高以及读者的关注，读者的注意力会转移以至于读者流失。建议"袁腾飞说历史"系列图书推出精装版形式的图书以及制作DVD等音像制品进行组合销售，从而形成二次销售，进一步提升该系列图书的销量。

2. 目标市场选择正确

"袁腾飞说历史"系列图书设定的目标市场乍看很广——号称"900万人一起重上历史课"。但真正吸引读者购买"袁腾飞说历史"系列图书的动因先是网络（这里面人人网的作用功不可没），后是电视（百家讲坛在2009年7月、2010年4月分别播出过袁腾飞主讲的"两宋风云"和"塞北三朝——辽"）。而这两类媒体关注人群又均以年轻人为主，这类受众对客观的刺激十分敏感且购买过程较为迅速。所以，此系列图书真正的目标市场定位应是以青年读者为核心的受众群体。

3. 市场营销组合策略到位

"袁腾飞说历史"这套系列图书营销模式的特点是：以内容为核心，将图书作者袁腾飞的相关作品向全媒体出版的方向进行打造，实现集图书出版、网上视频、电视节目制作与授权、音像制品出版发行为一体的全新出版模式，既可以满足不同人群的阅读需求，也能实现多点赢利。

4. 利用了作者的品牌效应

发掘成名作者、强调出书效率是磨铁图书在"袁腾飞说历史"系列图书的营销策划上表现最为出色的一个环节，也是该系列图书畅销的关键。袁腾飞，北京海淀教师进修学校高级教师、精华学校教师、历史教研员，海淀区历史学科带头人。他以幽默犀利灵活多变的授课语言向学生们传授历史知识，被某些大陆网友奉为"史上最牛的历史老师"。袁腾飞是人教版高中历史新课标教材编写者之一，曾参与北京市高考历史命题工作。2009年、2010年登上央视"百家讲坛"节目主讲"两宋风云"

和"塞北三朝之辽"。出版图书《历史是个什么玩意儿》《两宋风云》《战争就是这么回事儿》等。先后被中国教育电视台"教育人生"和中央电视台"小崔说事"邀请录制节目，并荣登"2010第五届中国作家富豪榜"第21位，引发广泛关注。

5. 整合营销

在分析SWOT的基础上，理顺目标市场和品牌关系，依此确定营销传播目标，并确定发展战略，确定预算，确定（促销）时间，测试市场营销组合，评估绩效。

6. 事件营销

磨铁公司围绕本系列图书先后出现了作者袁腾飞状告出版商磨铁拖欠版税，出版商磨铁告作者袁腾飞违约的一系列事件，通过策划、组织和利用具有新闻价值、社会影响以及名人效应的人物或事件，吸引媒体、社会团体和消费者的兴趣与关注，以求提高企业或产品的知名度、美誉度，树立良好品牌形象，并最终促成产品或服务的销售的手段和方式。

《史蒂夫·乔布斯传》促销案例分析

　　图书促销是出版物营销活动中的重要组成部分。优秀的出版物通过出版企业所进行的组合式促销活动，能引起广大读者的注意，其销售状况才能达到预期的目标。而读者也能通过出版企业所组织的一系列促销活动，了解图书市场的最新动态，获得自己所需图书的有关信息，购买到称心如意的图书产品。促销活动能实现读者和出版者之间的双向信息交流，进而使得出版物市场的信息流达到畅通无阻的状态，活跃出版物市场。毋庸置疑，对于正常运行的出版物市场而言，促销活动是不可或缺的。而如何最大限度地发挥促销活动的作用，则是构建健康发展的出版物市场的重要课题。

　　在全球知识经济不断发展、社会主义市场经济不断推进的今天，我国的出版企业一改过去"酒香不怕巷子深"的观点，开始积极地进行促销活动。一些出版企业运用了很多富有创造力的促销方式，并且将多种促销方式综合运用，打造全方位、立体化的宣传促销模式，不但吸引了读者的眼球，更是促进了图书的销售。

　　在这些成功的促销案例中，不得不提的便是《史蒂夫·乔布斯传》简体中文版的促销实例。《史蒂夫·乔布斯传》简体中文版自 2011 年 10 月 24 日在中国发售以来凭借巨大的影响力以及多种促销方式的崭新组合演绎了一场出版盛宴。

　　《史蒂夫·乔布斯传》简体中文版之所以取得如此好的销售业绩，其原因是多方面的。除了由于该书是苹果公司联合创始人、前 CEO 史蒂夫·乔布斯生前唯一授权的传记，具有权威性之外，中信出版社为该书量身打造的一系列促销计划也起到了不可忽视的作用。总体来看，这是中信出版社所设计的具有针对性、计划性、创新性的促销组合。此次成功的图书促销中涉及到多种促销手法，其中以网络营销为主要手段。在促销的过程中，更是有多股力量加入，中信除了把该书放到当当、卓越等电商平台上销售之外，还和苏宁易购、凡客诚品、唐茶公司合作，形成合力，为该书的销售造势，也为读者购书提供便利渠道。

　　该书的销售过程中集合了多种销售力量，运用了多种促销方法，并且形成合力，推动了该书的成功销售。

　　对此案例进行分析，一方面可以丰富图书促销等方面的理论，尤其为如何利用网络进行促销提供了丰富的素材。另一方面，今后的畅销书也可借鉴该书所采用的促销模式，针对自身情况设计更加完善的促销方案，进而以成功的图书促销来推动出版物市场的繁荣。

目前我国图书市场上所采用的促销方式可以分为人员促销和非人员促销两种。

人员促销主要是指出版企业通过派遣专职促销人员或委派促销机构向目标读者和发行中间商介绍和推销图书产品。

使用这种促销方式可以准确传达图书商品的信息,促销人员在与读者沟通交流的过程中能根据目标读者的需要灵活机动地调整宣传手段,传递最符合读者需要的信息。在人员促销的过程中,在对话和交流的过程中,读者对于图书商品以及出版发行企业的一些意见和想法也能通过促销人员及时反馈给出版企业,进而帮助图书发行企业更好地把握市场动态、了解读者心理,及时调整促销策略。但这种宣传促销方式所需的开支费用较大,对促销人员和机构的要求也很高,并不适合所有图书的宣传促销活动。

非人员促销包括广告促销、公共关系促销和其他一些促销方式。

广告是出版物促销组合中最具有影响力的信息传播形式之一,同时也是应用最为广泛的促销方式之一。广告,顾名思义,广而告知,其最大的特点之一便是能使很大范围的受众接收到产品的相关信息,产生购买的欲望。随着出版物广告形式的不断丰富,利用多种媒体形式呈现的广告能使出版物信息在读者脑海中留下深刻的印象。出版企业更是可以根据不同广告媒体的不同特性选择适合的媒体,或是综合运用多种媒体进行宣传。在利用广告进行促销的过程中,出版企业如何选择媒体形式、如何制定恰当的广告策略将起到十分重要的作用。广告仅仅是一种宣传的媒介,能否发挥预期的作用则取决于企业的广告策略。

公共关系促销同样是图书促销的重要手段之一。其作用主要体现在树立企业形象、提高图书产品知名度、为企业经营营造良好的内部及外部环境。其主要的内容有开展新闻报道、加强外部联系、举办专题活动、参加公益活动、策划公共关系广告等。这种促销方式需要企业作为一项长期的战略,因为其效果不会立竿见影,而是潜移默化的。这种促销方式力求使出版企业成为读者心目中的品牌社、品牌企业,使该企业出版的出版物成为常销书。

除此之外,出版企业还可以根据自身条件或促销中的具体需要进行多种多样的促销方式,例如签名售书、赠送样书、有奖销售、降价售书、图书排行榜、联合促销等等。这些灵活多样的促销方式往往也能取得很好的效果。

总之,图书促销工作只要能够根据企业的既定目标和图书的实际情况制定促销策略,同时把握好图书销售的有利时机,并且从投入产出的角度进行详尽考虑,谨慎对待,大胆创新,就能做好促销工作,实现图书销售的预期目标,满足读者的需求。

随着互联网在大众生活中的广泛应用,网络成为了图书促销的重要媒介之一。目前利用网络进行图书促销的平台主要有网上书店、微博以及传统站点。

本世纪初，电子商务在我国起步，实体书店不断受到网上书店的冲击。当当网和卓越网成为不少读者购书的优先选择。这些网站定期推出畅销书榜单、推荐书目，激发读者的购买欲望，为读者的检索提供便利。并在特定时间针对特定品种的图书提供程度不等的折扣。这些网站上其他读者对所购图书的评论也可以成为读者购书的参考，影响读者是否购买图书的决定。

微博，即微型博客，是广播式的社交网络平台，具有交互性、便捷性、草根性和即时性等特征。很多出版企业在微博大行其道的今天，纷纷创建自己企业的官方微博，不断向读者发布新书信息以及企业的活动信息。

利用传统站点进行促销是指出版企业通过和各大门户网站建立合作关系，通过其读书频道向读者发布新书信息，起到宣传推广的作用。

网络作为一种重要的促销媒介，具有很多优势。首先，交互性强。在网络平台上出版企业不但能向读者传递信息，更能得到来自读者的反馈，不断调整促销策略，捕捉市场动态。其次，费用相对较低。在图书促销中，经济性是一项重要的原则，要注重投入与产出比，过高的促销费用不适用于大部分平价书的促销。网络促销则具有较高的投入产出比。第三，跨地域性，受众广泛。网络传播的范围广、速度快，利用网络进行图书促销可以在短时间内将信息传递到数以万计的读者面前。

一、《史蒂夫·乔布斯传》简体中文版图书定位及促销战略制定

（一）《史蒂夫·乔布斯传》简体中文版的图书定位

出版企业制定和调整促销策略，必须根据出版物本身的特点及定位判断其读者人群，再量体制定恰当的促销策略。

《史蒂夫·乔布斯传》简体中文版既是一部传记类读物，更是一部畅销读物。

从题材上看，《史蒂夫·乔布斯传》简体中文版具有很大的市场潜力。

首先，这与乔布斯本人有密切的关联。苹果产品以其时尚简洁的外形和极具稳定性的系统赢得了极为广阔的市场，甚至引领了全球的科技潮流，很多年轻人更是对其极为推崇。而"苹果教父"乔布斯更被认为是当代计算机业界的标志性人物，作为一系列知名数字产品的缔造者，他改变了当今通讯、娱乐乃至生活方式。因此，无论是"果粉"们还是另一些踌躇满志的年轻人、商务人士，都可能购买这类题材的出版物，因此其读者人群是极为广泛的。

在各种以乔布斯的经历为题材的出版物中，这是唯一一部乔布斯授权的官方传记，具有权威性和真实性。

再从作者来看，该传记的作者是美国著名的传记作家沃尔特·艾萨克森，著有《爱因斯坦传》《基辛格传》等。由他为此书主笔，也是此书成为优秀传记类读物的保证之一。

而在中国市场发行的简体中文版的译者阵容也是强大的。中信出版社自拿到了《史蒂夫·乔布斯传》的独家简体中文版版权后，便立即采取众包的形式对英文版本进行翻译整理。这种商业模式的特点是指企业利用互联网将工作分配出去，最大化发挥工作团队的创意，提高工作效率。该书的翻译团队是中信出版社通过网上发布公告的方式在全球范围内招募组成的，在一轮轮筛选中脱颖而出的译者都具有良好的专业素养以及从业经验，这样既保证了中文版译本的质量又提高了工作效率。

从该书的内容上看，它所展现的是一个真实的乔布斯，一个光鲜耀眼外表下不为大多数人所知晓的乔布斯。书中不乏乔布斯本人的真情流露，也有乔布斯的同事、朋友、家人所提供的别样的视角和观点。

因此，结合以上几点来看，《史蒂夫·乔布斯传》简体中文版具有广阔的市场潜力、经得起读者推敲的翻译质量以及独特的视角，是值得出版企业集中人力与财力进行促销的出版物。

从制定促销策略的角度看，考虑到网络促销具有成本低、范围广的优势，同时本书的目标读者群体中有相当一部分活跃的网络爱好者，可以重点考虑网络促销这种方式的应用。其次，由于该书与同类出版物相比具有不可替代的权威性，可以吸引出版企业之外的其他组织进行联合促销，拓宽销售渠道，丰富促销手段。最后，由于该书的市场潜力大，在进行宣传促销的过程中，可以适当加大资金的投入力度，即使前期所投入的促销费用较大，后期也会给出版企业带来更大的收益。

（二）中信出版社促销战略的制定

在对该书进行了分析与定位后，便可以结合企业的情况对本书的促销活动进行规划以及战略的制定。

本书的促销战略可采用 SWOT 分析法进行分析。对于中信出版社针对《史蒂夫·乔布斯传》简体中文版展开的促销活动，可以进行如下的分析：

优势 (Strengths)：图书本身巨大的市场号召力以及由此带来的市场潜力。同时，中信出版社曾为多种版权引进类图书进行过市场促销，在该类图书的促销方面具有丰富的经验以及足够的人才优势。

劣势 (Weaknesses)：由于该书在引进版权方面耗费资金较多，因此定价较高，可能会打击部分读者的购买积极性。较高的定价可能会给出版社的促销活动增加难度，预期销售计划的完成可能有较大的难度。

机会 (Opportunities)：该书是唯一一部官方乔布斯传记，具有不可替代的权威性，其中很多内容是同类图书未曾提及的,更是众多读者想要了解的。

威胁(Threats):之前市场上已出现过较多种类的关于乔布斯生平事迹的读物,可能会分割掉一部分的读者市场。但由于该书的不可替代性,这种威胁并不大。

结合如上的分析可以得知,此次中信出版社的促销行为,其机会远大于风险,是值得投入人力物力的一次促销活动。

二、《史蒂夫·乔布斯传》简体中文版采用促销手段取得的成效

在《史蒂夫·乔布斯传》全球首发的同时,其简体中文版也在中国大陆开始发售,并且在二十天内除团购外销售量突破百万册,实现了六千八百多万的销售额。在上海书展中,《史蒂夫·乔布斯传》简体中文版又创造了五千多万的销售额。在中信出版社以及其他网站、机构的联合促销下,该书成为了业内人士公认的出版奇迹。

之所以能够如此成功地完成此次促销活动,得益于中信出版社采取的多种多样的促销手段。

利用 AIDA 模型来看顾客的购买过程:图书促销活动的第一步是引起读者的注意,让读者了解到图书的基本情况。接下来便是向读者展示该种图书的主要内容与特色,力求与读者的需求相契合。第三步是刺激读者的购买欲望。在读者对该类图书具有潜在且不被自身察觉的需求时,成功的促销者便会通过促销手段来激发这种阅读以及购买欲望。最后一步则是促成其购买。这是在读者已具备阅读和购买该书的欲望后对其购买行为的落实工作。

《史蒂夫·乔布斯传》简体中文版的促销是一次成功的促销。因为中信出版社根据该书的特征以及企业的既定目标,在结合实际情况的同时勇于创新与突破,综合运用多种促销方式,联合多种力量,推动了该书的宣传与销售。

下面我们来重点分析该书所采用的几种促销方式的运用及其取得的效果。

(一)微博促销及所取得的效果

中信出版社在新浪微博上注册了"乔布斯官方传记微博",开始了网络促销中重要的一环——微博促销。

微博促销作为一种网络促销手段,尽管不需花费过多的经济成本,但需要花费一定的心思去经营、管理微博,才能吸引粉丝的关注,及时传递信息,配合其他的促销方式一起实现销售目标。

中信出版社在此次的微博促销中有这样一些举措是值得借鉴的。

第二章
出版产品营销模式综合案例评析

首先，中信出版社选择在新书发售前一个月建立关于该书的营销微博，通过该微博发布该书的花絮以及书中一些内容的"剧透"。这些微博引发了很多的转发与评论，吸引了读者的关注并积极地参与讨论，更激发了读者对这本传记的好奇心与阅读欲，为一个月后的首发造足了势。同时，该微博还不断向读者透露该书的工作进度，对读者作出承诺："为保精品，必须加班！"这样一来，就有效拉近了出版社工作人员和读者之间的距离，并加大了读者对该书质量的信赖。从长远来看，还是出版社品牌经营的手段之一。

第二，中信出版社利用该微博积极配合其他促销方式。例如，通过微博发布部分网站的预售信息并提供这些网站的链接地址。这类微博中还会包括通过预售网站购买该书所能享有的折扣和优惠。这样的宣传直接针对读者群体和潜在市场，促销效果极佳。

第三，中信出版社在利用微博进行促销的过程中十分注重与网友的互动。成功的促销并非单向地向消费者传递信息，而是在消费者的互动中加深消费者对产品的信赖。该微博在创建之初便积极向广大网友征集微博原创稿、微博活动建议以及相关的新闻报道。通过建立网友与微博运作者之间的联系，不但节约了微博创建、宣传上的人力、物力成本，同时还能激发广大网友的积极性，更多地去关注促销微博以及相关的《史蒂夫·乔布斯传》简体中文版的相关促销活动。

第四，此次微博促销和图书销售实现了完整对接。该书官方微博在首页上单独列出了购书链接一栏。其中包括：亚马逊中文平装版、当当网中文平装版、京东商城中文平装版、苏宁易购中文平装版、中信信用卡中文平装版、苏宁易购精装限量版、淘宝正版链接等。读者在产生了购买动机的同时便可以极为便捷地在网上订购到图书。购书中间环节的减少避免了读者购买动机的削弱，促使潜在读者成为图书的购买者。

最后，此次微博促销还同许多相关站点建立了合作关系。与本书官方微博合作的站点有：新浪读书、新浪科技、新浪数码、当当网、快书包、苏宁易购、中信银行等。这些合作方的关注者中包括有数码产品爱好者、果粉、经常进行网络购书的读者等。"乔布斯官方传记"和这些站点建立合作关系，利用其进行范围更广的宣传促销。这样一来，该书潜在读者中的所有微博使用者几乎都可以接收到相关的促销信息。

该微博在创建两天之后，粉丝就超过千人，在新书首发前，粉丝超过两万人。"乔布斯官方传记"共发布了一万三千多条微博，其中大部分微博都被粉丝们积极转发、评论，而这些微博中有很大一部分来自于粉丝们的创意。总之，此次微博促销取得的良好效果，很大程度上推动了该书的热销。

（二）利用名人效应进行促销及所取得的效果

中信出版社在进行促销的过程中很好地利用了名人效应，扩大了该书的社会关注度以及影响力。

这里所指的名人可以理解为传播学中所指的意见领袖。这些意见领袖是在人际传播网络中为他人提供信息、意见及评论，并对他人施加影响的"活跃分子"。通常这些意见领袖会最先收到信息，对这些信息进行过滤和加工整理，再传递给普通大众。

考虑到意见领袖在人际传播过程中的巨大影响力，在图书宣传促销过程中，出版企业应考虑到这一因素并充分运用这一因素，做好图书促销工作。

图书首发当天，创新工场董事长兼 CEO 李开复通过微博发布了"乔布斯给妻子的诀别情书中英文版对照"。该微博发布后，众多微博网友对其进行翻译跟帖。

李开复作为一名微博意见领袖，其传播的信息在公众眼中是具有权威性的。而作为一位意见领袖，他的关注点通常也会引发众多人的关注和评论。在这些关注者和评论者中也不乏名人，他们的参与会进一步在社会上掀起关注的热潮。

李开复对该书的关注是中信出版社不断通过各种方式为此书促销、造势的结果。而李开复对此书进行宣传和评论，又吸引了更多人的关注，这些人中不乏一些公众人物、意见领袖。这样循环往复，不断扩大了此书的影响力，让越来越多的人知晓这本书，产生阅读的欲望，进而购买此书。

利用名人效应进行促销，既是通过微博这一媒介进行促销的方式，又是一种独立的促销手段。

（三）中信和凡客诚品进行合作促销及所取得的效果

在《史蒂夫·乔布斯传》简体中文版的促销过程中，赢家并非只有中信出版社，还有凡客诚品。但从另一个角度来说，凡客诚品的加入不但是宣传自身、提高自身销售业绩的手段，同时也促进了这本书的销售，为中信出版社拓宽了销售渠道，达到了合作双方的共赢。

凡客诚品很早就开始为本书的销售进行预热。它在全国十多个城市投放了近五百块广告牌，这些广告牌由凡客诚品的广告部与远山广告共同完成。他们只做了八个广告版本，有些版本由于字体选择不尽如人意而被淘汰，有些版本则由于广告语不够精练而被淘汰。最后，他们决定广告语应集中强调该书的特点，故选择了乔布斯的一句话——"活着就是为了改变世界"作为广告语。

同时，凡客诚品还在北京、上海、广州、深圳等城市的公交车站投放新书的广告。这些位于人流量极大的公交车站的广告牌无疑会吸引很多人的眼球，其宣传效果不言而喻。而对于凡客诚品而言，乔布斯的头像比李宇春的身影显然更具有号召力与影响力，这有利于提升凡客诚品的品牌价值。

与其他电子商务商家不同，凡客诚品将此书的营销做出了符合自身特色的新意——在销售图书的同时搭售T恤。如此一来，图书的销售与自身商品的销售就显得相得益彰。

凡客诚品所进行的广告牌投放活动与搭售T恤销售的活动极大地配合了中信出版社的促销，在更大范围内提高了该书的知名度，一些凡客诚品的忠实顾客也成为了该书的读者。

凡客诚品是这本热卖图书最大的卖家。根据TechWeb所进行的一项投票可以得知，有百分之七十左右的读者选择通过凡客诚品来购买此书，其比例远远超过通过当当网或卓越网购买此书的读者人数。

（四）采用多媒体促销的形式为读者带来独特的声画体验

被誉为"苹果教父"的乔布斯缔造了一系列数码产品，改变了人们的生活方式与思维方式。他的传记促销活动中理应运用多媒体表现，才能不辜负"果粉"以及这本书读者们的期望。中信也希望在促销活动中带给读者们别样的"声画体验"。

自《史蒂夫·乔布斯传》简体中文版全球首发以来，各大网站上频频出现以此为主题的视频。新书发布前优酷网首席执行官古永锵提前阅读该传记的英文版本，他为此撰写了长达七千字的读后感。随后，优酷网精心制作了十六个视频来回顾乔布斯的一生。

除此之外，新浪官方微博的首页上添加了该传记的官方宣传视频。这个视频大致回顾了乔布斯的一生，呈现了一个天才的乔布斯、一个充满激情和掌控欲的乔布斯、一个真实的乔布斯。视频的主题与该传记的广告语非常契合，均着重体现乔布斯改变了人们的思维、生活方式，乃至整个世界的理念。

同时，中信出版社还同巨鲸音乐网达成合作关系，该网站将提供乔布斯在 iPod 以及 iPad 里存放过的音乐。在读者拿到的该书中文版封底上，印有"本书官网 steve-jobs.qq.com，本书提及 "steve-jobs.youku.com，本书提及音乐 steve-jobs.top100.cn"等字样。

视频相比单纯的图像和文字更具有表现力，更加能够吸引消费者的注意力，通过视频的制作与传播，可使读者更加真切地感受到乔布斯的人格魅力，也使这本书的卖点得到了更好的呈现。

乔布斯领导苹果公司推出了平板电脑与MP3音乐播放器。那么"苹果教父"是如何享受这两种数码产品带来的乐趣呢？这一定是众多"果粉"所好奇的。巨鲸音乐网通过提供乔布斯在 iPod 以及 iPad 里存放过音乐的免费下载，无疑是在无形中增加了这部传记在消费者心目中的价值。当然,巨鲸音乐网也通过和中信出版社的此次合作推广和宣传了自身的品牌,这是一个双赢的合作。

在数字媒体时代,传统的广告形式不会被淘汰,但只有同多媒体广告形式有机结合,广告"广而告之"的效用才会被现今的人们接收,才能产生更大的宣传效果。

(五)苏宁易购和中信银行加盟该书的促销,通过门店推动销售,并提供相应的增值服务

作为苹果产品的重要销售渠道,苏宁易购是"果粉"的重要聚集地之一。苏宁易购选择了《史蒂夫·乔布斯传》简体中文版作为其进入图书市场的首本书籍,借此来宣传苏宁图书网购。于此同时,精装版以及包含乔布斯与家人相册在内的限量纪念版套装也在苏宁易购图书频道同步上市,后两者售价分别为105元与199元。乔布斯生前尚未对外公开的精美画册以及刊载乔布斯语录的记事本对于广大"果粉"而言无疑具有巨大的吸引力。

图书首发后的一周内,苏宁易购在没有进行市场宣传的情况下,销售量即过万,而在首发后半个月内,官方授权的"纪念版"《史蒂夫·乔布斯传》已被搜索十万余次。这样骄人的成绩说明苏宁易购这次的抉择是正确的。发售《史蒂夫·乔布斯传》简体中文版不但提高了自身的销售业绩,也为其进军图书领域打下了基础。

中信银行与中信出版社同属于中信集团,双方在图书促销领域也曾有过多次合作。在这次《史蒂夫·乔布斯传》简体中文版的促销中,中信银行也积极参与,这样既推动了图书销售,也增加了自身的品牌亲和力,扩展了业务范围。

(六)当当网、卓越网等专业图书网站通过销售排行榜等形式进行促销

除了苏宁易购这样刚刚进军图书市场便取得良好业绩的电商之外,当当网与卓越网这类以图书和音像制品为主要销售品种的电子商务网站也是此次促销活动中不可或缺的力量之一。

作为以图书为主要销售对象的电子商务网站,当当网与卓越网拥有一大批忠实的读者人群,他们会定期在网站上获取最新的图书信息,也会热衷于参加网站所进行的图书优惠促销活动。当当网与卓越网为此书所进行的促销活动是多种多样的,其中包括向会员发送宣传相关内容的短信与邮件以及向不同等级的会员提供不同程度的折扣等优惠措施。这些促销举措其他图书购物网站也曾实行过,所取得效果也相类似。这里重点提到的是两家网站利用图书排行榜为该书宣传造势的情况。

由于像苏宁易购、当当网、卓越网这类电子商务网站所作出的努力,中信出版

社在正式发售该书之前便收到了超过一百万册的图书订单。在图书正式发售前两周左右，《史蒂夫·乔布斯传》简体中文版便登上了卓越网的销售冠军宝座。该书在首发后的一周内便跃居当当网图书飙升榜以及图书热卖榜的榜首。

得益于具有计划性的促销活动，时隔半年之久，该书依然停留在各大图书销售网站图书销售榜单的前列。在卓越网上，该书也多次位于滚动图书排行榜以及传记类图书排行榜的榜首。卓越网还通过预售图书专区、特别图书推荐等专栏宣传该书，对于当当网与卓越网的忠实顾客来说，即使你没有收到当当网或卓越网的促销短信，只要你定期浏览网站，便能很容易接收到该书的宣传信息。

尽管我们无从得知该书在卓越网、当当网上的具体销售数量，但此书无疑在这两个网站上取得了很好的销售成绩。这其中的一个推动因素便是图书排行榜与评价体系对此书无形的宣传作用。

（七）传统书店的促销及所取得的效果

除了电子商务网站促销、网络微博促销等数字化时代的新兴促销方式之外，实体书店作为图书销售的重要渠道之一，其在宣传促销方面的作用是不可替代的。读者往往只有进入实体书店，去亲眼看一看、翻一翻图书，才能真正了解这本图书是否符合自己的预期，是否值得购买。这尤其对于具有长期阅读纸质图书爱好与习惯的读者而言，显得更为重要。

由于实体书店相较于网络书店、电子商务网站具有这样的优势，它们所进行的图书促销活动往往也基于此优势展开。除了在店内张贴宣传海报、横幅之外，书店通常利用书籍摆放造型来吸引读者的眼球。

《史蒂夫·乔布斯传》简体中文版全球首发的当日，全国二十个城市的三十多家实体书店便开始了同步发售。其中很多书店均把这本书摆放在显眼的位置，以独特的排列造型吸引读者的眼球。其中一些书店用两百多本《史蒂夫·乔布斯传》摆成了"苹果"的标志，这些充满新意的造型不仅成为了书店中的一景，提升了书店的人气，更是引得来书店购书的读者驻足翻阅这部传记。

但是由于实体书店提供的折扣无法与网络书店相比较，更多的读者仅选择前来翻阅观看，并不进行购买。实际上在实体书店购买此书的读者人数远远少于通过网站渠道购买该书的读者人数。尽管如此，实体书店的参与是真正形成该书全方位立体化促销网络的重要组成部分，缺少了实体书店的促销环节，将影响出版企业的整体促销效果。

（八）与《达芬奇密码》中文版促销案例的比较分析

《达芬奇密码》同样是一部引进版的畅销书。该书自从在美国出版后便横扫各大畅销书排行榜。一年后该书的简体中文版在中国发售，也取得了极好的销售成绩。自然，该书销售的成功也离不开精心策划的促销活动。

与《史蒂夫·乔布斯传》简体中文版的促销方式相似，网络促销也是《达芬奇密码》中文版所采用的重要促销手段之一。由于两本书的题材不同、读者定位不同，甚至出版时期也不相同，因此，在对这两个促销案例进行比较分析的时候，不能仅仅对促销方式进行刻板的比较，而是要从宏观角度考虑，才能分别得出二者的可取之处，并依据结论总结出畅销书促销的共同点。

在《达芬奇密码》中文版的促销计划中，最先启动的是其中文网站的策划及建立。该网站由上海世纪出版集团旗下的北京世纪文景文化传播公司策划并建立。网站的创办充分利用了网络快速传播的特点，吸引了大量受众的关注，间接促进了该书的销售。

该网站的成功可以为其他图书中文网站的创建提供一些有益的经验。

首先，该网站在形式上与图书的特色实现了巧妙的契合，是为该书量身打造的一个中文网站。在界面设置上，网站的设计者首先让读者做一个小游戏，完成任务后方可浏览网站中的信息，这样的设计既体现了设计者的匠心独运，突出了该网站的特色，同时也巧妙契合了该书的特色——神秘且富有探索精神，这也迎合了该书读者与该网站浏览者所共有的兴趣点。考虑到这样一个小游戏可能还不能满足受众的探求欲，因此在进入网站后，读者还可以继续破解一些难度递增的智力题，以继续体现网站对该书的强烈契合感。

第二，该网站在设置过程中注重发挥网络这一工具强大的传播功能，有意识地发挥网站在图书促销中的作用。例如，网站中设置了一些超链接，与易文网及该书原英文版网站相连接，借此提高点击量，为此书的销售提供便利。这样一来，该书的潜在读者便可以很容易地获得该书的相关信息，进而产生阅读或购买图书的行为。于此同时，该网站还与该书的BBS板块相连接，以便于读者之间交流阅读感想与购书信息。

第三，该网站在内容设置上也与图书有着密切的联系。网站内容设置主要包括四个板块：看小说、丹布朗、迎接挑战与相关资源。这些内容有助于读者了解图书信息、作者简介及图书销售信息，同时也可以帮助读者解决一些疑问。

与《史蒂夫·乔布斯传》简体中文版的促销方式相比，该书在网络促销上的手段相对单一，但这是由于该促销案形成于21世纪初，从网络促销的观念到技术都不成熟，但这些促销手段中体现出的促销原则是不变的。其相通之处有这样一些：

首先，促销手段的制定一定要考虑到图书的特点。在营销观念发展成熟的今天，图书产品与产品促销是一个密不可分的整体，二者不可割裂。同时，应考虑图书特点将促销活动瞄准潜在读者，不然将无异于无的放矢。

其次，网络促销中要注意和读者的互动。网络工具的最大特点是交互性，在利用网络为图书进行促销时一定要重视与读者建立交互关系。这样一来可以增进与读者的密切联系，树立图书品牌在读者心目中的形象；二来也可以及时得到反馈信息，便于出版方更好地为读者进行服务。

最后，要不断利用新技术，构建功能更强大的促销网络；或者是应用最新出现的网络平台，例如微博等进行更便捷且更高效的促销活动。

点　评

该案例值得同类图书借鉴之处：

继乔布斯和他的苹果公司利用其产品改变了IT业与娱乐业，乃至人们的思维方式、生活方式后，这部乔布斯生前留下的唯一官方传记也很有可能会改变中国图书的促销乃至营销模式。当然，该书的销售工作之所以取得如此大的成功，这与该书本身的特点以及巨大的影响力有着密切的关系。针对本书制定的促销方案并非适用于所有图书，但其他图书在促销中亦可以依照具体情况借鉴《史蒂夫·乔布斯传》的成功促销经验。

1. 准确定位图书，找准读者群体，量身打造促销方案

每一本图书都有其自身独特的特点，根据这些特点，我们可以对图书进行较为准确的定位。依照实际情况，我们可以对图书的市场潜力以及潜在读者人群做一个大致的估计及分析。而图书促销就是在明确出版企业利润目标的基础上，针对目标读者人群进行的挖掘图书市场潜力的活动。

因此，促销活动采用何种方式进行、利用哪些媒介、可以联合哪些组织、针对哪些读者，这些促销活动中必将面临的问题都取决于所促销图书的自身特点。

《史蒂夫·乔布斯传》简体中文版促销计划的成功最关键的一点在于中信出版社对图书的定位以及市场潜力的精确把握。考虑到该书的读者人群集中在"果粉"以及网络爱好者中，在促销过程中，中信出版社集中了相当一部分力量进行网络促销。其中包括微博促销、视频制作以及联合苏宁易购、凡客诚品等购物网站进行促销。

2. 联合各种力量参与图书促销，形成全方位、立体化的图书促销网络

随着全球经济一体化的进程不断加快，经济活动的国界之分渐渐模糊，而行业之间的界限也不再那么分明。图书行业也可以借着这个势头积极地联合其他行业加

入自己的促销活动中,借此实现双方的共赢。

《史蒂夫·乔布斯传》简体中文版凭借着其跨行业的影响力,吸引了苏宁易购、巨鲸音乐网、凡客诚品、中信银行等机构组织加入其促销活动。

这样的合作对于加盟方来说可以借势扩大销售范围,提升自身的品牌价值。对于出版发行企业而言,则可以在减少促销成本的同时,将图书促销推广到一个更广的范围、更高的层次上。

其他图书即使不像《史蒂夫·乔布斯传》简体中文版那样具有强大的号召力与影响力,但依然可以凭借出版社在部分领域内的优势,或者联合与所促销图书有直接关联的产品企业进行合作促销。这样既可以节省成本,又可构建成立体化的图书促销网络,推动长期、持久的销售高潮。

3. 利用网络进行促销

在当今互联网时代,作为信息交流中心与平台的网络是图书进行宣传促销的重要媒介之一。尽管传统的实体书店促销依然是不可或缺的促销环节,但网络促销低成本、跨地域、耗时短等优势则可以在图书促销活动中发挥更大的效用。

《史蒂夫·乔布斯传》简体中文版的促销中,网络这一媒介工具的优势被运用得淋漓尽致。从首发前的微博造势到各大网购网站的联合促销,网络以其强大的势头将关于该书的信息传递到数以万计的网民面前,并且引发了一轮又一轮的购买狂潮。网民的热情以及网络传播的力量可以说是该书取得销售奇迹的主导力量之一。

任何图书在促销过程中都可以运用网络这一媒介。但不同图书的运用方式、具体选择合作机构以及运用的程度则要根据所促销图书的特点与读者人群的特征来确定。

4. 利用图书生命周期规律采取合乎时段特征的促销方式

每一本图书从投放市场到退出市场,这中间要经历一系列的过程,这些过程可以称之为图书生命周期。图书销售在不同的生命周期中呈现不同的状态,出版企业要善于把握图书生命周期的规律,做好合乎本时段图书销售特征的促销工作。

从图书的生命周期理论上来说可以把图书生命周期分为引入期、成长期、成熟期以及衰退期。每本图书的实际情况都有区别,但总体来说是遵循这个规律的。

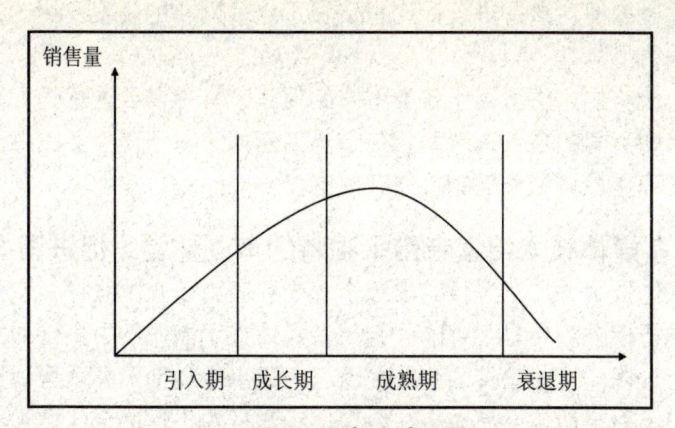

[图表：图书生命周期曲线，横轴标注引入期、成长期、成熟期、衰退期]

图1　图书生命周期

早在《史蒂夫·乔布斯传》简体中文版发售之前，中信出版社考虑到该书的市场潜力，便展开了预售工作，同时利用微博这一网络媒介进行促销与宣传。同时，由于该书的首发和乔布斯去世的时间点相契合，该书的发售具有时效性，在发售之前，中信出版社便联合苏宁易购与凡客诚品等电商平台展开了预售工作。

在该书迅速占领市场的过程中，中信出版社不断加大宣传力度，同时拓宽销售渠道，多管齐下，将本书的销售推向了新的高潮，极大地延长了该书的热销时间。

同时，中信出版社还不断地改进图书的质量。众所周知，初版图书的质量往往差强人意，而再版图书时，根据及时获得的读者反馈意见进行必要的修订，以使图书更好地满足读者的需求。为了不断提升图书的质量，中信出版社开展了"完美译作——《史蒂夫·乔布斯传》线上挑错活动"，鼓励读者发现错误，并及时反馈给出版社。不断提高图书质量是在图书生命周期中出版社必须要开展的一项工作。而中信出版社这种做法不但实现了这一目标，也提高了读者的阅读兴趣，建立了出版社与读者之间新的沟通通道。

其他图书在展开促销活动时也要遵循图书销售的时段规律。出版企业既要不失时机地加大宣传促销力度，推动销售，又要根据市场动向及时调整战略，使促销费用得到最有效的使用。

5．利用名人效应促进图书销售

这里的名人可以理解为传播学中所指的意见领袖。在人际传播中，这些意见领袖具有筛选信息并向公众传播的功能。在如今眼球经济的信息传播时代，通过意见领袖即名人来宣传促销图书无疑是迅速且效果极佳的方式之一。

在《史蒂夫·乔布斯传》的促销过程中，除了借用乔布斯本人的巨大影响力之外，李开复等人通过微博对该书进行评论也引发了众多网友的转发及热议。这无疑都是在为图书的销售造势。

利用名人造势的方法适用于各类图书的促销。其中需要注意的一点就是，不同的图书需要借助不同的名人来帮助宣传造势。例如，对于养生类图书而言，医学专家的评论和推荐是最有利于促销工作开展的。

6．运用多媒体技术给读者带来独特的声画体验，促进图书销售

随着多媒体技术的广泛运用，出版企业想要吸引公众的眼球，仅仅依靠纸质广告以及图书排行榜的宣传是不够的。利用多媒体技术制作图书宣传的视频可以将声音、图像融为一体，把所宣传图书的优点与闪光点生动而形象地呈现在读者面前。

《史蒂夫·乔布斯传》简体中文版在促销过程中不但联合优酷视频制作了一系列回顾乔布斯一生经历的视频，还制作了官方宣传视频置于其官方网站以及官方微博的首页。同时，中信出版社还联合巨鲸音乐网为读者提供乔布斯生前所喜爱的音乐下载服务。这些促销手段积极配合了传统广告宣传，推动了销售高潮的到来。

大部分图书可以选择利用多媒体技术来给读者带来独特的声画体验，以达到促进销售的作用。制作相关宣传视频所耗费的成本并非巨大，但却能在这个眼球经济的时代先声夺人，激发读者对出版物的兴趣与购买欲望，从而促使读者购买图书。

第三章

出版企业营销案例评析

新蕾出版社：四季营销花常开

新蕾出版社2011年发货码洋突破1.4亿元,同比增长40%,销售收入5600万元,同比增长18%,这样的销售业绩让该社成功跻身国内一线少儿出版社的行列。该社社长颇为兴奋地表示："回望2011年,对于新蕾社来讲,这一年的确不算平常。在市场竞争日益激烈的背景下,我们坚持创造品牌图书与追求特色营销,使出版社的品牌产品推向市场,走进千万读者之中。我们的特色营销就是'春夏秋冬：四季营销花常开'。"

所谓"四季营销法"就是针对少儿图书市场的销售特点,按照四个季度的时间进程与各个渠道的不同特征结合该社出版的重点图书进行"立体化"营销的方法。

春——红火节日红火过 关键词：节日消费 对策：主题促销 + 组合礼包

新蕾出版社每年第一季度的营销活动基本是从上一年的12月开始直到下一年的3月学生开学之前。这段时间的最大特点就是涵盖了中西方多个重大节日,如圣诞节、元旦、春节,当然还有中小学生的寒假。这也是实体书店一年当中最好的少儿类图书销售时期。

新蕾社也集中精力在店面营销上,来抓住这个黄金时段冲击销量,出版社策划了"童书欢乐购,新蕾总动员"的主题销售活动。活动在全国范围内选择具有销售实力的30家书城,在少儿专柜前摆放风格统一的海报、招贴画,各大卖场设计"买书赠书,乐享寒假"新蕾社感恩回馈读者大型活动,活动从每年12月24日开始到下一年1月31日结束,为期一个多月。与此同时,出版社营销人员还将精心策划"阅读伴随成长,分级更有营养"等主题新颖、角度别致的促销活动。由于近年来新蕾社的图书无论在品种还是数量上都有了比较丰富的积累,所以该社考虑用一种全新的理念来推广自己的品牌,利用分级阅读的概念重新组合包装现有产品,以营养配餐的形式制造新蕾阅读大礼包,大礼包的整体设计可以分为小学低年级、中年级和高年级3个阶段,一般会精选8册不同种类的图书,总码洋控制在百元以内,这是读者普遍能够接受的价格。礼包还会附送一张设计精美的导读单页,设计导读单页的目的是对家长和孩子进行有针对性的引导,力求他们收获最好的阅读效果与体验。同时还会在导读单页上设计一个优惠券小折角,通过寄回优惠折角可以享受新书八折邮购,以拉动读者二次消费。

夏——淡季不淡出新招 关键词:淡季市场 对策:校园推广+幼儿渠道

新蕾社通过市场调查发现,进入第二季度以后,实体书店少儿类图书的火热销售局面会逐渐归于平静,大家会将视线转到店外经营上去,这个时候也是网上书店销售开始全面进攻的时间段,所以依照这样的变换特点该社设计了相应的营销思路适应市场环境。伴随着图书电子商务平台如雨后春笋般的出现,各大出版社也纷纷在这一火暴的市场中寻找实现销售增长的新机会,然而大家同时也要面对来势汹汹的网络销售增长对实体书店的冲击,如何破解这种两难的局面,该社认为关键是要通过提供差异品种做到差异化服务,保证多种渠道健康全面发展。

对于实体书店的服务,该社的主旨是"作家分站式巡回讲座,校园推广深入人心"。目前举办校园讲座是少儿出版社主打自己品牌图书的惯用手段,新蕾社2011年举办的原创作家校园行活动取得了不俗的成绩,签售小分队的足迹遍布全国20多个省市,讲座场次累计百余场。他们除延续这一做法,还注重了创新与变化,将活动档次提升,营造一个恰当、吸引眼球的主题贯穿全年,包装明星作家举办类似选秀节目的形式以全国各地巡演的方式,形成很好的区域联动,让图书推广更具影响力。

另外一个角度就是把推广渠道进一步下延到幼儿这个层面上去,这样做的启发来自于新书选题里有很多都是低龄的套系书,其中包含很多充满童趣的小形象,该社准备把这些小形象利用起来,主打互动性强、参与性高的衍生销售模式,如编排小鳄鱼绘本儿童剧、小浣熊莫里斯教你做游戏、鸭子威比故事沙龙等活动,这样该社的编辑与发行人员可以直接走进幼儿园进行体验,进而推动图书的销售。

秋——火爆市场再增温 关键词:旺季市场 对策:独辟蹊径+拓展渠道

新蕾社营销工作人员发现,每年的7月至9月都是少儿图书销售最为火暴的季节,零售市场与卖场在暑假这个时间段内常常是各家少儿出版社纷纷燃起硝烟的战场，各社都会在这个时间段内推出精心策划制作的图书进而抢占市场，提升图书的销量，获取最大的利益。

新蕾社在2011年暑期的销售额占到了全年销售总额的30%。但单纯在狭窄的市场空间里拼杀，上涨空间实在有限，况且代价不小，不如通过对外交流与合作产生新的合作意向与销售机会。提到新蕾社就不得不说到他们的经典图书品牌系列《国际大奖小说》，该社对《国际大奖小说》系列图书可谓是精心打造十年磨一剑，十年间这套深入儿童心中的文学精品读物实现了变身爱藏版、量贩式装箱、设计制作几万册的推广手册以及2012年初的大奖小说华丽升级，每一次付出与努力都伴随着销量的大幅增长，故该社决定在2012年9月召开国际大奖小说新十年专题研讨峰会，巧合的是2012年的夏季达沃斯论坛也在天津召开，这样自然营造出一种高端的氛围，通过城市影响力拉动新蕾品牌的实力。会议邀请了全国知名儿童文学推广人、当红作家、业界内具有丰富经验的出版人与销售商代表齐聚一堂，借力进一步巩固国际大奖小说在儿童文学市场的地位，同时也提升了新蕾出版社在全国少儿出版领域的影响力。

冬——巧为来年做准备　关键词：新书预热　对策：跨界营销＋大胆畅想

新蕾社认为，图书营销的花儿盛开在一年四季，冬季的少儿图书市场营销依然不会冷却。

新蕾社的销售团队一致认为：营销需要跨界，图书秀场不应该那么简单。2012年该社的两个重量级图书出版选题分别是获得国家出版基金支持的《中国56个民族神话故事典藏·名家绘本》丛书和引进的英国动物小说之父迪克·金·史密斯的18部作品。该社准备针对这两套重点丛书重新思考和认识传统媒体的宣传力量，他们大胆设想能否策划在电视上做《中国56个民族神话故事典藏·名家绘本》丛书的广告，另外就是突出这套书的收藏价值，这套书总计60册，由国内知名画家创作图画，将考虑在一些电视购物节目宣传，尝试图书推广"不走寻常路"。再有就是建立专属直销网络，这种做法应该算得上是可实现性比较高的常规手段了。而针对迪克·金·史密斯的动物小说，该社准备在确定好出版节奏的前提下，尝试在新浪微博上举办微小说大赛，征集普通人与身边小动物的感人故事，主打公益温情牌，以赢得提倡动物保护观念明星们的支持，借力对该丛书进行宣传，为该系列图书的正式面世做好预热工作。

点 评

　　出版物市场有淡旺季之分，如何让淡季不淡，旺季畅销，是每一个出版企业在经营过程中都要面临的问题，如何解决这个问题，新蕾出版社给出了一个很好的答案。市场环境是在变化的，季节的不同，读者对出版物的需求也是不同的，需求的量也是不同的，因此，出版企业需按季节的不同，采用不同的营销组合方式，以期达到最佳的营销效果。在本案例中，春蕾出版社就是根据季节的不同，采用不同的营销方式实现经营目标。如春季，春节在其中，营销主题：红火节日红火过，关键词：节日消费，对策：主题促销＋组合礼包。夏季是出版物销售的淡季，营销主题：淡季不淡出新招，关键词：淡季市场，对策：校园推广＋幼儿渠道。秋季是出版物销售旺季，营销主题：火暴市场再增温，关键词：旺季市场，对策：独辟蹊径＋拓展渠道。冬季的营销主题：巧为来年做准备，关键词：新书预热，对策：跨界营销＋大胆畅想。

昆明新华书店：冷门书的畅销传奇

现今，书店对于图书的营销意识较之以往增强了许多，形形色色、花样翻新的营销措施也是层出不穷。但营销人员在进行营销工作时依旧存在着两点困惑：一是怎样把"叫好"与"叫座"结合起来；二是怎样在投入与产出之间找到一个最佳的平衡点。针对这个问题，昆明新华书店把工作重点放在了自主发现、培养、营销推广畅销品种上，出台了《关于鼓励员工参与畅销书选题策划的实施意见》，做了很多积极有益的尝试，在实践中摸索和验证出了一套投入小、见效快、效果良好的畅销书营销机制。《作文有原理》这本图书的营销就是一个典型的案例。

一、书店总经理的偶然发现

有一天，昆明新华书店总经理在昆明书城巡视，发现连续有几位家长向营业员打听《鲁宾逊漂流记》在几楼销售，这个现象引起了他的注意，于是便上前与家长细聊，为什么要买这本书。家长回答说孩子在学校作文不好，老师找家长谈话，让孩子多读多写，家长问老师要读什么样的书？老师推荐了《鲁宾逊漂流记》。为什么不直接购买作文书呢？这位总经理继续深度追问。家长说家里的作文书已经有很多了，但孩子读后效果均不明显且孩子也不读这类书。

作为一名在书业工作多年的领导，他敏锐地感觉到老师与家长对作文教学的无奈——作文类图书虽然多如牛毛，但基本千篇一律，水平低且内容大都重复，无法满足教师、家长与学生的需求，作文图书仍然存在巨大的市场空间，只是没有合适的图书填补这个空白。

事也凑巧，没过几天，这位总经理在光明日报主办的文摘报上看到一条新闻，说的是四川少年儿童出版社推出了图书《作文有原理》，仅这个书名，就似乎与以往的作文书有了一种不同的思路，于是他立即安排订购此书，同时组织相关人员仔细阅读。所有读过此书的人，都被这本书深深吸引住——透彻通俗的讲述，充满着辩证法与严密的逻辑思维却又风趣、幽默；拨云见日的理论，切中作文时弊，却又可行有效，把各种文体与修辞梳理得清清楚楚、明明白白；精彩绝伦的范文，时而深深地拨动读者的心弦，时而给读者很多意外的转折与惊喜。

虽然此书的封面等部分图书部件还有些不尽如人意之处，但发现好书的兴奋，还是让大家迅速达成共识：重点营销推广《作文有原理》！

二、市场测试和定位

据了解，教育部课程中心、中国教育学会、中国教育学会中学语文教学专业委员会、小学教育专业委员会等相关教育权威部门对此书的评价很高，曾经从事过多年乡村中小学语文教学工作的著名作家陈忠实、黄冈中学特级教师解荣正等都自愿为该书作序。该书首批备货400册在昆明书城试验性码堆投放，一个月销出200多册。

四川少儿出版社发行部负责人吴坤认为，这本书在发行上的思路主要有两点：各地少量放货引发读者需求；然后选择有实力的经销商进行区域代理，分区域精准销售。区域代理可确保调动渠道的积极性和保证渠道的利益，同时还可以使作者在时间与精力上重点配合销售区域的讲学和签售活动。

出版社与昆明新华书店达成了以下共识：云南新华书店集团省内独家包销2万册，昆明新华书店销售目标1万册；出版社按书店的意见重新设计封面和调整内容结构，增加了作者现场授课内容的光盘以及印有"新华书店云南省内独家包销"的书签；取得学校的支持，安排作者进校讲学签售等。

三、自主营销模式的成型

上海博库书城副总经理吴巨平认为："所有的书都是动态的，有生命周期的，没有绝对的畅销书，也无绝对的滞销书，如果说没有外力的影响，可能在卖场的生命周期会很短，不能有效提高卖场陈列面积的利用率，影响效益的增长。但如果稍加外力，其形态和生命周期便可能会发生改变。在业务上做好对品种的观察和跟进，尽可能地多发掘有潜力的图书，尽量避免断档脱销，在营销上采取适当的措施，双管齐下，有可能把滞销书变为动销书，从动销书变为常销书，甚至是畅销书。"

一个在图书市场上泛滥的题材——作文，一个被教育教伤了的课程——作文，一本极有可能被湮没在茫茫书海之中、不会对昆明新华书店的销售码洋产生一分钱贡献（昆明新华书店的总经理注意到这本书的出版信息时，业务部门并无进货意向）的图书，此次，做出了新意，做出了效益（包括社会效益），做出了成绩。修订后的《作文有原理》（第二版）在昆明市新华书店上市短短三个月内便售出了9600册，完成了96%的销售目标。最后，《作文有原理》共售出11000多册，销售码洋近30万元。

值得一提的是，由于该书是云南新华系统自主推广、独家包销并在一定程度上介入了出版环节的品种，该书在云南省图书市场上打响之后，很多民营书店都到新华书店来要求批发，以满足他们的客户需求。

点　评

《作文有原理》一本冷门书的畅销传奇，从市场营销学角度看，书店经营者善于观察市场、观察消费者，往往能够发现营销机会的存在，这就要求营销者要不断运用 SWOT 理论对经营环境进行分析，去发现环境的变化给我们经营带来的机遇与挑战。《作文有原理》之所以能畅销，第一，书店经营者通过观察市场，及时发现营销机会的存在，采取应对策略，及时利用机会，并转化为赢利能力；第二，要动态监测环境的变化，同时对市场需求进行测试，这样做的目的是了解市场的需求量、需求速度以及产品的生命周期，为制定合理的营销方案做准备，提高机会利用的可行性和可靠性，提高机会利用的效果；第三，正确的市场定位，就是将自己的产品或服务在消费者心目中确定一个位置，这样做的目的是为了激发消费者的需求热情；第四，形成自主经营模式，每一个企业所处的环境不同，拥有的资源不同，在经营过程中不可能采用同一经营模式，虽然所应用的营销学理论差别不大，但理论要与实际相结合，灵活运用，这样才能达到最佳的营销效果。

第四章

图书出版营销案例评析

以《狼图腾》和《方法总比问题多》为例的畅销书营销

自上世纪 80 年代初开始，众多深受国人喜爱的畅销书为中国的众多书虫带来了一顿顿"饕餮大餐"。其实在这些畅销书的背后都隐藏着一些不为人知的故事，今天我们将通过这些故事背后的秘密来揭示一本畅销书是如何从编辑的一纸策划到称雄市场的整个营销过程。

《狼图腾》：险被埋没的畅销书

国内销量超过 200 万册，版权输出到近 30 个国家和地区，而就是这样一部畅销的《狼图腾》，当年却险些被扼杀在摇篮里。

《狼图腾》由几十个有机连贯的"狼故事"一气呵成，情节紧张激烈而又新奇神秘。读者可从书中每一篇章、每个细节中攫取强烈的阅读快感，令人欲罢不能。那些精灵一般的蒙古草原狼随时从书中呼啸而出：狼的每一次侦察、布阵、伏击、奇袭的高超战术，狼对气象，地形的巧妙利用，狼的视死如归和不屈不挠，狼族中的友爱亲情，狼与草原万物的关系，倔强可爱的小狼在失去自由后艰难的成长过程——无不使我们联想到人类，进而思考人类历史中那些迄今悬而未解的一个个疑问：当年区区十几万蒙古骑兵为什么能够横扫欧亚大陆？中华民族今日辽阔疆土由来的深层原因？历史上究竟是华夏文明征服了游牧民族，还是游牧民族一次次为汉民族输血才使中华文明得以延续？为什么中国马背上的民族，从古至今不崇拜马图腾而信奉狼图腾？中华文明从未中断的原因，是否在于中国还存在着一个从未中断的狼图腾文化？于是，我们不能不追思遥想，不能不面对我们曾经辉煌也曾经破碎的山河和历史发出叩问：我们口口声声自诩是炎黄子孙，可知"龙图腾"极有可能是从游牧民族的"狼图腾"演变而来？华夏民族的"龙图腾"崇拜，是否将从此揭秘？我们究竟是龙的传人还是狼的传人？

《狼图腾》是世界上迄今为止唯一一部描绘、研究蒙古草原狼的"旷世奇书"。阅读《狼图腾》，将是我们这个时代享用不尽的关于狼图腾的精神盛宴。因为它的厚重，因为它的不可再现。因为任由蒙古铁骑和蒙古狼群纵横驰骋的游牧草原正在或者已经消失，所有那些有关狼的传说和故事正在从我们的记忆中退化，留给我们和后代的仅仅是一些道德诅咒和刻毒谩骂的文字符号。如果不是因为此书，狼——特别是蒙古的草原狼——这个中国古代图腾崇拜和自然进化的发动机，就会像某些宇宙的暗物质一样，远离我们的地球和人类，漂浮在不可知的永远里，漠视着我们的无知和愚昧。

提起2004年出版的这本书，其策划人安波舜至今仍很激动，"当初卖出去接近30个版本，像拉脱维亚、立陶宛、俄罗斯、波兰这些国家的版权也都已售出，亚洲的日本、韩国、泰国、越南都覆盖了。加上德文、英文、西班牙文、希腊文、意大利文，这些版本搜集在一起一共是二十六七个版本，现在有些卖得势头也不错。据我所知，英文版在北美地区发行半年后，精装版就卖了7万多册。目前这本书在德国就有很多版本，如朗读的、有声的、有像的"。而就是这样一本"墙里墙外都开花"的畅销书，却曾经在出版前并不被看好。

当时长江文艺出版社打算出版这本书的时候，安波舜特意请了一些评论家和作家捧场，"所有人都说这本图书的选题很新奇，但言外之意说这本书很一般，大多数意见是这可能是本好书、大书，但不是一本畅销的书。因为书里边没有任何他们所谓的畅销、时尚因素，第一是写农村的，第二是'文革'题材，第三写知识青年，第四居然是写动物的，并不是写人的，也没有人谈恋爱，怎么可能畅销？搜遍了所有畅销书、时尚书的关键词，都找不到这本书能够畅销的理由"。安波舜笑着回忆道。

分析《狼图腾》畅销的原因，安波舜认为，首先是该书的原创内容。近年来快餐读物充斥市场，而真正兼具文学性与艺术性的作品却十分稀缺。"《狼图腾》本色化的写作、故事的新异与带给读者的启示，以及作者多年'与狼共舞'的独特生活经历与叙述的逼真，随着草原沙漠化狼的身影在人们视野中的渐行渐远等诸多原因使得《狼图腾》创下出版神话。"正因其原创特质，《狼图腾》将人的内在渴望煽动呼唤出来，完成了作品和读者之间的交流互动。安波舜认为，《狼图腾》第一层次呼唤的是人的血液中遗传的追求自由的冲动，这是来源于生命本质的原始动力，特别是追求自由时所呈现的勇敢、牺牲、团队精神，以及对尊严和荣誉的争取。《狼图腾》第二层次呼唤的是人与自然的和谐，这样的故事和主题是每个人当下的亟需，是每个生活在现实社会中的人每天都不得不面对的尴尬和困境。但是，这一切是怎样发生的，为什么会这样？这样的拷问，是我们长久的思考。《狼图腾》第三层次呼唤的是人道与天道的呼应。它带有思辨性，是作品内在结构的价值取向，也是一部文学作品能否传世的根本所在。它是创意的"魂"，没有这样一个"魂"，作品的故事结构和外在表现便会散掉。

其次，该书前后期的宣传推广做得好。该书正式出版之前，先在报纸连载，征求读者意见，当获得读者强烈反响后再决定出版；首发当天，召开作品研讨会，邀请白岩松、赵忠祥、腾格尔等与狼的话题有间接联系的人到场，发表评论；而后通过媒体报道，让其在读者之间口口相传，从而吸引购买者。"在这个过程中，选题是整个工程的龙头，是决定图书是否能够畅销的首要因素。制作、宣传等环节之间的衔接也是须臾不可松弛。"安波舜说。

"一本书畅销也好，走出去也好，最重要的是文本，内容好就是王道。"安波舜解读《狼图腾》热卖现象时如是说。"狼身上体现的追求自由、追求独立的精神，呼唤了我们的热血，让我们激动。近20年来我一直认为，人类身上有一种遗传，就是对善、爱、美、正直、自由的呼唤和潜藏，作家出书的功能就是把这种潜藏呼唤出来，你呼唤得越强烈，得到的反响就越大。畅销就在这个地方，没有别的，就是一些人类最基本的价值元素在起着巨大作用。"

"坦率地讲，策划品牌图书很幸福，有了品牌图书不会太忙乎，能按部就班，非常沉着，不急不躁，还有可预见性。"安波舜说，"国内图书业通常流行的做法是，一个项目做完之后，满足于当时的轰动和利润，后续的产品开发几乎无人关心。人们总是追逐新的项目和创意，把短期利益看得很重，而忽视了长期利益的存在。这一点，《狼图腾》同样具有启示意义。"

安波舜为《狼图腾》算了一笔经济账。中文版销量240万册，每本定价32元人民币；英文版预计销量200万册，每本平均定价30美元，这两项图书销售码洋就超过7000万美元，同时还有20余种其他语言图书销售，保守估计，单是纸质图书，《狼图腾》将创造至少1.5亿美元销售码洋。"而随着《狼图腾》的影视、动画、连载、旅游项目等深度开发正在陆续进行，《狼图腾》会产生5亿美元规模效应。"

畅销书就是要拼宣传、拼服务

白领们或许还记得2006年出版的一本图书——《方法总比问题多》。时至今日，这本书已经重印30余次，累计销量50多万册。时隔多年，这本图书的策划人王建霞对这本书的营销方式仍记忆犹新。

"2006年，许多外资企业进入中国以求发展，很多企业的领导者为兼顾企业员工能力的平衡发展，建立员工的归属感与营造与众不同的文化氛围，迫切需要一本为企业员工培训的图书。了解到这一需求后，我们的图书策划人员便走访了一些大中型企业的人力资源部和管理层，询问他们在进行员工培训中需要什么样的资料，什么样的培训形式是员工容易接受的。在掌握了大量一手信息的基础上，我们策划并推出了这本职场图书——《方法总比问题多》。"出版人王建霞介绍。

畅销书营销中最主要的宣传形式是被业界称为"老三样"的新书发布会、签名签售和图书评论。除了采用"老三样"外，《方法总比问题多》的营销团队在打造这本书的过程中运用了多种媒体、采用各种营销手段，形成营销传播组合，成功打造了畅销书《方法总比问题多》。

该书是一本人才工作方法的专著。作者是一位方法专家、国际职业培训师，他一步步教读者怎样克服对问题的惧怕，在碰到问题时怎样运用一些思维技巧，比如找准"标靶"、类比思考、巧妙转移问题等，不仅从心理上藐视问题，以方法克敌制胜，而且对于任何遭遇挑战、寻找人生发展突破的人都有很好的指导作用。

在策划时，该书确定的目标读者是企业员工、学生等广大读者群，并制定了详细的营销宣传推广方案。营销第一枪在当年北京图书订货会打响，这里汇集名家精品，是采购商云集的地方，也是一个非常好的宣传机会。在图书订货会的第一天，《方法总比问题多》召开了新书发布会，作者吴甘霖先生到现场推荐演讲并签赠样书，取得了很好的效果。

在做外部宣传之前，首先要挖掘内部资源，做好内部营销资料的传达，针对出版社内相关部门，策划部为销售中心提供重点图书征订单以及重点图书营销档案，为金书网提供营销档案、后台更新机械工业信息研究院门户网站数据，为市场部提供购书指南等。在主发监控方面，由市场营销部主任负责，分别进行入库监控和主发监控，其中策划编辑按市场营销部主任要求提供重点图书征订单。在此书互动方面，为机械工业信息研究院内相关期刊提供图书信息进行可能的合作，主要是大众理财杂志社、产业所工业年鉴等杂志社。

"在终端为王的时代，谁能够广发拓展销售渠道，掌握有效的销售终端，谁的产品就能够畅销。"策划人如是说。为了独辟蹊径，将新书信息宣传给目标读者，该书主要采用了以下方式进行销售：

赠送样书。在经销商大会上赠送与会代表图书，并附致经销商的一封信，赠送全国重点图书经销商经理每人一本图书，书中也有致经销商的信，通过全国各地有影响的重点经销商，向当地企业赠送图书样书，数量在2000册左右。

陈列图书。在卖场张贴海报，例如在书城、经管专卖店、综合零售书店等地点进行张贴；在明确可以摆放的重点书城摆放易拉宝；在书城、经管专卖店摆放小型X架；在大型书城码堆或重点陈列，在网上书店例如当当网、卓越亚马逊、北发网等做重点推荐。

以书带人。先是大力宣传该书，在专业报纸、期刊、广播、电视等媒体进行宣传，在该书付型、资料完备后1周内向媒体寄出样书。然后让幕后作者浮出水面，接受媒体采访，增加曝光率。

同时营销人员还参加各种专业论坛、会议，重点宣传推介图书，进行借力营销。并且直接深入企业，启动"团购图书附赠培训计划"，加强服务竞争。很多企业因团购此书而得到了机械工业出版社赠送的培训课程，企业对这种服务非常认可。

这本书成功的关键也在于首发时间的选择，王建霞说："我们营销的第一枪在当年北京图书订货会打响，这里汇集名家精品，是采购商云集的地方，也是一个非常好的宣传时机。在图书订货会第一天，《方法总比问题多》的新书发布会召开，作者吴甘霖先生到现场做推荐演讲并签赠样书，取得了很好的效果。

"如今，图书市场的竞争主要是品种竞争、质量竞争、价格竞争、宣传竞争、服务竞争等几个方面。品种竞争是基础，是最基本的竞争方式，但品种会在很短的时间内被其他出版社模仿，不能长期维持市场地位。质量竞争能较长时期稳固占领市场，是市场竞争的重要手段。价格竞争是最原始的竞争手段。宣传竞争是通过增加读者对产品的认知来争取他们的购买选择。如果属于同一品种，质量、价格相当的图书的竞争就要拼宣传、拼服务了。" 王建霞说。

点　评

1. 两本书的共同特点是紧紧围绕读者的需求进行选题策划

《狼图腾》是围绕着将人的内在渴望煽动呼唤出来，完成了作品和读者之间的交流互动。《狼图腾》第一层次呼唤的是人的血液中遗传的追求自由的冲动，这是来源于生命本质的原始动力，特别是追求自由时所呈现的勇敢、牺牲、团队精神，以及对尊严和荣誉的争取。《狼图腾》第二层次呼唤的是人与自然的和谐，这样的故事和主题是每个人当下的亟需，是每个生活在现实社会中的人每天都不得不面对的尴尬和困境。而这些恰恰是社会所需要的，也是读者所需要的，图书做到了以市场需求为导向的策划。

现实工作和生活中遇到的问题很多，总需要想办法去解决。《方法总比问题多》这本书就是抓住了这个主要矛盾来进行策划，是以读者需求为导向来策划的。

2. 两个案例另一个共同特点——创新

图书出版过程中，雷同出版现象有很多，如内容雷同、形式雷同、跟风出版等，要想突出自己的出版物在市场中的特点和生命力，就必须创新。创新的内容有很多，包括内容创新、主题创新、品牌创新、营销创新、服务创新等。案例中的两本书都体现了创新的特点，如《狼图腾》的文学性与艺术性结合、原创内容、签售过程中的批评论家和作家捧场等。再如，《方法总比问题多》在营销过程中与企业职工培训相结合等，所有这些都体现在创新上。

3. 注重包装和品牌的建设与利用

图书选题策划和出版以内容为王，内容是图书产品质量的本质。但是，在强调内容的同时，也不能忽视了包装和品牌的建设和利用。《狼图腾》和《方法总比问题多》这两本书的书名本身就是很好的品牌，它不但是这两本书内容的高度提炼，同时也高度地与消费者的需求心理相吻合，形成了自己的品牌。

"动物小说大王沈石溪品藏书系"的营销操作手法

自 2008 年出版以来,浙江少年儿童出版社为沈石溪量身打造的"动物小说大王沈石溪品藏书系"(下简称"品藏书系")已出版 26 种,短短几年内,销售码洋突破 1 亿元,销售册数突破 700 余万册。其中《狼王梦》的单本销量更是超过 100 万册。

作为一名四次获得中国作家协会全国优秀儿童文学奖的著名作家,沈石溪自己也承认,他的书从前卖得并不好,正如儿童文学理论家、浙少社副总编辑孙建江所说,"叫好不叫座"。与其在评论界受到的诸多好评相比,这位动物小说大王在与浙少社合作之前,单本图书的销量一般只有 8 千到 1 万册左右。而"品藏书系"中收录的都是沈石溪的旧作,如《狼王梦》已经创作了 20 多年,在图书市场上已有好几个版本,浙少社到底是如何杀出重围,让好书"叫好又叫座"的呢?

孙建江与沈石溪是 20 多年的老朋友了,大约在 2006 年左右的时候,孙建江便希望出版沈石溪作品的浙少社版本,"他的书一直放在编辑室里,我们花了很长时间寻找最佳的切入点,一直在琢磨这些作品怎么做才好"。而沈石溪那时也有约在身,1997 年,他与一家少儿社签订了 10 年版权买断的合同,一时震惊业界,可惜的是,那家出版社推出了一套《沈石溪动物小说文集》,共 10 本,各印了 1 万册就没有重印。这份合同在 2006 年结束,在 2007 年浙少社借"中宣部提倡少儿出版社推出健康口袋本"的契机,推出了 12 本一套的"沈石溪动物传奇故事",不过该系列图书在少儿图书市场上的反应并没与预期那么热烈。

孙建江说:"沈石溪作品的这个口袋本版本,每册篇幅只有 2 万多字,开本小、图书薄、定价也上不去,销售比较弱。"浙少社发行部主任沈伟忠也表示,口袋本图书六七块钱的定价,"让书店提不起销售的积极性来"。结果这套书最终便在市场上销声匿迹了。

乍看上去,浙少社也没有摆脱沈石溪作品"叫好不叫座"的魔咒,但是,孙建江却从这次出师不利中吸取了不少的经验教训,他说:"沈石溪的动物小说数量较多,短篇、中篇、长篇均有,而且涉及动物的种类也很杂,如何整理结集才更容易让读者接受呢?我们出版的这个口袋本让每本书只有一个主题动物。比如一本主题为狗的书,收录的就都是沈石溪关于狗的小说,而且除了故事之外,我们还在每本书中做了关于主题动物的知识链接。"浙少社的编辑们相信,这样的合集方式是将沈石溪作品推入市场的最好形式,因此,虽然口袋书因为开本等原因销量不佳,但编辑思路却被保留下来,延续到后来的"品藏书系"中。

口袋本的出版还给浙少社带来了另一个意想不到的收获。沈伟忠回忆道:"2008年我们浙江的平湖市新华书店想请一位作家去平湖县两个学校做讲座,让我们安排作家。但那个时候'校园人文行'活动的日程我们都已经安排好了,其他作家抽不出时间来。我突然想到沈老师讲一些动物的故事是不是会更吸引小朋友呢?"浙少社的"校园人文行"是让作家与老师、孩子直接接触,是很有特色的推广活动。沈伟忠表示,之前作家进校园都是讲两个主题:"一个是如何写作文,一个是如何阅读和推广阅读,而沈老师却是去讲人和自然、人和动物的故事。"沈伟忠完全是抱着试试看的态度将沈石溪带入了平湖的那两所学校,结果那两场演讲非常成功,"他讲到兔子为了保护肚里的孩子与蛇殊死搏斗,我们听了都相当感动。孩子们的反响也非常热烈"。

在回杭州的路上,孙建江、沈伟忠和编辑平静都非常兴奋,他们明白:沈石溪的书,孩子们一定会欢迎,一定会喜欢,但就是缺一个合适的版本。而平湖此行,他们还在其中一所学校的宣传墙上意外地看到了《斑羚飞渡》,沈石溪作品入选人教、浙教版语文教科书的信息更让他们醍醐灌顶。这两场校园讲座跑下来,浙少人增添了信心,也找到了动物小说的卖点。

其后不到半年,"品藏书系"上市了。

一、编辑:细节中的畅销密码

"品藏书系"的第一任责编平静曾全面负责这套书的策划、统筹、运作,包括拟定编辑制作方案、与作者的联系沟通、版权洽谈、合同拟定、落实图书的制作流程、图书的责编、复审、参与营销活动等,她现在已经升任浙少社的副总编。对于"品藏书系"的诞生过程,她印象深刻:"2008年上半年,我在与营销部一起深入校园开展阅读推广活动的过程中,了解沈石溪有几篇作品入选语文教材,在教师中有认知度;其次,现在的学生在阅读了较多轻松幽默的校园题材作品后,对动物小说这种独特的题材有新鲜感,能够激发阅读兴趣;且因沈石溪自上世纪80年代便开始创作动物小说就已成名,当年的小读者现已成人,为人父母,沈石溪的作品能唤起这批家长的童年阅读经历,他们对作品的认可,可迁移到对自己子女的阅读引导上。学生、教师、家长,三方面的认可构成了沈石溪作品的市场潜力。"

当年 6 月份，平静开始考虑出版方案，并与沈石溪达成了出版意向，仅用三四个月的时间，就完成了编辑出版流程。那么"品藏书系"的名称、开本等最后是如何决定的，又是出于什么样的考虑呢？

丛书名：平静认为，沈石溪多年专心创作动物小说，其作品数量和影响力都首屈一指，"动物小说大王"的称号可谓当之无愧，此名称响亮大气，对读者有足够的吸引力。沈石溪的作品，其艺术品质历经二三十年的检验，已得到专家和读者的认可，此次全新推出，力求在形式、内容上超越以往各种版本，精益求精，成为读者品藏的图书，因此最终定名为"动物小说大王品藏书系"。

开本：平静指出，32 开是最适于书店上架陈列以及图书馆馆藏陈列的形式，太大或太小的开本都不便于大范围的推广，小读者捧读也不方便。但传统的 32 开尺寸略显局促普通，于是她决定采用比传统 32 开的高度和宽度都大一些的大 32 开。这样既与一般图书有所区分，又显开阔大气，能吸引读者注意，同时也适合卖场陈列和读者阅读需求。

定价：根据市场经验，低于 10 元的图书，因码洋比较低，难以激发销售商的积极性，而高于 20 元，对于没有自主经济权的少儿读者而言，超出其消费能力，会抑制购买力，难以形成销量，16 至 18 元是最理想的定价区间。定价区间确定后，根据制作成本测算，平静的团队拟定了图书的篇幅厚度。

封面："品藏书系"的封面非常有特色，不但有每本故事中动物精美的图画，还根据推出批次的不同，在主色调上做出了区分。平静表示，为了突出"品藏"的特质，这套书在各个细节上都精益求精。封面图是为了力求体现动物的原生态，而特别设计的书系 LOGO，作为书系的认知标识，为品牌的培养奠定了基础。同时，平静还精心整理了沈石溪所有入选教材的篇目，在封底上集中展示强调，作为营销亮点，充分体现其作品的权威专业。沈伟忠说："当时很少有出版社把'课文中的名家'当作宣传点的，封底的这个信息，让老师和家长放心——这是选入教科书的作者，同时也更方便孩子们寻觅优质课外读物。"

名称、定价与开本都已确定，平静遇到了在整个编辑过程中的最大问题：这套书所推出的作品并非是沈石溪的新作，如何超越已有的各种版本？她给出的答案就是通过增加编辑含量为作品"增值"。在与作者充分沟通后，编辑团队发掘出沈石溪作品中的很多"闪光点"，为其量身打造了三个有特色的附录板块：创作谈、获奖记录和珍藏相册，从三个不同侧面为读者提供了解作家作品的平台。平静说："书后的《闯入动物世界》这篇创作谈，是我和作者的沟通过程中，根据其特有的生活及创作经历，建议他专门为此书系撰写的文章，而且为了能让小读者理解并喜欢，我协助作者进行了几次调整修改，才最终定稿。后期随着图书品种增加，为防止忠实读者的'审美疲劳'，我们对附录内容也做了相应的调整，如即时更新珍藏相册的图片，让读者更多了解沈石溪的近貌动态。推出第四辑时，又对创作谈做了更换，选用了作者的另一篇文章。同时增加了专家、读者对沈石溪作品的点评摘录，使图书更具新鲜感和互动性。"

而具体到每一本书，平静也不受名家名品拘囿，在文字上精益求精，作了适度的修订，严把质量关。尤其是她还对一些长篇作品进行了全新的编辑设计，如《狼王梦》《雪豹悲歌》等，"原作一气呵成，没有章节标题。但是考虑到少儿读者的阅读特点，我与作者协商，对作品进行了章节划分，拟了简洁新颖的标题"。平静说，"这样的改变增加了阅读的节奏感和吸引力，也成为与其他版本不同的特色之一"。

再如《混血豺王》和《雄狮》原著，有二三十万的字数，如果按照整套书系既定的排版形式，其图书厚度和定价会远超该书系的其他品种，影响书系的整体定位和销售，也不宜于少儿读者的购买和阅读。因此，平静和沈石溪商议，分析原著文本，寻找可以切分的节点，成功地将一本书拆分为两本内容相对独立的图书。《混血豺王》拆分成了《双面猎犬》和《混血豺王》；《雄狮》拆分为《雄狮去流浪》和《红飘带狮王》。为便于读者的衔接阅读，又在两本书的结尾和开头处分别增补了内容预告和前情提示的板块，让读者了解两本书的关联。

平静为"品藏书系"的第一批图书精心选择了以下六本：《第七条猎狗》《最后一头战象》《再被狐狸骗一次》《斑羚飞渡》《和乌鸦做邻居》和《戴银铃的长臂猿》。她的思路是：前四本的同名作品入选不同版本的教材，读者认知度高。后两本是未出版过的，能给读者带来新鲜感。而且这六本书描写的六种不同的动物，也都是小读者比较喜闻乐见的。确定首批六本的品种数量是考虑到如果少于六本，丛书规模显得单薄，不成气候；品种太多，又容易分散宣传力度和读者的关注度，同时也使成本压力和市场风险过大。

二、营销攻势关键在"实"

沈石溪说："我去年做了 270 场活动，每天跑两场，跑了七八个月的时间。从 2008 年底浙少社开始组织我的'进校园'和书店签售活动后，我粗略算下，去了 700 所学校，在书店签售 70 万本图书。"由此可见浙少社对"品藏书系"的投入之大，推广覆盖面之广。在这几年中，沈石溪不但跑遍了江浙地区，还在山东、福建等省与孩子们见面，"学校欢迎我去给孩子们讲课，而在这个过程中，我和语文老师也会有所交流，对于我入选课文的作品也会交换意见。"沈石溪表示，在营销活动中销售的 70 万册图书只是"品藏书系"总销量的十分之一，但这样的活动会激发连锁反应，引发读者的兴趣后，他们会去购买其他作品。

浙少社顾问鲍丽珍表示，除了"校园人文行"活动，浙少社的营销团队非常重视与书店沟通这套书的亮点和特点，"我们没有搞低价策略，不打很低的折扣，我们很有信心。我们的业务员跟书店说你们做做看，做下来后，你肯定会感觉我们的这套书会超越其他很多书。在量上面，我们也会动员书店，他们保守的时候我们也说你们可以多进一点，一点问题都没有，一些书店会采纳我们的意见，在店里进行重点宣传和推广。而且，对于我们图书在大型书城的销售情况，我们都进行密切的跟踪，尤其是《狼王梦》等书与其他出版社版本相比的销售状况。"沈伟忠也说："浙少社为什么9年少儿图书市场占有率第一，因为我们在地面店的优势是非常明显的，我们对客户的维护、交流等方方面面做得是比较好的。跟踪货源，保证图书不断货，及时添配热销品种，与书店沟通重点陈列和码堆浙少社的产品。"由于品藏书系是分批推出的，第一辑六本出版后，随后每一辑四本，已经出到第五辑。前几辑不错的市场表现让书店更重视这套书，社店双方形成合力，对"品藏书系"进行营销推广。

"品藏书系"分批推出的方案和推出的节奏，其第一任责编平静也经过深思熟虑："每辑推出四本新品种，在春秋季以'校园人文行'为主的密集营销活动前推出，保证每个营销热季都有新品刺激市场。而确定四本的规模，是考虑这个品种数不会对原有品种造成过大冲击，有利于老品种的持续发力，充分调动市场潜力。"就这样，浙少社不断地通过以老带新、以新推老的出版节奏，形成持续合力，使"品藏书系"成为畅销品牌，保证了选入的每一本书，不论是否是沈石溪的代表作、成名作，都能成为畅销书。同时，在每一辑作品的推出顺序上，平静还充分考虑了其代表性、知名度，优先出版代表作、名作，同时兼顾动物品类的区分，保证每一辑推出的动物主角不重复，使得"品藏书系"特色鲜明，品类丰富。

三、作者与出版社的双赢

平静说："'品藏书系'的编辑出版历时4年多，分批推出，每一个环节都和作者有充分的沟通。这套书的成功，也得益于与作者的互相信任和默契配合，期间通信通电不计其数。"记者看到了她写给沈石溪的邮件，讨论内容从作品出版顺序，到目录加上章节序号是否"难看"，事无巨细，字里行间都体现着她和作者之间的良好沟通。

沈石溪与某出版社的10年合约期内，该社推出的《沈石溪动物小说文集》的平淡收场，使他了解到出版社"懂市场"的重要性。沈石溪说："作家和出版社是双向的选择，你不知道出版社愿意花多少努力来推广和发行你的图书，你也不知道编辑对你的作品是否理解和喜爱，有没有在设计图书产品方面有创造性的灵感。"

作家心中的这些不安当然会通过与编辑的沟通得到舒缓，而最让沈石溪满意的是，浙少人了解关于图书市场运作的信息，具有这方面的经验，发行也做得好。当然，沈石溪选择浙少社与其在儿童文学作家中的口碑也有很大关系："据我所知，之前，浙少社已经与好几个知名作家合作，包括张之路、汤素兰等等。他们有一个模式，瞄准一个作家，会下很大功夫，对其进行包装、宣传。"

　　在与浙少社合作之前，沈石溪每年的稿费收入大约是20万元左右，而2011年，他的收入超过百万元。孙建江说："我们乐于见到中国原创文学作家在市场上获得好的收益。寻找既有艺术性，又能够为大众广泛接受的作品，并把它打造成畅销书，这是我作为出版人所一直追求的目标。"

　　如今，沈石溪已经与浙少社签订了战略合作协议，未来他的作品都将交给浙少社出版。

点 评

　　打造畅销书，最完美的就是把握阅读趋势形成前的"半步"。沈石溪的"品藏书系"在中国书市上掀起的一股动物小说热，浙少社无疑是"提前半步"，敏锐地看到了儿童文学亟需题材扩充的趋势。"品藏书系"之所以能火起来，与市场大环境也有相当紧密的关系。

　　打造畅销书应做到：充分的市场调研、精准的图书定位、独特的创意细节、适时地推出时机、团队的密切配合、有力的营销推广。

　　超级畅销书到底是如何诞生的呢？编辑的专业与努力，作者的配合与信任，营销人员的长袖善舞——这些真的是最后的答案吗？出版业中有人相信，畅销书是可遇不可求的，因为把握读者的阅读取向和社会大众的心理实在太难。此文不可能给出畅销书的统一配方，但以下这点却毫无疑问：优秀的编辑和强力的营销团队也许不是打造畅销书的"充分条件"，但却一定是"必要条件"。

《幻城》推广案例分析

郭敬明与春风文艺出版社的合作早在2002年就已经开始。此前，郭敬明的一篇散文《我上高二了》被春风文艺出版社负责青春文学的编辑编入《2001年中学生最佳散文》。第二年，春风文艺出版社有意在学生中发现原创文学作者，培养出第二个"韩寒"，于是，编辑在回给郭敬明的邮件中问及他的创作计划时，也向其他几个入选"最佳散文"的中学生作者提出了稿约。

郭敬明很快回复了："我现在依然在写文章，也在出书。可能在毕业的时候会有书稿写完。希望我们可以合作。春风文艺出版社是我很喜欢的出版社。"并在邮件中附上了自己作文的获奖简历。邮件中提到的文章，就是当时正在写的中篇小说《幻城》。郭敬明是唯一回复编辑的作者。

郭敬明回忆说，高考临近，为排解压力，他创作了这个跟现实完全无关的小说。那时看的奇幻电影、动画、游戏多了，于是有了创作《幻城》的想法。因为构思时间长，一万多字的《幻城》一两天就写完了，这也是他第一次写这么长的小说。8月，高考结束后，郭敬明向《萌芽》投稿，《萌芽》10月号刊出了中篇小说《幻城》。与此同时，郭敬明已经开始着手创作长篇小说《幻城》了。

小说反响强烈，这让郭敬明和《萌芽》都很意外。在《萌芽》网站所做的民意调查中，《幻城》以672票荣膺当月最佳，而第二名只有174票。与此同时，《萌芽》网站上关于郭敬明和《幻城》的帖子越来越多，话题包括：你喜欢《幻城》中的哪个人物？《幻城》改编成漫画怎样？游戏呢？改编成电影的话谁来主演等话题。

《幻城》刊载后，郭敬明也通知了编辑，编辑把小说买来，并给出版社领导过目。出版社领导从这篇小说中发现了郭敬明与众不同之处和可能的市场潜力，"他写的是亲情——兄弟之间的情谊，这是他们这代人中比较缺少的东西，这是一个卖点。另外，他是新概念作文大赛的获奖者，两次一等奖，这又是一个卖点。当时我们想干脆就锁定这个人吧。当时确实在韩寒之后还没有什么新人出现"。

《幻城》有改成长篇的基础，几经商议，春风决定把赌注压在《幻城》上，作为2003年最重点推出的小说。

郭敬明就长篇《幻城》的出版和一些著名出版社联系过，包括出版他第一部作品《爱与痛的边缘》的东方出版中心，但是出版方并不看好他的作品。于是，郭敬明跟春风文艺出版社达成了出版长篇《幻城》的意向，11月，编辑专程从沈阳赶到上海，与郭敬明签定出版合同。这仅是双方第一次见面，但这次见面郭敬明留给时祥选的印象很深，"那个时候觉得他很瘦弱，个子很小，但是了解了之后就觉得他其实很有能量，他比一般人更有想法和创新的能力"。

在出版界，每年1月都会有一次全国最大的图书订货会，这是发行新书最好的时机，因此春风文艺出版社要求郭敬明必须要在2003年1月之前完成书稿。郭敬明后来回忆到，因为是第一次写长篇，感觉特别难以驾驭，心里非常紧张。寝室每晚熄灯后，他就向同学借了笔记本电脑在教室通宵写作。他就读的上海大学实行三学期制，那会儿正赶上学校假期，偌大一个阶梯教室只有郭敬明一个人，他说中间很多次，自己都想到放弃。

小说如期完成了，编辑看了以后觉得非常好，而且还发现，在《萌芽》网站的论坛上，读者急着看《幻城》后续故事，这给了他们信心。当然很多成人反映《幻城》看不懂、看不下去。其实，长篇《幻城》的创作是稚嫩的，其结构，尤其后半部分松散，所以《幻城》最终起印数和发行方案在春风文艺出版社内引起很大争论。

最终春风文艺出版社决定根据订货情况再商议起印数。订货会上的热烈反响出人意料，也促使春风文艺出版社下定决心把《幻城》作为社里2003年的金牌畅销书重点推出，首印十万——这个数字，当时许多著名畅销书作家都望尘莫及。

春风文艺出版社为此专门设计了一整套完整的营销方案。他们邀请当时青少年文学方面的著名作家曹文轩为《幻城》写序，专门做了《幻城》的flash，并且专门邀请了文坛比较活跃的评论家，在上海为郭敬明开了作品研讨会。这些举措在青春文学出版中都属首创，"在这一代人中，恐怕还没有谁能有这么高的待遇呢。"编辑说。此外，出版社制定了详细的各个时期的宣传计划和进度，通过网络、报纸、电视等媒体发消息、做评论、访谈等等。出版社领导甚至在过年的拜年贺卡中，亲自致信发行商，大力推荐《幻城》。

春风文艺出版社整个宣传计划分为3个阶段。首先是"预热"阶段，以多发消息为主；第2阶段为"热销"阶段，继续宣传，在各地搞各种活动，并且准备加印；第3阶段则是如果出现滞销的预备方案。那时国内这样周详的图书宣传还极少见，所以出版社精心准备的新闻稿很受媒体的欢迎，而且"几乎不花分文"。在发行环节上，他们更是步步为营，"可以说，当时我们每一步都有相应的计划，甚至包括每个经销商、每个省、每个店所分到的图书数量，根据各自的经济情况和销售情况都会有一个配额比"。

作为整个营销策略的一部分，郭敬明也忙于签名售书。上学时，周一到周五他在学校里上课，周末则去各城市搞签售，并且一般每周跑两个城市，有的城市还去过两三次。"每到一个城市，就是进宾馆，然后签售、吃饭、走人"，时祥选回忆。

正是在春风文艺出版社一系列的营销策略下，《幻城》的销量节节攀升。而之前，郭敬明的散文集《爱与痛的边缘》，首印只有1万册；另一部作品《左手倒影，右手年华》，很长时间在北京没有找到愿意接收的出版社，只能拿回上海寻求出版，而这本书的出版是2003年的四五月份，正赶上《幻城》热卖，销量非常之好。《爱与痛的边缘》也借《幻城》热销的影响而再版。

在《幻城》出版之前，春风文艺出版社为了表明打造郭敬明的决心和信心，开创性地和郭敬明签定了"买断"合约，协议的核心是：在他大学四年期间内，由春风文艺出版社每年提供部分资金作为他的学业补助，而他则保证给春风文艺出版社长篇首发权，主题风格不限，四年中至少有一部作品达到出版要求即可。

2003年11月，郭敬明乘胜出击，再次通过春风文艺出版社出版新长篇《梦里花落知多少》，首印就达30万册。2005年《1995—2005夏至未至》起印数是50万册，这样的起印数在国内原创文学出版中可谓罕见。

点 评

从《幻城》的推广案例中可以看出，要打造畅销书，需要从以下几个方面做起：

在选题策划阶段，在环境分析、市场调查和分析的基础上，根据读者需求确定选题的方向，形成选题的概念，同时选择合适的作者，被选定的作者不但要有名气，还要了解目标读者的需求心理，将读者需求的内容思想融入进作品的创作中。既然是做青春文学，那么读者群就是正在成长的青年人，就要意识到读者在成长，需求随着年龄的增长、环境的变化在改变，本案例抓住在成长的一代人所关注的问题。而郭敬明的文字让人感觉很忧伤、凄美，不同于韩寒的叛逆，很符合当时目标读者——年轻人的胃口；还要看他的作品是否跟别人有不同的地方，最关键的是——是否好看，是否满足年轻人的需求。对于作品的文学性、艺术性不是评价作品好与不好的唯一指标，关键是能不能看下去、能不能打动目标读者，这就是标准。

在营销方案的确定与实施过程中，仅有一个好的选题、有一个好的作品，是远远不够的。但好的选题与作品又是确保出版物营销成功的前提与关键，所以这就要求必须要有一套优秀的营销方案与之配套，并且可以顺利地实施、完成，只有这样，才能达到既定的营销目标。在本案例中，春风文艺出版社为此专门设计了一整套完整的营销方案，包括聘请名家写序，通过各种媒体宣传，作者签售等，这些都为《幻城》的畅销打下了坚实的基础，并且实现了预期的效果。

《好妈妈胜过好老师》的百万销量

《好妈妈胜过好老师》对出版者来说,用"捡漏"来形容最合适不过了。这部书的稿子是出版者收到的一部社会投稿,此前作者尹建莉曾经把这部书的稿子投给七八家出版社,但出版社因为作者没名气,要么不出版,要么让她自费出版。而作者觉得这是她的心血之作,作者本人对书稿很有信心,转而又投到了该出版者这里。

当时出版者看到的并不是全稿,但仅仅这部分书稿就吸引住了他。"有的人也许教育孩子很成功,但写不出来;有的人是专门搞家教研究的,写出的书理论性太强,读者看的时候觉得不错,但放下书不知道如何去做;还有的人能写会说,但理念未必正确。这些作者都有'短板',而尹建莉恰恰是'全才'。"他总结说,尹建莉有4种身份:成功的好妈妈,女儿品学兼优,是北京市市级三好生,16岁参加高考,取得了超过当年清华录取线22分的优异成绩,被内地和香港两所名校同时录取;作者当过十几年的教师,有大量实际教学经验;她是北京师范大学的教育硕士,从事家庭教育研究及咨询工作;她本人写诗歌写小说,文笔相当不错。由于这4种身份,这本书呈现出不同以往家教书的一些特征:理念新颖、方法实用、可读性强。

"虽然作者尹建莉当时并没什么名气,这本书又是她写的第一本大众书,但我觉得内容永远为王,我相信稿子的内容将使它获得读者的认可。事实上,这本书上市后,很多读者的反馈和我当初的判断是一样的。"出版者说,家教书之前曾经有两个出版高峰,一个是《哈佛女孩刘亦婷》的时代,是一个成功妈妈写的,提供了妈妈的经验,同时也迎合了当时的出国热;一个是卢勤的时代,教育专家开始写家教书。"现在的问题是,读者看了很多家教书,自己也提高了很多,仅仅靠母亲的经验类型或专家的理论类型的家教书已经很难打动他们,尹建莉既是教育专家又是成功妈妈,这样的身份写出来的书更能满足当下读者的需求。"

一、在出版细节下苦功夫

当时看到这部书稿的郑建华是刚刚进入大众图书出版的"新"编辑,此前他一直做中小学教材的编辑。为了包装好这本书,出版者下了很多工夫。比如他找来十来种家教书研究比较,分析《好妈妈胜过好老师》的特点。他在书名上也费了好多心思,"书名光我自己就想了50多个,加上作者自己想的,有近百个,那段时间每天上下班路上我都在想书名,一想到合适的就打电话和尹建莉一起商量。最终确定的《好妈妈胜过好老师》,我俩都很满意,这个书名既温馨又上口,而且提出了关键的教育理念——家庭教育重于学校教育,家庭教育没做好,学校教育也不容易起作用"。

在书的封面设计上,出版者也琢磨了好久。"开始美术编辑做出来4个封面,我全部不满意,后来美编又做出来3个,我还是觉得差强人意。我带着美编到北京图书大厦,看了不少封面,我还给他买了几本书。回来后,美编又做出来3个,这批封面我觉得都还可以,最后确定的这个是最满意的。它不像一般家教书那么花哨,有代表母爱的萱草陪衬,感觉很温馨。而且黄颜色的封面,放在书架上很抢眼,消费者很容易发现。"

现在很多出版物流行在腰封上请很多名家写推荐语,但《好妈妈胜过好老师》没有这样做,即使是著名学者钱理群的推荐语也和很多普通读者的推荐语一样,被放到书的封底。对这样的安排,出版者也有自己的考虑:"如果腰封上用很多教育专家的推荐语,会让大众读者误以为这本书理论性很强,产生不是针对大众读者的误解。我希望这本书的封面明确告诉普通消费者,这本书就是给你看的。因此,我在封面的书名下加了个副标题——一个教育专家16年的教子手记。这一句话,就明确了这本书的读者定位,从你的孩子出生到上高中,家长都可以看这本书。"

二、无宣传费自己做推广

《好妈妈胜过好老师》确定出版后,作家出版社考虑到作者没名气,决定稳妥一些,首印2万册。但这与出版者的心理预期有些距离,"对于没有名气的新作者的新书,首印2万册已经不少了。但我希望首印数能定到3万册,因为这样社里会提供宣传费,对这本书的推广会起到很大作用"。

出版社没把这本书列为重点图书,出版者决定自己把它当重点书宣传推广。他依靠自己的关系,找同学朋友帮忙,在不少报纸、电台上做了宣传,尤其是找了《法制晚报》《南国早报》、当当网等做连载。"通过这本书的运作我觉得优秀的家教书非常适合做连载。比如在广西的大书店,不错的图书也就卖个几百册,但《好妈妈胜过好老师》在《南国早报》做了连载后,销售量很快达到几千册。在当当网也是如此,做了连载后效果非常好,最终销售量达到40万册。"

在这本书的销售慢慢做起来后,出版社也越来越重视,做了很多宣传,比如新书发布会等。因为看好连载的这种模式，在后面的营销中，出版社宣传部门也投入大量精力做连载，连载成了《好妈妈胜过好老师》主要的宣传方式。"哪个区域的销售不好，我们就找当地的主流日报做连载，然后销售数字就上去了，效果非常明显。"出版者说。

上市一年，《好妈妈胜过好老师》发行已经达到110万册，但出版者认为这本书势头仍很猛。"这本书的口碑效应非常好，很多人是互相推荐，这保证了它的销售非常稳定，不像一般畅销书那样昙花一现。"

谈到这本书的成功，出版者说自己和作者都认可一个观念：这本书换一个编辑来做未必能卖这么多。"如果一个编辑不看好这本书，或者不这么重视这本书，就不会做很多背后的推广工作；编辑不用心，就不会在编辑上下这么大工夫。那样的话，即使这本书内容好，要达到这样一个销售数字，也是不可能的。"

点 评

一部原本无人问津的书稿被人发现并最终包装成为畅销书，每每听到这样的故事，总是让人好奇成功背后的秘密。

通过与出版者的对话，我们发现《好妈妈胜过好老师》成功的背后并没有什么秘籍，靠的不过是一名编辑工作者的敬业和责任心。

出版者并不是业内名人，甚至在大众图书圈也还只是个"新人"。他原本是中小学教材的编辑，《好妈妈胜过好老师》是他编辑出版的第二本大众类图书。但他恪守着一名优秀编辑的职责：不忽略自然来稿，当近10家出版社拒绝了这部书稿后，他却从中看到了其内在价值，以认真负责的态度进行编辑和运作；他愿意下苦工夫，当出版社没有把这本书当作重点图书时，他却没有对这本书降低要求，尽量把它做到最好；他不盲目迎合潮流，当很多人在腰封上罗列上大量名人推荐语时，他根据自己的判断，在封底引用了大量普通读者的留言。

当下，出版圈有一股浮躁之气。很多编辑找选题时急功近利，热衷名家，以至于名家被人追着跑，没名气的作者被冷落。找不到现实生活中的名人，就去网上淘稿子，专门找点击率高的作品。追名家名稿没什么不对，但这样的资源毕竟有限。上文出版者的成功，相信会带给业内编辑很多思考——与其等待市场选择我们，不如我们去开拓市场。

当然，出版者的敬业态度也带给他丰厚的回报。尹建莉成名后，虽然有几十家出版社找她商谈新书，但她认可郑建华，与他签下 5 年的出版合同。

　　获得读者与作者的认可，对一名编辑来说，也许是对其工作最大的肯定吧。

《第一次发现》是这样进入幼儿园的

　　《第一次发现》系列是法国国宝级儿童科普经典，获得多项国际大奖，受到全世界儿童的喜爱。它采用独特的胶片印刷工艺，分为"透视眼系列"（72种）"手电筒系列"（20种）"放大镜系列"（10种）。"第一次发现"系列在20年内，以法语、英语、德语、韩语、日语、意大利语等28种语言在全世界发行，销量超过5500万册，是风靡世界的儿童科普书巨作。2009年，接力出版社出版中文简体版，该书以一流绘图水平、跨国界的丰富主题与透明页之技巧创意，创下了销量超过350万册的奇迹，得到了专家、家长、孩子们的一致好评。

　　《第一次发现》系列向2至8岁的孩子们呈现了一个丰富多彩、深入浅出的"立体"世界。每一本书都有一个明确的主题，从最简单的事实描绘开始，不断地延伸拓展；既有对现象的演绎，又有对类型的归纳和总结，知识性与趣味性完美地融合，是名副其实的幼儿科普经典。

一、读者需求激发《第一次发现》全新创意策划

　　2009年中文简体版《第一次发现》系列在中国上市，凭借一流的绘图水平，跨越包括动物、植物、人体、地质、天文、社会、基本概念以及交通工具等诸多领域的科学主题，令人眩目的透明页之间的视觉转换和技巧创意，创造了350万册的喜人销量。

　　该书在销售期间，接力出版社在全国范围内的卖场、幼儿园以及亲子园举办了几十场的《第一次发现》主题宣传推广活动。通过这些活动的开展，引发了诸多来自幼儿园教师和幼教专家的思考。幼教专家表示，浓厚的学习兴趣，以及注意力、记忆力、想象力及创造力的开发是幼儿园时期教学的重中之重。而通过《第一次发现》丛书的胶片，孩子从小就能主动探索事物表象、里象，自己发现问题、自己寻找原因，而启发至高层次的智能，具有独立自主的人格，将来具备解决各种事物的能力。幼儿园教师和幼教专家一致希望可以把《第一次发现》的内容移植到幼儿园课程，但是通过交流和课程实验，接力出版社意识到正常开本的《第一次发现》图书虽然可以满足亲子阅读和儿童独立阅读，但是如果想在幼儿园作为课程教材，

还需要符合教师上课用书的大型开本。

为此，接力出版社紧急召开策划会，策划会针对如何策划出一套适合幼儿园教师使用的《第一次发现》，开本问题通过反复核算和测算最终得到了解决。随后，接力出版社立即把这个想法和初步策划案提交给版权方，当授权方了解到这个创意后表示非常高兴。他们认为这是在他们原有产品上的一次创新，填补了他们的产品缺失，又符合中国幼教机构的需求，因此他们立即同意了接力社的策划，并且收取比正常开本的《第一次发现》还要低的版税。

二、《第一次发现》的延伸产品——《儿童科普启蒙胶片书》

为解决《第一次发现》系列幼儿园课程用书的内容选择问题，2012年4月，接力出版社组织成玉英、吴彩虹、孙丽丽、高萧怡、孙洁等各界专家，在北京举办"第一次发现专家研讨会"。

研讨会主要围绕《第一次发现》幼儿园用书的内容进行研讨，研讨问题涉及幼儿园科普学习和认知学习的理论依据、大开本《第一次发现》幼儿园用书的内容划分依据以及幼儿园教学要求等。经过反复讨论，最终确定了大开本《第一次发现》幼儿园用书的内容选择标准以及选择书目，编写《第一次发现幼儿园课程》以配合幼儿园教学。

最终，大开本《第一次发现》幼儿园用书更名为《儿童科普启蒙胶片书》。经过紧锣密鼓的前期筹备工作，《儿童科普启蒙胶片书》（10种）和由业界著名的学前教育专家编写的《儿童科普启蒙胶片——探究活动指导》由接力出版社在2012年7月正式出版。此举将为幼儿园的科普教学增添新创意、新体验、新发现，提供探究型科普教学活动，实现幼儿园教学的生动化、立体化。

三、《儿童科普启蒙胶片书》走向幼儿园教具之路

《儿童科普启蒙胶片书》采用醋酸纤维的独特双面印刷，通过突破纸质图书缺陷，展现多维立体世界。《儿童科普启蒙》将传统图形教育与解剖学紧密联系，不但给孩子们展现了一个他看得到的现实世界，更揭示了一个他不曾注意过的内在世界或者说是一个连续变化着的世界。

《第一次发现》丛书的过人之处在于，它只用一张薄薄的胶片，就能表达出苹

果树开花、结出青苹果一直到苹果熟透的过程。这种完美重现一个让孩子费解的变化历程，就是"第一次发现"最大的魅力之一。

《儿童科普启蒙胶片书》的每一本书都以关于这个标题的最简单的事实开始，然后开始向不同方面发展并层层深入。例如在《蛋的秘密》一书中，鸡蛋刚开始是什么样子的，小鸡是怎么在鸡蛋里长大的，又是怎么破壳而出的等问题都会通过图例加以剖析，最后还会进行横向的展开以了解其他卵生动物。

图书在开本设计上也打破了常规书的设计，做到425mm×500mm大小的大开本图书，这种开本可以让集体教学更加直观生动。而系列中的每一本书都是根据教育部颁发的《幼儿园教育指导纲要》精心挑选，再由学前教育专家进行了细致入微的活动设计，为集体教学编写了《探究活动指导手册》，给老师提供了幼儿园科普教学的新创意、新体验、新突破，同时给孩子们的科普学习带来了更多乐趣、更多发现、更多互动。

点 评

《第一次发现》成功营销的原因在于：

1.《第一次发现》的选题策划以读者需求为导向

图书市场是买方市场，出版社在进行选题策划时，从图书内容到图书形体的策划必须从读者需求出发。本案例在少儿图书市场细分的基础上，对2—8岁少年儿童读物市场进行了详细分析，发现这个年龄段的儿童绝大多数总爱问为什么，对于某些问题很难简单回答，于是有了《第一次发现》。

2. 创新

好的图书也需要创新，包括图书内容和形体的创新、营销方案的创新等，接力出版社在《第一次发现》选题策划和营销中做到了这一点。在内容和形体的策划上凭借一流的绘图水平、跨越包括动物、植物、人体、地质、天文、社会、基本概念以及交通工具等诸多领域的科学主题，令人眩目的透明页之间的视觉转换和技巧创意；在营销方案的策划上，在幼儿园举办主题宣传推广活动等。所有这些策划都以满足小读者的需求、激发小读者的需求为出发点。创新是出版社发展的根本。

3. 开发延伸产品

策划并出版一本书，不光要考虑其本身的功能和市场价值，还要考虑能否开发其延伸产品、提升其价值。这样才能提高选题策划的效用,才能做到最大的投入产出比,接力出版社在《第一次发现》的选题策划和营销中就做到了这一点。如围绕《第一次发现》而策划《第一次发现幼儿园课程》《儿童科普启蒙胶片书》《儿童科普启蒙》、开发幼儿园教具便是如此。

《盗墓笔记》成功因素分析

2011年12月19日,《盗墓笔记》大结局在千万粉丝的期待和呼唤中隆重上市,这部前七册销量达到近千万的超级畅销书,大结局上半册首周销量突破100万册,仅卓越网一天销量就达到1万5千册。在中国,发行量达到几十万册即为畅销书,而上千万册的发行量,不啻于出版神话。

虽然业界对《盗墓笔记》的精神文化价值褒贬不一,但我们不能忽视其在发行上的巨大成功,逾千万册的超高发行量,让我们不得不正视这本书从选题策划到营销策略等整个出版流程中所做的尝试和努力。通过分析借鉴此书的畅销因素和营销方式,灵活地运用到其他书籍的出版发行中去,也可以通过对其畅销因素的分析,得出图书畅销的一般规律,指导图书出版实践,这或许是我们分析研究《盗墓笔记》畅销缘由的初衷和最终目的。

说《盗墓笔记》在中国的图书市场上掀起了一阵飓风,这种说法毫不夸张,除了超高的发行量外,《盗墓笔记》还集合了一大批忠实的粉丝,在新浪微博上输入"盗墓笔记",相关记录300多万条,其作者南派三叔的粉丝有285万人,而百度贴吧中的《盗墓笔记》贴吧一直处于活跃状态……是哪些因素打造了《盗墓笔记》的超人高气?让我们从选题策划、装帧设计、营销策略三个角度一一分析。

一、选题策划:顺应市场,投其所好

选题策划是图书出版流程的起点,近年来,随着图书出版业市场化程度的不断深化,出版单位对选题策划越来越重视。"图书选题策划表现为图书全方位的筹划,表现为图书的调整与优化,表现为社会主义市场经济条件下出版参与竞争的主动权的控制,图书策划意味着图书生长点的定位和文化物化形态突破性的进展,它是一种创新性的工作。图书的策划是编辑、作者、读者之间的有机对接。图书选题策划不仅仅是把图书作为文化产品,更重要的是作为文化商品,在文化的前沿和市场发展的背景下,通过现代特定的出版形态和出版手段,塑造整体的图书形象和内容。"辽宁民族出版社朱虹在其文章中如此论述选题策划的重要性。而《盗墓笔记》的成功,很重要的一点就是把握住了市场趋向,明确读者的阅读喜好,进而从文本写作上投其所好，抓住读者眼球。

选题的构成要素，通常包括题目、作者、编辑意图、基本内容、写作要求、读者对象和市场预测等方面。现摘取《盗墓笔记》中比较有特色的选题构成因素进行分析：

（一）稳固忠实的读者基础

《盗墓笔记》发迹于网络，最先在起点中文网进行连载，凭借紧凑的故事情节、奇幻的想象和风趣的语言，《盗墓笔记》在起点连载时就吸引了一大批忠实的读者粉丝，点击量破百万，好评指数7.9，五星评价达61.9%，远超同类的《鬼吹灯》。这些数据充分印证了《盗墓笔记》的超高人气。在这种情况下，磨铁公司适时出击，决定签约该小说的作者南派三叔（真名徐磊），出版实体书，而网络上的这批忠实读者也自然转移到实体书上。

（二）顺应市场潮流，投其所好

自《达芬奇密码》在全球畅销后，图书出版市场掀起了一股"解密"风潮。《达芬奇密码》借用神秘的宗教问题，对细节进行夸大描写，同时融入了人们在日常生活中很难接触到的符号学、密码学等知识，在增加故事情节可信度的同时，也提高了其可读性。与之类似的《圣杯的秘密》《天使与魔鬼》也取得了不错的销量，而国内的《藏地密码》《鬼吹灯》等更是掀起了一股探险悬疑小说的出版高潮。《盗墓笔记》与这些书籍一脉相承，深深把握住了市场趋向，投其所好。书中不仅写盗墓活动，其中更是融合了历史秘闻、建筑学、考古学、古文物、风水学、机关暗器、天文地理，甚至连生物学都有涉及，像书中描写的一些蛰伏于地底的古生物活灵活现，栩栩如生，令读者看后犹如在眼前。

（三）情节紧凑，语言风趣，人物形象刻画生动，令读者欲罢不能

悬疑类小说本身就具有强大的吸引力，而南派三叔的《盗墓笔记》用八部系列图书架构了一个关于"长生"的命题，从第一部书中就开始透漏关于"长生"的秘密，利用一个国家考古队中的队员都出现异象开始，慢慢铺设了一个宏大的叙事结构。而在这宏大的叙事中，又不断穿插小高潮，不断透漏新的消息点，但却不解最终的秘密，这就吸引着读者不断阅读，欲罢不能。而且在行文中作者所描述的各种各样的陵墓，如《怒海潜沙》中修建在海中的古墓、《秦岭神树》中可以物化出想象中物质的神树、《迷海归巢》中修建在云南某原始民族湖底的张家古楼，作者用瑰丽

的想象为读者刻画了一个传奇。

此外，与同类盗墓小说相比，《盗墓笔记》语言风趣幽默，尤其是其中的"王胖子"一角，在书中作者将其描述成来自北京潘家园的一个倒卖文物的老北京，故在行文中便充斥了大量的京味俗语，在紧张刺激的盗墓过程中，经常是王胖子和主人公吴邪的一段对话，就使读者紧张的心情得以缓解，犹如听相声一般。

除了语言和故事情节外，作者刻画人物的能力也相当成熟，除了三大主人公，吴邪、王胖子、张起灵外，配角潘子、三叔、黑眼镜、阿宁、云彩、霍秀秀、解语花等人刻画得也很成功，这些配角可能仅在几部当中出现，但却令人印象深刻。像潘子的忠义、黑眼镜的腹黑、云彩的纯真、霍秀秀的灵气、三叔的老谋深算等，无不刻画得入木三分。

装帧设计富有个性、过目不忘，具有强烈的视觉冲击。

图书装帧设计是吸引读者购买此书最浅层也是最直接的要素，面对书店中琳琅满目的图书，有些书设计粗糙，难以在众多图书中脱颖而出，而有些书凭借富有个性的装帧设计，第一眼就能抓住读者眼球，赢得主动。

图书的装帧设计及广告宣传要立足于图书内容及其主题，要面向社会，站在双效益的立场上进行市场调研，根据市场的情况进行分析，找出图书的独特之处。图书整体的设计内容及设计方向，是由特定消费群体的年龄、性别、教育程度、生理发展的特征和意识倾向等差别决定的，设计者既要遵循艺术设计的一般规律，又必须理解图书的内容；既要熟悉不同读者的需要，还要注意社会综合审美特性和水平，同时还要力避抽象玄虚，使人一看就懂，且有余味，易为大众接受，图书的内容与形式的结合不能千篇一律，必须具有鲜明的特色。

《盗墓笔记》是如何第一眼就吸引读者眼球呢？让我们一一分析。

1. 封面：书名突出，设计简单，具有强烈的视觉冲击力

《盗墓笔记》一书的封面设计非常简单，封面的右边是书名，采用黑色软笔手写体，给人一种很真实的感觉，而本书的故事就起源于主人公吴邪的爷爷的一本笔记，笔记中记录了一次惊险的盗墓经历，以此拉开了故事的序幕，这种书名的设计与文中内容高度契合，而且字体较大，整个占据了封面的近一半，富有强烈的视觉冲击力。

在封面的右半部分，是一条红线贯穿上下，中间或系中国古代玉佩，或系古代铜钱，或系古代扳指，9本实体书中间都系着不同的物件。这些物件都是中国古代的文物，虽体积较小，但红线贯穿其中，与古人佩戴的平安符很是相似。这一设计更加契合了"盗墓"这一主题：盗古人之墓，获取墓中文物，同时又要面对盗墓的惊险和刺激，佩戴玉符求得保佑。

此外，整本书的封面采用暗黄色或土黄色，从色彩心理学的角度来看，暗黄色或土黄色虽然是暖色调，但因明度与彩度都不高，给人一种压抑的感觉。同时黄色又有良好的可视性，与黑色搭配更加醒目，常被用作危险警告或注意标志的颜色。书中描写的盗墓过程，主人公常常逼仄在狭小的墓室，面对未知的凶险，压抑之感常在，而各种难以预料的突发状况，各种未知的风险，又让主人公们不得不时刻警惕。这一色彩也很好地传达了故事的主基调。

2．广告语：定位明确，诉求直接

在图书营销中，广告代表着一种市场凝聚力和号召力，能有效地激发、激活读者的需要，使读者购书意向明确、清晰，购书欲望强烈，在做图书广告语时，要传达出书的主题中让人感到惊奇的东西，以调动读者的好奇心，引导读者的购买行为。

在《盗墓笔记》一书中，广告语位于封面的中间，采用竖排，将封面一分为二。这个广告语概括了故事内容，同时也对图书进行了定位——"一部五十年前发现的千年古卷""最好看的盗墓小说"。而且与书名相比，广告语字体较小，与市面上很多图书大字号的广告语不同，《盗墓笔记》的广告语显得低调而又有张力，这种设计从内容上看定位明确，诉求直接，从形式上看凸显了此书的低调的自信和野心，但又不至于引起读者反感。

二、营销策略：全方位出击、立体式营销

传统营销观念认为"酒香不怕巷子深"——发行渠道单一，营销方式简单，甚至很多图书不注重营销方式，只是按照国家和政府要求，组织人员编辑成书，依托遍布全国的新华书店进行销售。在图书种类单一、图书出版数量较小的年代，这种方法或许可以维持，但是在市场化的图书出版市场中，再依靠这种方式发行销售显然难以获得成功。因此众多出版商打起了"营销之战"，采用全方位、立体式的营销策略，获取图书出版发行的成功，《盗墓笔记》也不例外。

（一）成熟的营销团队

《盗墓笔记》由北京磨铁图书文化公司出版，该公司在 2009 年时已占到了整体大众出版 1.03% 的市场份额，超过人民文学出版社和中信出版社，在全国所有出版社中排名第六，民营图书第一名。其创始人沈浩波曾成功推出春树的《北京娃娃》，开创了中国版的"残酷青春文学"，以此奠定了其在出版界的地位。其后推出的《诛仙》《明朝那些事儿》《草样年华》《风声》等无一不创造了超高的发行量，也累积了丰富的营销经验和人力资源。《盗墓笔记》依托如此强大的营销团队，

凭借"磨铁图书"的文化品牌，借用其人力、物力、渠道优势，取得如此高的发行量也是必然。

（二）作家明星化打造

《盗墓笔记》的作者南派三叔，本名徐磊，杭州人，自成功推出《盗墓笔记》之后转为专职作家，在磨铁公司的打造下，南派三叔已成明星级人物，新浪微博上粉丝达285万，而同类型的作家天下霸唱（《鬼吹灯》的作者）粉丝仅有145万，何马（《藏地密码》作者）粉丝数量仅有1万。与何马、天下霸唱难睹真容不同，南派三叔常常出现在各个活动地点，无论是图书的签售还是电视直播，甚至经常在新浪微博和腾讯微博上与读者进行互动，南派三叔的"微访谈"也经常举行。利用微博这一平台，南派三叔与读者之间的关系更加紧密。不仅作家明星化，《盗墓笔记》的责任编辑罗斐也成了读者心中的明星。与南派三叔的亲民路线不同，罗斐走神秘路线，据悉，此人为磨铁元老级功臣，被称为"中国出版第一美少年"，因为年纪很小，且网上可查资料很少，难睹真容，被粉丝们亲切地称为"罗少"，百度"罗斐"的贴吧也一直比较活跃。通过明星化的打造，无论是磨铁还是南派三叔都吸引了一批忠实的粉丝，扩大了《盗墓笔记》的读者群。

（三）全媒体联动营销

除了依托于传统的营销手段外，《盗墓笔记》还凭借媒体受众面广、影响力大的特点，积极发挥媒体的力量，而且整合多种媒体形态，进行多媒体热炒，尽可能大地提高《盗墓笔记》的出镜率。像南派三叔和沈浩波曾一起参加湖南卫视《岳麓实践论》，以《盗墓笔记》《明朝那些事儿》为例，与大学生一起讨论"网络时代下的文学复兴"，这就提高了《盗墓笔记》的知名度，同时也开发了该书的潜在读者群体。

除运用传统媒体外，《盗墓笔记》还积极运用新媒体，尤其是网络媒体营销。除了贴吧、网站、论坛外，《盗墓笔记》对微博营销的忠实不容忽视。在新浪、腾讯都有《盗墓笔记》的官方微博，作者南派三叔经常通过微博与读者实时互动，讨论话题从日常生活到故事剧情，通过互动了解读者的阅读倾向和喜好，这在大结局中表现尤其明显。因本书是一部以男性为主人公的探险悬疑类小说，很多读者亲切地将主人公吴邪和张起灵称为"瓶邪CP"，作者采取了读者的这种阅读倾向，在第八部中便具有了明显的耽美文风。尤其是三叔在某签售会上给一读者的签名"用我一生换你十年天真无邪"，更是成了《盗墓笔记》最好的广告语。

（四）积极开发衍生产品

目前，除实体书外，《盗墓笔记》营销团队已开发了《盗墓笔记》同名网游，同时创办《超好看》杂志，《盗墓笔记》第八部就先在此杂志连载，而与《盗墓笔记》相关的小说，如《盗墓笔记前传——藏海花》《盗墓笔记之少年篇》《盗墓笔记之老九门》等均在此杂志进行连载，该杂志首印50万册两天售罄。同时创办杂志《漫绘 shock》，漫画与轻小说混搭，汇聚了大批明星漫画家及小说家，包括沧月、江南、颜开、姚非拉、安以陌等，这份漫画杂志主要承担与《盗墓笔记》相关的漫画。除此之外，《盗墓笔记》还与影视互动，目前影视改编权已被好莱坞著名导演派拉蒙买下，同时邀请中国女演员李冰冰出演剧中阿宁一角。翻拍成电影后，《盗墓笔记》的影响力必将进一步扩大。

点　评

用市场营销学理论来点评此案例，《盗墓笔记》成功营销的原因在于：

1．以读者为导向进行选题策划

在环境和市场环境分析的基础上，发现市场机遇，并且这个机遇要与出版社的现有资源相吻合。抓住机遇，主动出击，适时策划出符合读者需求的选题。

2．正确运用营销组合

光有一个好的选题是远远不够的，在选题策划过程中，同时也策划该书的营销方案，营销方案的策划是从图书产品、价格、发行渠道、促销等市场营销组合因素统筹考虑进行的。本案例中，图书产品顺应市场，满足读者的阅读需求，以稳固忠实的读者群为基础，这些都是图书产品核心内容的体现；装帧设计富有个性、过目不忘，具有强烈的视觉冲击，这是产品形体的体现；广告语定位明确，诉求直接，如"一部五十年前发现的千年古卷""最好看的盗墓小说"等；发行全方位出击、立体式营销。

3．营销组织得力

有力、合理、适应性强的营销组织是成功营销的关键。《盗墓笔记》由北京磨铁图书文化公司出版，磨铁图书文化公司是民营图书公司的佼佼者，他们能够根据市场营销环境的变化，适时调整发行策略，使发行工作效果更明显，效率更高，如作家明星化打造、全媒体联动营销等。

4. 跨媒体出版

为了提高选题策划的效率与效果，《盗墓笔记》营销团队围绕《盗墓笔记》开发了《盗墓笔记》同名网游，同时创办《超好看》杂志，漫画，影视等，效果非常明显，这些都是跨媒体出版的表现，是将产品价值有效延伸的体现。

《大象的眼泪》营销案例解读

根据《大象的眼泪》(莎拉·格鲁恩著，美国 Algonquin Books of Chapel Hill 出版)改编的电影已经在美国上映，取得了不错的票房业绩，同时也带动了原著的新一轮销售热潮。这本出版于 2006 年的小说，目前全球销量已超过 120 万册，并入围"图书界的奥斯卡奖"——鹅毛笔大奖年度风云图书、最佳小说奖。

这部小说的原名为 Water for elephants，曾经有国内媒体的介绍翻译为《给大象喂水》。虽然准确，但是却完全不能体现中文书名的魅力。最终出版者决定用《大象的眼泪》，"眼泪"一语双关，既引申了原文中 water 的概念，又暗指了书中大象萝西的曲折命运和通人性，给读者很大的想象空间。

这部小说的内容大致是这样的，小说中的主人雅各绝口不谈往事，但一个说不出口的秘密仍旧蛰伏在他九十多岁的心灵深处。雅各衣食无忧的单纯生活在 23 岁时戛然而止：父母双亡，身无分文，被迫从兽医名校肄业出逃。因缘际会，他成为"班齐尼兄弟天下第一大马戏团"的兽医，沿着铁路线巡回表演，亲历了 1930 年代美国大萧条时期最光怪陆离之现象。马戏团，一个对生与死都以其独特方式呈现的世界。在这里，畸型人与小丑轮流献艺，喜怒哀乐同时上演。

对雅各而言，马戏团是他的救赎，但却也是人间的炼狱，是他梦想的驻扎之地，也是流离失所的开始……他爱上了马戏团明星玛莲娜——美丽又楚楚可怜的玛莲娜已经错嫁给了外表英俊、内心残暴的马戏总监奥古斯特。一头名叫萝西的大象，是马戏团主倾家荡产押下的法宝，却居然连最简单的命令也无法听懂。低鸣、哀哭、长嚎，萝西每日在奥古斯特残暴的象钩下受尽折磨。雅各、玛莲娜、萝西，两人一象在舞动、飞跃、空翻、转体的一个个光辉耀眼的瞬间里，为了斗争、蚕食、生存，相互依赖与信任，一起寻找一条既浪漫又骇人的出路。而这也成为雅各保守了七十年的秘密。

关于甜美背后的残酷、多舛的命运和复杂的人性以及忠心耿耿的爱。《大象的眼泪》以大萧条时期的马戏团为背景，时空跨越七十年，让我们感受到萧条时期最炫目的华丽，困顿景况里最动人的温暖。

这部小说的作者莎拉·格鲁恩 (Sara Gruen)，对动物有着莫名的狂热，先前出版过两本与马有关的书，均广受欢迎。书中很多的角色都以真实人物为蓝本，故事背景则是 1930 年代的巡回马戏团。她现与丈夫、三名子女、四只猫、两头羊、两条狗、一匹马同住在芝加哥北部的环保小区。

一本畅销书的运作包含很多因素，也有不少难以预测的变量，但其中有一条却是确定无疑的，那就是它离不开众人的合力助推。那么此书究竟是如何被一步步"推"到全世界读者面前的呢？

这部小说最早是2006年底在亚马逊的图书排行榜上被出版者发现的，当时市场上的外国文学还是以《达芬奇密码》为首的悬疑小说的天下，已经出现了较多的跟风书，出版者因而判断，读者或许已经产生了审美疲劳，而《大象的眼泪》中的真情、马戏团、动物主题也许能成为引进小说的一个新趋势。于是出版者果断地报价，并最终以一个合理的价格获得了该书的版权。

与此同时，出版者也得知这本书的繁体版权在我国台湾引起了激烈的角逐，最终台湾九歌以很高的价格获得出版权。这也从侧面印证了出版者的判断，加强了出版者的信心。2007年3月出版者收到台湾九歌出版社的邀请，希望与台湾同步出版造势。这的确是一个很好的营销手段，但由于特殊原因，出版者决定推迟《大象的眼泪》的出版时间，等待更为合适的市场机遇。

在台湾，多位知名艺人推荐该书，比如蔡康永和S.H.E在《康熙来了》中的推荐、吴佩慈在博客中专文推荐。这些都在大陆，尤其是青年人的市场中做足了预热。而大陆的图书市场，的确在2007年有很大的转变，几本关于亲情、动物的主题书，在排行榜上冒出来。在这样的背景下，出版者决定将《大象的眼泪》在2008年1月的全国书博会上重磅亮相。果然，在特别召开的经销商答谢酒会上，《大象的眼泪》引起了经销商的关注。

《大象的眼泪》在营销过程中主要做到如下两点：

1. 精心"磨"封面，找到最"对"的那个点

封面的装帧设计和文案，最能体现一个编辑是否了解所作图书，是否了解读者心理。这个小说的原名为Water for elephants，曾经有国内媒体的介绍翻译为《给大象喂水》。虽然准确，但是却完全不能体现中文书名的魅力。最终出版方决定用《大象的眼泪》，"眼泪"一语双关，既引申了原文中water的概念，又暗指了书中大象萝西的曲折命运和通人性，给读者很大的想象空间。

在该书的英文版和台湾版中，小说的诉求点都是"你会为谁守密70年？"乍一看，这是非常煽情的营销点，但并非唯一的。其实在图书的营销上，将书中无关紧要的小噱头拿出来无限放大，甚至生造一些莫须有的文案的做法并不罕见。有人说，先靠封面忽悠读者，让他们买回去就行了。而出版者坚定地认为，图书的畅销最重要的是口耳相传，如果能真正抓住故事的核心，用编辑的文案将之提炼和深化，这才是王道。于是最后出版者相信了自己的感觉，将小说中最打动出版者的点化为图书

最重要的营销点，那就是"一次冒险换一个人生"，并在文案的写作上强调了"亦真亦幻的马戏团，一头复仇的大象和忠心耿耿的爱情"。随后读者的反映也让出版者无比欣慰，很多人都说这个故事最打动人的正在于此。

封面的文案确定后，出版者决定尝试找台湾地区的著名设计师聂永真来为本书设计封面，因为他们的图书装帧设计往往更擅长强调图书的商业感。一旦编辑非常清楚自己要的是怎样类型的封面，那商业感无疑会为一本畅销书锦上添花。当样书出来后，第一时间送到书店业务员那里，很多业务员二话不说就答应码堆重点陈列，这与封面设计的特色有着直接关系。

2．重视渠道沟通，调动多元宣传平台

《大象的眼泪》这本书在国外的畅销是非常特别的。与另一本超级畅销书《追风筝的人》一样，两本新作的作者都不是大牌明星，当初面世也默默无闻，并无太多媒体追捧，全凭读者口耳相传，创下销售神话。这个现象也启发了出版者，《大象的眼泪》的故事并不是特别曲折，而是得利于爱恨情仇、异域风情、新鲜猎奇，非常类似好莱坞大片的故事，真挚感人、轻松好读，而这些都往往不能提供给媒体太多的话题。于是从一开始，出版者并没有把媒体的书评作为最重要的营销手段，而是把重点放在了告知出版信息、发动读者自发讨论上。

图书出版前，出版者找到了一家做手机杂志的公司与他们合作，获得回馈的手机用户还能得到出版者的特别礼物。在圣诞节期间他们帮出版者发送了数以百万计的短信，告知出版信息，预热了市场。出版者在豆瓣上建立本书主页、建立小组，并与豆瓣网充分沟通，在豆瓣荐书页面和气质类似图书页面上最大可能地呈献。图书出版不到一个月，《大象的眼泪》已经升至豆瓣新书关注版的首位，近3000多人表示"想读"，另外读者自发地写了40多篇书评。除此之外，出版者清楚，当当、卓越网作为销售平台，同时也是宣传平台。出版者充分与网站编辑沟通，两个网站在第一个月都销售了1000本左右的图书。另外，大型卖场的示范效应也决不可忽视。样书出来以后，出版者带着书去各大新华书店，当面介绍和沟通，争取到了很好的店面陈列位置，渠道的陈列无疑也起到了极大的宣传作用。于是，通过手机、网站、媒体、渠道等多元平台的宣传和互动，《大象的眼泪》的销售神话在中国也通过口耳相传得到了继续。

2008年4月开始，出版者在各大卖场作了一个"买书赠大象毛绒书签"的活动。在礼物的选择上颇花了一番心思，后将礼物锁定在与众不同而又可爱的大象毛绒书签上。在光合作用SOHO店，这个活动举行的一周内，图书销量达到70多本，成为该书店热销图书榜单的第二名。

点 评

《大象的眼泪》营销体现了以下几个特点：

1. 文本的力量

好的故事是打造畅销书的基础。小说叙述的是一个大萧条时代旅行马戏团的故事，既展现了马戏团令人兴奋的华丽、奇幻的表演，同时又揭示了在其背后隐藏的复杂的人性。与《可爱的骨头》《追风筝的人》《在德黑兰读＜洛丽塔＞》等书相似，《大象的眼泪》的故事所具有的力量促使独立书店的书商们自发地对此书进行推广和扩大宣传，包括打电话给《华尔街日报》、在电视节目中作推荐等等。

2. 借力宣传

出版社与独立书店的通力合作产生了显著的效果，否则的话，此书也许会湮没在书海中而被读者们忽略。

独立书店的书商所具有的职业敏感和丰富的经验，使其得以准确地探测出了此书的"富矿"特质，并以极好的口碑为助力使之走上了畅销书的轨道。由于书商们通常都会对市场动向判断得很准，而读者通常会把他们的"推荐"当作图书流行的"风向标"，因此获得他们的"权威认可"是相当重要的。此书先是成为独立书店的"最爱"（在相关报道中15次被提及），当盛传的"嗡嗡之声"已足够响亮时，这一现象就会立即引起连锁店、批发商、相关业内人士的高度关注，专家们的普遍叫好，对于普通读者来说是具有相当大的影响力的。

3. 每个月都有不同的宣传侧重点

每个月都有不同的宣传侧重点，以确保图书始终具有一定的热力和新鲜度。比如说，马戏团生活揭秘、榜单背后的故事、作者的视角、独立书商的意见、业界产生的影响、印刷的册数以及美国书展上反馈回来的信息、主打"夏日书单"等。

4. 媒体报道时间的选择

媒体报道时间的选择也是非常重要的，宣传方面的阶段性持续发力往往能收到很好的效果。出书前是有节奏的报道，充分营造气氛，引起书店及读者的关注；出书后两个月体现出强大的宣传攻势，每天都有消息，一波接一波，极为密集的媒体报道，属于频频见报的"蜜月期"；接下来的几个月是多种形式的全媒体报道（平面媒体、网络媒体以及在三大网络：NBC、CBS以及ABC的所有"早间节目"中被作为专题介绍）。仅《纽约时报》畅销书榜上就有9次，3次在《旧金山年鉴》畅销书榜上，超过75家报纸刊载专评。做到家喻户晓后，最后的收获便是水到渠成的事了。

5. 注重细节、跟踪市场、随时研究、调整营销计划

比如样书的赠送（共送出了3500本）、印数的调整（首印从2万册提高到5万册，再版在1万册至1.5万册，而不是通常的3千册至7千册）、签售活动地点的扩充（5个城市改为35个城市的活动）等等。

从上面这个案例的分析可以看出，出版社运用自己卓有成效的营销措施和持续不断的努力，不仅打造了一本全球范围内的超级畅销书，并且把一位名不见经传的作者培养成了很有市场号召力的畅销书作家。在当今以营销带动销量的时代，如何利用书稿本身及作者所具有的优势，探索出一套适合自己的营销方案，借着众人的合力"推"出更多优秀的畅销图书，是摆在许多出版社面前的一个重要课题。

《富爸爸，穷爸爸》的营销之道

《富爸爸，穷爸爸》的营销传播策略，在整合营销传播方面作出了有益的探索。一定程度上，整个营销过程的每一个环节都是与消费者沟通的过程。在"富爸爸"品牌营销的过程中，各个营销环节都是与读者沟通的重要接触点。通过有力的产品和品牌设计，确立有吸引力的传播内容，应用有效的传播工具，密切与读者的接触，实施对"财商"概念和"富爸爸"品牌传播和持续强化，建立读者认知和兴趣，逐步刺激读者购买欲望，最终促进图书销售。

读者对图书的购买决策有一个过程，因此需要持续有效的深度行销沟通。自选题确定开始，项目组通过书评等初步的市场宣传，建立初步的读者认知度；既而在全国书展、《富爸爸，穷爸爸》图书研讨会上通过媒体大力推广，形成读者的阅读期待心理；到图书销售热旺的时候深入推广，如请作者来国内演讲、在各媒体形成讨论，参与电视节目，强化读者的购买需求；再到延伸出"财商"培训、"财商"话剧、玩具等系列产品，从而赢得销售佳绩，巩固和扩大了图书本身营造的"财商"概念和"富爸爸"品牌的影响力。

一、营销传播内容设计

在图书定位上，针对中国图书市场欠缺个人和家庭理财知识的图书，"富爸爸"品牌项目组将《富爸爸，穷爸爸》定位于个人理财理念图书。市场目标通过满足读者求财求知的心理需求而销售《富爸爸，穷爸爸》系列图书。传播承诺点以个人理财概念为突破口，紧密围绕如何建立正确的金钱观念和个人理财观念展开营销传播。项目组以"富爸爸"品牌为主导，实施观念营销。观念营销引领了图书消费时尚，进而带动图书营销，将图书特色演绎成广大读者所接受的概念。在营销传播中，以书展、书店和网上书店作为市场切入点，项目组在各个读者接触点通过不断强化"财商"概念和"富爸爸"品牌，增加读者的知晓度和认同感，从而刺激读者的购买欲望，引发购买行为。

二、营销传播方式分析

市场本身有其自发自觉的力量和惯性，"富爸爸"品牌项目运作的关键在于有效激活市场，通过影响媒体、影响目标客户的偏好和选择倾向来引导市场的运动方向，从而刺激客户对产品的购买需求，达到产品销售的市场目标。

《富爸爸，穷爸爸》的热销，其功劳在一定程度上归结为"立体营销"过程的成功。围绕"富爸爸"品牌，项目组以各种富有想象力的创意，持续创造市场热点，激活传媒，综合利用多种媒体实施营销传播。而传媒又有其自身追逐流行思潮和热点新闻的特点，对于长期事件，媒体运作也有跟踪报道、深入报道等惯性操作。项目组通过不断地创造市场热点，吸引媒体的关注，进而通过媒体平台将"富爸爸"品牌和书籍的影响送达读者，形成一种持续品牌效应。

三、产品设计

读者直接接触到的是图书本身，因而图书自身也成为了重要的传播工具。项目组将《富爸爸，穷爸爸》直译了原版书的名字——《Rich Dad, Poor Dad》，书名大胆、新颖而响亮，直指该书个人理财、家庭理财的主题。项目组还专门请艺术家设计了别致的艺术字，《富爸爸，穷爸爸》的封面采用了中国文化中代表富贵的紫色，便于读者识记和挑选。162页的厚度易于阅读，24.8元的定价也容易为读者接受，增加了读者的满意度。

四、媒体营销助势展会营销

图书展会是出版商与经销商以及读者接触的重要渠道，具有人流量大，信息传播迅速的特点。作为重要的非人员传播渠道，通过包装环境、营造气氛、增强视觉冲击力等方式可强化对经销商与读者的传播效果，进而产生和增强图书经销商订货和读者购买的倾向。在北京国际书展与南京书市上，项目组通过设立醒目的展位、巨型《富爸爸，穷爸爸》的纸书、大量海报宣传、大幅喷绘对联以及众多易读易记的口号，配合报纸和网站宣传，从各个方面吸引经销商与读者的注意力，将图书信息送达目标客户。

在北京书展上，《富爸爸，穷爸爸》项目组在新华社举行了专门的新闻发布会，邀请了全国四十多家报纸、电视、网站等媒体与社会各界的审书代表参加，并邀请权威人士评书造势。在南京书市之前，项目组也提前与南京及附近的一些媒体沟通，在《新民晚报》《江苏商报》《南京现代快报》《扬子晚报》等媒体上发表了关于《富爸爸，穷爸爸》的系列文章。以媒体营销增加与经销商和读者的接触和影响，预热市场，有力地配合了展会营销，达到了宣传该书的预期目标。

五、清崎营销

作者营销是西方国家成熟的图书营销方式。随着《富爸爸、穷爸爸》的热销，通过大量媒体文章介绍，"富爸爸"清崎传奇的创业经历，也使"富爸爸"清崎成为重要的读者接触点，激发了读者对图书的关注与兴趣。

项目组策划了作者清崎的中国之行。清崎在国际会议中心、清华大学举办"财商"专题演讲，参加新浪网活动与网友聊天、参加央视对话节目、在王府井图书大厦签名售书，综合运用了多种传播方式与大众沟通。清崎以极富个人魅力的演讲吸引着受众的关注，引发了潜在读者的购书欲望。其一系列演讲、交流等市场活动，获得了大众认可，对扩大和提高《富爸爸、穷爸爸》的知晓度和市场影响力起到了相当重要的作用。

六、多种行销模式的组合

（一）排行榜、书评传播

目标读者非常集中，排行榜与书评在图书营销传播中也就占有了重要地位。"富爸爸"系列图书长期占据《中国图书商报》财经类图书排行榜前列，并持续有大量的书评和读者文章予以介绍，进一步增大了"富爸爸"系列图书的影响力和销量。

（二）通过娱乐舞台传播

相对于图书、报纸等传播方式，娱乐舞台具有亲和力好、视觉冲击力强、雅俗共赏、传播面广的特点。由《富爸爸，穷爸爸》改编的幽默舞台剧在北京青艺小剧场热演20场，之后在各大城市全国巡演，通过直观的舞台表演形式丰富并扩大了"富爸爸"系列图书的传播方式，并通过各地报纸娱乐版等平面媒体进一步在舞台剧等娱乐爱好者人群中扩大了其知晓度。

（三）通过培训增加与潜在读者的双向沟通

项目组成立了北京"财商"教育培训中心，组织了10个城市的巡回"财商"讲座与培训。项目组还结盟各地培训公司，输出"财商"培训教材，在各地开展培训。"财商"教育培训增进了与有个人理财需求的人士的交流与互动。据悉培训是最能影响读者、直接增加图书销售的方式。由于各地报纸教育版的报道,"财商"教育培训的信息还被送达到那些关系"财商"教育者的人群中。

(四)建立电子论坛,构筑与读者的网络交流与服务平台

网络的实时、迅捷和超越地域广泛传播的特点,使其日益成为重要的信息传播平台。"富爸爸"项目组自建立伊始,就建立了 fubaba.com.cn 的中文网站,提供了与读者交流的平台。网站及时发布各种相关信息,回答读者提问,注重与读者的交流与互动,努力引导和推动读者的口碑传播。项目组还与贝塔斯曼在线、当当、卓越等网上书店达成良好的合作,实施网上售书,实现信息共享,实时与读者沟通。

(五)通过售后服务加强互动营销传播

项目组通过对顾客提供更快更好的服务,及时进行"抱怨处理"来增加读者满意度。项目组通过读者调查表、热线电话、读者有奖参与等活动方式密切与读者保持互动联系,增强了读者的忠诚度与重复购买率。

(六)口碑传播分析

按照麦肯锡公司的一项研究,口碑传播几乎影响到美国三分之二的经济领域:玩具、运动产品、电影、娱乐、时尚、休闲自然最受口碑影响,但金融机构、服务业、出版、电子、药品、农业、食品等众多领域也同样为口碑所左右。

中国的文化传统,有一些"理性不足,感性有余"的特点。这种重视人情、信任亲友、信任权威和成功人士的特色文化,使口碑成为传播渠道中最有说服力而又是成本极低的一种传播方式。互联网的出现,则增强了这种传播的可控性。在《富爸爸,穷爸爸》的营销传播中,口碑传播的几种方式比较重要:

1. 以"财商"概念和"富爸爸"品牌传播为核心,在营销传播中反复强化

2. 利用有影响力的人传播信息

参加北京书展时,在新华社举行的新闻发布会上,项目组请来了北大方正董事长魏新、人民大学经管学院副院长黄泰岩、国家审计署 ACCA 专家章轲、民企老总丘创、项目组组长汤小明等,分别从企业家、学者、社会和个体企业的角度阐述《富爸爸,穷爸爸》的特色与"财商"观念的重要意义。此种传播方式具有很高的可信性和读者认可度。

3. 展示读者购书真实的例子

上海《文汇报》整版报道的吉林省梨树县副县长田贵君为梨树县农村合作经济协会的农民朋友们订购该书1000册的故事，真实可信，易于口碑相传。

4. 对顾客讲述真实的故事

《中国经营报》的记者专稿报道清崎在北京国际会议中心发表演讲，人满为患，山东维坊的民众包车来听演讲的故事。清崎的介绍也大量地见诸媒体，其传奇经历与自传体的书籍内容相得益彰，增强了读者的关注和兴趣。

5. 开发具有较高谈论价值的广告与口号

一个醒目、易于传播的口号在口碑传播中至关重要，在"富爸爸"传播中，"智商""情商""财商""一个都不能少""揭露富人的秘密""两个爸爸大战一个女孩"等类似口号通过传媒广为传播，从各个方面吸引了读者注意力，增强了《富爸爸、穷爸爸》的销售。

七、营销传播与品牌延伸分析

图书的市场影响力与市场占有率在很大程度上取决于图书的品种扩张率。一定数量的图书品种系列，能在图书市场形成点、线、面的空间分布优势，满足不同层次读者的细分需求。通过拓展品牌效应，延伸单一图书品牌为系列图书品牌，建立出版社在某一领域的品牌优势，更能使出版社在出版业激烈的市场竞争中保持长久的竞争优势。

在品牌设计上，"富爸爸"项目组重点推广"财商"的概念。在成功实施"富爸爸"品牌营销传播后，《富爸爸，穷爸爸》在"财商"领域图书中逐步凝聚了品牌优势，也抬高了竞争对手的进入门槛。项目组进一步拓展品牌效应，接连推出了"富爸爸"系列图书，包括《富爸爸——投资指南》《富爸爸——富孩子、聪明孩子》，以及跟风书《轻轻松松变富婆》《富爸爸给青年人的十条忠告》等系列图书。

八、行销传播效果分析

市场费用直接影响着媒体投放力度，进而影响着读者的资讯接收效果。据汤小明讲，该项目总费用的一半用于媒体运作，其中50%用于平面媒体，包括市场调研、专家演讲、各种论坛及研讨会；30%用于以电视为主的立体媒体；另外20%用于网站及其他相关项目。

从营销效果上看，培训对于书籍的销售作用最大，电视媒体对销量的影响也较为显著。由于市场的自觉自发性，有时并不易察觉何时由于何事导致具体地域的销量变化。

九、市场活动对销量的影响分析

对比项目组的市场活动和《富爸爸，穷爸爸》的销量统计，总体来说，随着市场活动的展开，《富爸爸，穷爸爸》的市场知晓度逐渐扩大，销量在 2001 年 3 月稳步上升至 1 万 3 千余册。2001 年 6 月以后，随着清崎来华访问，其一系列的市场活动极大地扩大了"财商"的影响与该图书的吸引力，《富爸爸，穷爸爸》的销量在随后的几个月内迅速上升，并在 2001 年 9 月创下 2 万 2 千余册的销量。后期该书的市场活动较少，但由于初期良好的市场运作，关于"财商"和"富爸爸"品牌的讨论依然余热未消，"富爸爸"品牌和"财商"概念仍然显示着生命力和持续的影响力，继续对潜在的读者群发挥着影响。从销量上看，2001 年 9 月以后，《富爸爸，穷爸爸》图书销量在相对高的起点上经历了一个显著的下降过程，但仍持续保持一定的销量。到 2002 年 3 月后，市场基本处于自然发展状态，"财商"培训也一直在运作，间或也会有一些诸如"富爸爸"话剧等市场自发的活动。图书销量趋于平稳，每月销售 2 千余册，显示出一定的常销书特点。

点　评

此营销案例固然有很多值得借鉴之处，但笔者认为一些营销环节还有优化的余地。

1. 对后续图书系列的定位不清晰，宣传不足，销量没有再创佳绩

由于对后续图书系列的定位不够清晰，《富爸爸，穷爸爸》的差异性营销没有有效实施，市场宣传的力度也不足，其他系列图书的销量没有再创佳绩。其品牌延伸策略仍有值得探讨之处。

从读者购买行为的角度来看，《富爸爸，穷爸爸》后续系列图书的购买者应多数为《富爸爸，穷爸爸》图书的购买者，如对之前的购买者能保持持续的沟通与深度营销，并制定有针对性的折扣等促销措施，应能进一步增加后续系列图书的销量。

针对《富爸爸，财务自由之路》《富爸爸——投资指南》《富爸爸——富孩子、聪明孩子》等图书，如能针对财经、儿童教育等不同的细分市场，作针对性的市场宣传，营销效果会更加明显。

2. 富爸爸品牌的延伸力度不足

由于人力、财力、市场等诸多因素所限，"富爸爸"品牌的延伸力度不足，没有充分利用"富爸爸"的品牌效应。如何进一步实施品牌延伸战略，颇有值得探讨和思考之处。

看《蔡康永的说话之道》如何营销

凭借《康熙来了》这档综艺节目而闻名的台湾著名艺人蔡康永，自去年与盛大文学聚石文化图书公司牵手，推出了他的第一本实用书《蔡康永的说话之道》中文简体版。该书自上市后销量一路飙升，不仅荣登各大图书销售排行榜前茅，且名次居高不下。成为2010年至2011年跨年度销量最给力的名人书籍，给一直处于低迷状态的图书市场注入了一剂强心针。《蔡康永的说话之道》上市后，迅速吸引了来自业内外人士的眼球，各界媒体也都在纷纷揣测其走红的原因，好奇其宣传和销售的情况。毫无疑问，《蔡康永的说话之道》已在中国图书出版界成为一个新标杆，它的成功值得当局者、旁观者对图书出版市场的现状进行更深层次的思考。

本书是蔡康永的第一本实用书，在"说话"多年之后，首次尝试教人"说话"。本书开端作者蔡康永便许下宏愿：这本书会令"本来已经很讨人喜欢的你，在未来变得更讨人喜欢"。全书包括40篇精彩短文，包括蔡康永教你如何讨好领导升职加薪，朋友聚会如何炒热气氛，得罪老婆如何求饶……每篇都有让谈话变美的醍醐味，并配以熊宝绘制的令人喷饭的搞笑插画，如同蔡康永的主持风格一样犀利俏皮，饶有情趣。

《蔡康永的说话之道》的热销与其名人效应有着很大的联系。但相较其他名人书籍，蔡康永并没有沿袭其他名人所惯用的写作风格，不是传记也并非随笔，而是"术业有专攻"，一个在"讲话"方面成功的人士来和大家分享他的成功经验，专业人士做了一件专业的事情。该书受众群体的定位十分精准，目标受众群就是想要通过更好的"说话"来改变个人形象的朋友们，而这些朋友一般集中在初入职场的菜鸟或即将毕业的大学生中。他不仅教会了职场新丁们如何与人相处，同时该书又从朋友之间、同事之间等各方面娓娓道来讲话的技巧。因此，《蔡康永的说话之道》不仅是本明星书，同时也是一本工具书。

在《蔡康永的说话之道》的整个营销过程中，蔡康永知名主持人身份＋其所著的《蔡康永的说话之道》＋大学现场讲授如何说话＋当地书店签名售书这几个环节构成了本书成功的营销流程。新书上市前期，通过大量的媒体曝光进行宣传，一则曝光新书的内容，二则将蔡康永内地巡讲和签售的消息铺向全国，这也是做到了宣传的广度。在全国巡回活动的同时，主要曝光每场活动的亮点、花絮，以及选择部分影响力较大的媒体对蔡康永进行深度访谈，随后甄选部分访谈稿的一些话题，揉成新闻亮点，再次大量投放媒体，当然其中也包含了各种网络告知营销方式，并且，在每一个营销环节中，都着重强调了目标读者群体对本书的认知度。所以借力发力促成了此次宣传的深度，广度和深度的有机结合构成了此次完美的营销宣传。

该书的销售周期分为两个阶段，前期是利用明星效应在极短的时间内冲量打榜，后期则是通过其本身的图书特性持续销售。《蔡康永的说话之道》自 2010 年 10 月中旬上市，上市仅一个月，其销量便一路飘红，创下 25 万册的销售量，不仅荣登新华书店、北京图书大厦、中关村图书大厦、当当网、卓越网等图书销售榜榜首，而且全国各大书城均先后出现售罄现象，一度呈现"洛阳纸贵"的销售景况。到 2011 年 3 月，该书已连续加印十次之多，累计加印量超过 80 万册。

在《蔡康永的说话之道》的宣传营销过程中，还需要感谢作者的积极配合。在整个巡回签售活动中，蔡康永没有让任何一位读者失望而归，每场活动都不遗余力签完最后一名粉丝。在厦门站，签书时长达 10 个小时之久，成为整个巡回签售的"时长之最"，当日蔡康永签书共计 16000 余册，厦门外文书店当天售书约 10000 余册。如此疯狂的销量，更是创下了厦门外文书店史上最高签售纪录。自 2010 年 10 月至 2011 年 5 月以来，蔡康永先后在北京、南京、武汉、成都、天津、上海等 10 所高校做过精彩演讲并于当地书店进行签售，所到之处出现万人空巷的盛况。在武汉的演讲活动应在晚上 8 点开始，下午 2 点就有人在场外排队，当时的演讲场地只能容纳 1500 人，而到场的观众却有 8000 余人，场馆方为了活动的安全只放进场馆内 1500 人，场外 7000 余人在排队等候。蔡康永先生为了避免读者失望，在演讲结束后来到场外签书，一直持续到午夜 12 点，并且又在第二天补办了一场签书活动，整个宣传过程蔡康永先生的敬业精神得到了读者、媒体的一片称赞。

《蔡康永的说话之道》的成功并非偶然，应该说是"天时地利人和"的结果，因为它成功的过程，足以让每一个人心悦诚服。

点 评

这本书受到了读者的热捧，自然销量也很好，在当当网、卓越网、99 书城等著名图书网站上皆列入了畅销书榜。以需求为导向进行选题策划，是这本书畅销的根本原因。这本书的畅销不仅在于抓住了当今社会人们对"说话"实用艺术的追求心理，还在于蔡康永自己拥有的人气。此书除了在各大图书网站做书讯的发布外，还在腾讯网做连载，因为图书品质好，带动其他网友在各个论坛自觉转载，无形中加强了书的宣传力度。本书还在著名的门户网站如新浪、凤凰、腾讯的读书频道以及豆瓣网做图书信息的简介，包括作者信息、精彩内容的摘录，这让读者有了对书的全新认识，读者的评论更是让互动元素更加浓厚，潜移默化中影响了读者对书的购买需求。

在营销方面，出版方利用一切可利用的话题进行宣传。除了进行门户网站营销外，这本书还充分利用百度资源进行宣传，创建了百度百科，对图书信息做简单的介绍，让读者对书籍有大致的了解，唤起关注度。同时，利用百度知道进行互动一问一答式的隐性宣传，让读者在提问中增加对该书的了解，让书自身的吸引力加强不少。这本书一大亮点就是蔡康永自身的人气已经很高，所以，此书的成功离不开个人平时建立起来的舆论阵地的宣传。蔡康永的贴吧、微博都是此书宣传的阵地，这两种形式会及时发布读者对此书的观点、评论以及蔡康永新书宣传的活动，这种互动性很强的宣传方式让读者参与其中，会强化他们对书的购买诉求。

蔡康永还利用上娱乐节目进行宣传的方式为自己的新书做宣传，在土豆、乐视等视频网站做新书发布，携新书进校园做讲座、做签售等形式对新书的推广都起到了一定的积极作用。

总之，这本书采取线上线下联动、网上多种媒介立体宣传的方式让这本书达到了最大的宣传效应，以上就是这本书的营销秘密，图书的高品质是此书畅销的一大因素，但更大的功劳还是要归结于此书的宣传力度以及多种途径的营销方式。

"暮光之城"营销破晓

"暮光之城"系列图书 2008 年 7 月首次引入中国，2009 年 1 月该系列作品进入开卷小说月度榜单 top10，之后频频亮相榜单，市场表现不凡。该系列图书的热销与作品内容固然直接相关，但与个性化的营销方案也不无关联。

不少业内人士对《暮光之城：暮色》有着较高的市场预期，而事实上，"暮光之城"刚推出时的市场表现一直不温不火。时隔半年，直至该系列的第三部——《暮光之城：月食》正式出版，"暮光之城"系列的整体销量才开始呈现上扬趋势。作为一部具有全球同步性特征的畅销书，这套书的出版背后有哪些故事呢？

一、版权背后的故事

早在 2006 年，已经有国外的版权代理机构将《暮光之城：暮色》介绍给中国的出版社，2007 年 4 月，在博洛尼亚国际儿童书展上，《暮光之城：暮色》美国出版方——阿歇特跨国出版集团大力宣传这部书，也就是在这个时候，接力出版社国际部拿到了原版样书。

当时比较文学专业出身的编辑周锦刚到接力出版社，尤爱奇幻书，对奇幻书非常了解。他刚入职就大量利用业余时间，上网收集世界各国的奇幻小说，从 A 到 Z 全列出来反复研究，并从 2006 年底就开始关注《暮光之城：暮色》。

《暮光之城：暮色》的选题论证并不顺利，虽然该书在国外的畅销纪录让接力出版社对其可能的畅销抱有期待，但是考虑到该书在国外的畅销产生于特殊的文化背景，并因其主角所带有的特殊元素，使得该书的引进出版可能带有一定风险，在对此选题进行论证时，出现了许多不同意见。

但是在年轻的周锦眼里，这个选题却是个"大好的机会"。他认为这是一个美国人写出的英式作品，比较古典比较细腻，纯美爱情风格的心理描写非常到位。"这个作品的文本非常独特，它并不是胜于情节，但是打动了读者的心。"周锦这样说，年轻的他极力坚持出版"暮光之城"系列。

周锦找到了接力出版社资深编辑陈邕，请其对"暮光之城"系列帮助把关并共同合作，在审读了文本并查看了相关信息后，同为比较文学专业出身的资深编辑陈邕为文本惊叹:"这个古典浪漫的爱情故事套上了一个超人类的外壳,壳是当代读者关注的类型,而爱情又是壳下的本质。"在选题论证会上,论证的重点是这种超自然力和狼人文化对中国大多数读者都还比较陌生,读者不肯接受怎么办。但是周锦和陈邕都极力支持这本书,他们确信《暮光之城》具有在国内畅销的潜质:跌宕起伏、亦真亦幻的奇幻故事情节,细腻真挚的情感描写,悱恻动人的爱情主题等都是吸引眼球的资本;即便是有关超自然力和狼人题材的部分,其宣扬的也不是暴力和血腥,而是优雅而洁净的道德准则,它们为恋爱约会提供了一个别样的情景。在选题论证过程中,接力出版社对"暮光之城"系列的文本定位逐渐清晰,他们避开超自然的外壳,致力于打造新古典主义的罗曼蒂克故事,还原本书浪漫爱情的芯。经过几番论证,选题终于在社里获得通过。接力出版社国际合作部抢在第一时间着手接洽《暮光之城》系列的版权。

2007年8月7日,《暮光之城:月食》在美国上市,上市第一天销量就超过15万册,超过了《哈利波特与死亡圣器》,一周后已售出25万册,一时间成为《纽约时报》《今日美国》《华尔街日报》的报道焦点。在2007年9月北京国际图书博览会上,多家出版社已经明确意识到了"暮光之城"系列的巨大商机,当他们纷纷打算出手争抢此系列图书的大陆版权时,才发现"暮光之城"系列早已花落接力出版社。

二、读者定位与文本雕琢

拿到版权之后,接力出版社专门成立了陈邕、周锦和媒介助理常晓武在内的"暮光之城"项目团队,由总编辑白冰和副总编辑黄集伟亲自挂帅。编辑组专门研究了"暮光之城"系列在台湾地区和日本销售不佳的状况,认为其失败的根本原因在于读者定位的偏差:台湾地区和日本将其设计成轻小说,而轻小说的读者对象是在校初高中生,实际上这只是"暮光之城"系列读者群的一小部分。对比这部书在欧美国家的读者群,"暮光之城"项目团队发现了明显的不同,中国大陆的读者主要是在校大学生、在职的白领时尚一族,甚至不少是已为人母的妈妈级粉丝。调查工作结束之后,项目团队决定购买国外原版封面,一方面因为原版封面与内容的高度契合,另一方面也是因为原版封面已经名声在外,容易唤起读者的共识。白冰强调,更重要的是,原版封面设计独特,黑色的封皮能体现神秘的爱情力量,有意境、有想象空间,小说元素的融入增强了冲击力,在极强的色彩和构图之间,封面一眼就能吸引读者眼球,并且与图书的整体风格十分吻合。

在文本本土化上,项目团队也竭尽所能:他们组织了来自清华大学的男性翻译团队和来自复旦大学的女性翻译团队一起启动翻译工作,两所高校的入选翻译者都是资深的英语教学者。后来基于对文本的比较,接力出版社最终选择了女性翻译团队的成果,并在编辑加工的同时对译文进一步润色和处理,这一过程为期半年之久。

三、以小搏大的全程营销

在《暮光之城:暮色》《暮光之城:新月》《暮光之城:月食》《暮光之城:破晓》这四本书上市期间,接力出版社控制了各本书上市的时间和整体工作进度,有条不紊地进行发布。

在宣传营销人员大面积展开工作的同时,编辑团队的思路也没有局限于内容本身。从买下"暮光之城"系列版权的那天起,陈邕和国际合作部就一直在坚持做一项工作,他的邮箱中订阅了大量核心词是Twilight(暮光之城的英文)的RSS,这让他能够及时地跟进国外"暮光之城"系列的新闻信息,这些新闻信息会被接力出版社迅速变成国内的新闻点,进一步拓展国内营销的角度。

在整套书上市销售的全过程当中,"暮光之城"项目团队结合陈邕和国际合作部收集的国际资讯,通过推广调研部在媒体上不间断地制造宣传点和热点,宣传点分阶段有所不同:"2007年8月,'暮光之城'系列销量超过'哈利波特'系列""2007年9月,'暮光之城'系列花落接力出版社""2008年初,《暮光之城》领跑美国亚马逊青少年图书畅销榜""2007年底,史蒂芬梅尔('暮光之城'系列作者)入选2007年度《时代》百大人物""2008年6月《暮光之城》改编电影盛大开机""2008年10月,《暮光之城:暮色》上映在即,《暮光之城:新月》抢先电影上市""2009年1月,美国当选总统奥巴马父女追捧'暮光之城'"等新闻频频见诸报端。各大行业媒体和终端媒体发起了数轮宣传攻势,同时还连线海外对作者做人物专访。

2008年7月24日,《暮光之城:暮色》简体中文版在北京举办了规模盛大的新书发布会暨中国粉丝官方互动平台启动仪式。发布会在亚洲大酒店举行,现场融合了演员进行男女主人公经典对白片段的戏剧表演、电影片花视频、音乐等许多活泼的元素,这样的做法将图书和娱乐接轨,也成了图书营销的一种创新。

在《暮光之城:暮色》上市不久后,接力出版社借着"七夕"联合全国40家书城举办"暮光之城"系列《暮光之城:暮色》购书附赠羽毛玫瑰活动。活动期间购《暮光之城:暮色》者可获得永不凋零羽毛玫瑰。这一举动加深了书店对《暮光之城:暮色》的印象,为图书展示创造了条件。《暮光之城:暮色》在亚马逊中国预售时,出版方打出购书抽奖牌,凡预订《暮光之城:暮色》者可获施华洛世奇红苹果水晶吊坠,在活动开展之后,该书在卓越网连续数周高居排行榜最前列。

编辑团队和推广团队打造了创新的读者平台粉丝网。打开粉丝网，搜索书籍《暮光之城》，巨幅《暮光之城》的封面海报迎面袭来。接力出版社为图书开启了新的交流平台，并由此聚集了庞大的粉丝群。事实上，在电影未上市前，图书"暮光之城"系列已经集结了大量的粉丝和读者，这一成果可以说是来源于周锦当年的一个小创意。在图书策划过程中，周锦突然想到，要把这本书搬上网络，号召粉丝，于是他找来了当时正在做粉丝网的好友共同讨论。2008年7月24日，"暮光之城"主题页面在粉丝网正式亮相。这是一个开创性的举动，接力出版社开启了网络互动的新模式，借助了粉丝网既有的强大网络优势，为读者建立了大型的官方互动平台，突破性地将图书读者"粉丝化"。该网站向粉丝网几十万用户发送站内信息，开展有奖试读，幸运读者将成为"暮光之城"VIP读者，获得"暮光之城"所有后续图书的免费赠阅权。

　　除了在宣传渠道和新闻资讯搜集方面有所创新以外，暮光之城项目团队在扩展曝光渠道方面还充分考虑到了宣传成本相对较低的一些文学期刊和都市报，这些渠道的发布成本相对较低，但却非常有针对性。《暮光之城：暮色》在《花溪》等青春文学杂志进行广告或专题报道，重点宣传；在《女友》等校园流行杂志专题介绍，特色宣传；在《时尚》等时尚类杂志设时尚专题，精彩推荐；并将各种文学书评投放在全国各地具有时尚阅读气息的晚报、周报和旬刊、月刊类杂志上；与读书网站和评书网站进行专题推广宣传合作；在各大青年论坛进行口碑宣传，并在网络著名论坛上举办"向爱德华表白你心中的爱意"等互动有奖活动。

　　在图书发行方面，发行部针对"暮光之城"系列多次召开会议，制定发行策略，并时时关注发货、销售情况。一方面发行员在出差过程中，巡视各店的码放和重点展示情况；另一方面，每月关注开卷零售监控数据的变动情况，对于销量下降幅度异常的省份，及时进行销售下降的原因调查，提醒书店添货或联络推广调研部强化在当地媒体的宣传报道力度，保证了"暮光之城"系列在各地书店不断货、不断档，为该系列图书得到充分的重点销售展示，为全国各片区的持续热销提供了有利的保障。

点　评

　　"暮城之光"营销获得成功，其关键在于：在选题策划时就策划了营销方案，制定了详细的营销计划，加强执行的力度，同时也主动创造营销机会，获得了预期的效果。

1. 预热阶段

接力出版社将"暮光之城"的市场预热期定为1年,该社总编辑白冰介绍,"暮光之城"是接力出版社的重点项目之一,因此推出之前需要良好的市场基础,1年时间的预热不仅能培养读者的阅读热情,还能让承销商、书店卖场十分重视。

在第一本《暮色》上市前后,接力出版社实施了立体式试读方案,该社制作了多种试读本,分别在书店、网络和平面媒体上进行展示或者发放。

这些预热成为重要铺垫。针对"暮光之城"的目标读者群,在这一阶段中,关于《暮色》,在《花溪》《南风》《男生女生》《花雨》《今古传奇·言情》等青春文学杂志进行专题报道;在《女友》等校园流行杂志专题介绍;在《时尚》《瑞丽》等时尚类杂志设时尚专题或精彩推荐,并将各种文学书评投放在全国各地具有时尚阅读气息的晚报类、周报类和旬刊、月刊类杂志上。

此外,该社还在各大青年论坛进行口碑宣传,并在网络著名论坛上举办"向爱德华表白你心中的爱意"等互动有奖活动;在有影响力的一些妈妈论坛推动新书;与各地文艺广播进行故事播放或者进行图书推荐专访。

2. 包装卖点

"暮光之城"与"哈利·波特"系列不同,由于文化差异,中国的读者对于吸血鬼、狼人等西方传说中的人物并不熟悉,因此,在卖场中,如何能够让读者迅速地获取图书的相关信息,是编辑中最重要的一环。

包装文案的撰写和封面设计需要准确地考虑读者定位。读者定位出现偏差,正是该书在日本、台湾地区操作失败的最根本原因。从国外的阅读人群分析,"暮光之城"系列的读者群体主要为在校大学生、在职的时尚白领或是已为人母的妈妈级粉丝。

由于该书的目标读者群受教育程度普遍颇高,获取信息的来源亦多种多样,有些人甚至阅读过原版的"暮光之城"系列。针对这种特点,接力社决定购买国外原版封面,这样在目标读者中的辨识度就提高了不少。更为重要的是原版封面设计非常独特,与图书的整体风格十分吻合。

设计腰封是图书本身的宣传方式之一,"暮光之城"也不例外。该书的另一位责编周锦介绍,腰封上提炼出了"暮光之城"中吸血鬼传说、狼人故事、校园生活、恐怖悬念、喜剧冒险等各种吸引眼球的元素,将该系列在全球的销量、获奖情况及电影拍摄情况的重点一一列出。

考虑到目标读者群的阅读喜好,接力出版社特别邀请安意如等青春文学领军人物,以及方文山、田原、韩雪等名人对"暮光之城"系列予以推荐。周锦介绍,斯蒂芬妮·梅尔还亲自针对中国读者写了几句话,编辑以"致语中国读者"为题放在腰封勒口上，体现了作者本人对中国读者的重视。

3. 话题营销

从2008年初的北京图书订货会开始，围绕在"暮光之城"周围的新闻不断。这些"噱头"为该书的炒作带来了更好的理由。

自"暮光之城"系列出版以来，就有媒体将作者斯蒂芬妮·梅尔称为"美国的J.K.罗琳"。"2007年8月，'暮光之城'第三部《月食》首发，虽然比《哈利·波特与死亡圣器》晚了两周半，但是在上市的第一天就将后者挤下各大畅销书榜首"，"梅尔从一位有3个孩子的全职主妇到跻身国际畅销书作家，经历与罗琳如出一辙，但两人的创作风格大相径庭：罗琳小心翼翼地把一点一点的细节逐一结合在一起，梅尔则文思泉涌，酣畅淋漓"——接力社推广调研部副主任、"暮光之城"系列媒介主管常晓武特意强调了这样两篇国外的报道，他表示，J.K.罗琳现在已经被西方人神化，突然间冒出一位能与她媲美的作家，各家媒体肯定不愿意放过。

2008年11月底，《暮色》的同名电影在北美地区公映，目前《暮色》在北美地区的票房已接近1.5亿美元。虽然《暮色》并未在中国大陆放映，但电影拍摄中的种种传闻，以及电影上映后显赫的成绩，使"暮光之城"系列再次名声大噪，对拉动销售起到了立竿见影的作用。

"暮光之城"系列四本小说全球销量突破5000万册，当时中文简体版前两部也迅速加印到20万册，接力出版社也借此机会，为同期推出的第三部《月食》进行了预热。

2008年，美国大选吸引了全球的目光，许多国家的公民对奥巴马这个美国历史上的首位黑人总统颇具好感。今年1月，接力出版社了解到美国当选总统奥巴马在接受《美国周刊》的采访时，声称自己和女儿是不折不扣的"暮光之城"粉丝，这位热点公众人物的表态，促使接力出版社再次大范围地进行了宣传。

2009年3月，欧美《暮色》DVD的出现，明显地拉动了大陆新一轮的销售势头，而且比以往的势头更为强劲。随着第二部《新月》、第三部《月食》电影消息的不断推出，读者宣传的涉及范围更为宽广。

4. 网络覆盖

2008年7月底，"暮光之城"中国粉丝官方互动平台启动。除此之外，在天涯论坛、豆瓣网等网站也涌现了大量对"暮光之城"的评论，许多读者在包括百度贴吧在内的各大论坛自发建立起"暮光之城"的粉丝网站或论坛。

接力出版社与粉丝网的合作，主要是借助了粉丝网既有的强大网络优势，为读者建立起大型的官方互动平台，突破性地将图书读者"粉丝化"。该网站为"暮光之城"建立官方互动平台后向其几十万用户发送站内信息，开展有奖试读，幸运读者成为"暮光之城"VIP读者，获得"暮光之城"所有后续图书的免费赠阅权，并在向其赠阅的图书封面上烫印"VIP用户某某专阅"字样，提供个性化定制。

除了官方网站，网上社区也是重点的宣传手段。常晓武介绍，"暮光之城"系列在欧美是通过建立官方博客、个人主页等形式，在网络上向读者传递信息，并与读者形成良好互动，及时了解他们的反馈，这种网上营销的方式效果非常理想。

然而，在实质性推广的过程中，他遇到了不少的难题。常晓武介绍，中国缺乏美国网络营销的一些客观条件，比如，作家很难配合网络宣传工作，而在美国作家是可以在 Myspace 上和读者网上交流的。这样一来，出版社难以得到支持，想要约请作家进行专访一般也需要半个月到一个月的时间，"曾经计划请作者录一段视频在国内用，也没能实现"。

与其他产品不同，如果"暮光之城"系列做网络选载，版权合同约定只能在10%以下，而书本身的节奏又特别慢，怎么在规定的篇幅里让作品能尽快抓住读者的阅读兴趣也让接力社挖空了心思。"所以我们这选载的时候做了很多删节、选择工作，让读者能尽快进入故事当中。"常晓武说。

目前，接力出版社与新浪网、腾讯网、搜狐网读书频道都有很好的合作。对重点选题除了有做专题的机会外，腾讯网还提供了用迷你网页推荐的机会，"暮光之城"前两本在《时尚》杂志中国论坛上做了网络征文后，收集到很多征文，这也促成了在终端读者中的关注度和口碑传播。此外，接力社制作了"暮光之城"相关的视频介绍，放在优酷网和当当网上，促进了其进一步宣传。

5. 主题活动

"爱情"是"暮光之城"故事的主线，围绕这个主题，接力出版社组织了多场主题活动。

在图书上市不久，借着"七夕"这个越来越流行的"中国情人节"，联合全国40家书城举办"暮光之城"系列《暮色》购书附赠羽毛玫瑰活动。活动期间，凡购买《暮色》的读者即获赠一枝售价为13.2元（谐音：一生爱）的永不凋零羽毛玫瑰。而此前该书在卓越亚马逊预售时，就打出了购书抽奖牌，凡预订《暮色》就有机会获得价值500元施华洛世奇红苹果水晶吊坠。而在西方的情人节之际，该社举办了购书赠蜡烛的活动，紫色的心形蜡烛有着"愿天下有情人终成眷属"的寓意，既实用又温暖。

由于产品的特殊性，卖场活动以买赠为主，而这种有主题的买赠，有助于书店集中码堆，强化整体品牌。

近年来，图书的市场化程度越来越高，许多出版机构都为自己产品的营销推广愁白了头。

第四章
图书出版营销案例评析

　　畅销书的背后都有一支高效的经营团队，对产品进行全盘操作。高效的营销团队能够清晰地提出营销的主题，围绕主题开展推广工作。

　　接力出版社算得上是国内图书运作中颇为专业的团队之一。这个平均年龄还不到三十岁的年轻团队，有着极强的创新精神。在"暮光之城"的营销中，我们看到了新媒体与传统媒体、纸介质与网络结合的立体式营销，特别是读者"粉丝化"、博客传播以及发送手机报等营销方式，称得上是现代的营销理念。

　　积极探索营销模式，富有创新精神的并不只有接力出版社一家。一些在业内营销推广做得较好的出版社，在考虑营销升级的同时，面临"如何延长产品旺销期""推迟产品衰退期""怎样降低成本""怎样衡量营销效果"等各种各样的问题。

　　而产品的营销推广与图书发行又密不可分，宣传效果与销售量是成正比的，产品在各家卖场的发货、配货以及上架是否与宣传的强度一致，是摆在出版社面前的最大问题。营销人员在进行产品推广时，很容易进入"自说自话"的误区；相对来讲，多媒介的宣传可以让图书信息快速地渗透到读者群。

　　营销推广就是各个媒介间的信息传递，能够让图书的策划、编辑、出版、发行等一系列环节良性循环才是媒介营销人员的价值所在。

《尼魔岛》暑期档营销见成效

由海豚传媒股份有限公司策划、广州出版社出版的《尼魔岛》（上、下）自上市后，只用了一周的时间就进入了全国开卷畅销书新书周排行榜，不到40天达到了实销2万册的销量。据海豚传媒产品部经理介绍，该套书是海豚传媒首次以畅销书运作的模式对单品图书进行重点推广，由于准备充分、营销到位，在竞争激烈的暑期图书市场占有了一席之地。

海豚传媒销售总监介绍，《尼魔岛》是根据同名电影推出的小说版，其中汇集了探险、励志、自然、科技等多种流行小说元素。该片于2008年在欧美和澳大利亚放映后，取得了很好的市场反响，海豚传媒决定搭乘电影快车引进小说《尼魔岛》，并按照畅销书的模式进行运作，销售目标定为5万至10万套。海豚传媒将该书作为重点图书进行推广，制定了详细的营销方案，原定于2010年初上市时间也往后推迟了三个月，以便有更充足的时间运作。

一、《尼魔岛》内容简介

《尼魔岛Ⅰ——孤岛求援》

浩瀚的大海中，有座小岛叫尼魔岛，岛上住着小女孩妮恩，她爱幻想，喜欢陪父亲杰克做科学实验，还有许多动物玩伴。琪琪是只母海狮，照顾妮恩无微不至，喜欢捉弄佛烈德；佛烈德是一只鬣蜥蜴，很喜欢坐在妮恩的肩上，胆小、爱生气，看到椰肉就流口水；奇卡是只绿蠵龟，喜欢妮恩搔它的下巴，也喜欢玩椰子足球比赛，但每次都作弊……这座小岛充满神奇魅力，处处充满着惊险与惊奇。

妮恩最喜欢的小说是《山岳狂怒》，她无意间和作者互通了电子邮件，作者因而成了妮恩唯一的人类朋友。有一天，妮恩的父亲外出进行科学研究时，遇上了超强的暴风雨，从此和妮恩失去了联络，而小岛上的家也惨遭暴风雨摧残。独自在岛上生活的妮恩必须更坚强，她需要帮助……于是，她写信给作者。她们能够把杰克找回来吗？

《尼魔岛Ⅱ——纽约历险》

一天，艾利思不辞而别了，琪琪也被一个邪恶教授给绑架了。为了救回琪琪，妮恩不得不离开她心爱的岛屿天堂，展开危险的解救行动。她阴错阳差地上了绑架琪琪的那艘邮轮，并发现那根本就是一艘动物园邮轮，因为教授绑架了很多动物，并打算等邮轮到了纽约后，把聪明的琪琪卖给富豪当宠物……

妮恩有办法救出琪琪，并找到艾利思吗？她又要如何回她的小岛呢？而杰克又能找到妮恩，并把她从坏教授的手中救出来吗？妮恩和船上的一群小朋友，在营救琪琪的过程中，将会遇到什么惊心动魄而又温馨有趣的故事呢……

二、读者对象和图书的特点

《尼魔岛》是2010年度最值得期待的儿童奇幻探险小说！适合小学至初中低年级孩子阅读，尤其是热爱动物、充满幻想、有爱心、胆小却渴望勇敢的孩子们！

这是一部"爱"的小说：在第一集的《孤岛求援》中，患有"出门恐惧症"的畅销小说作家艾利思为了救深处险境的妮恩，独身一人，历尽千辛万苦前往尼魔岛；在第二集的《纽约历险》中，妮恩毅然跳上旅游公司的游轮，历尽千辛万苦与"魔鬼教授"斗智斗勇，营救被捉走的海狮琪琪；在妮恩和父亲之间，有一种独特的"爱"的表达方式——"爱你（就像**爱**）"，无论是在 E-mail 还是在电话中，这种表达方式将妮恩和爸爸之间浓浓的父女亲情表现得淋漓尽致。

这是一部"成长"的小说：每个孩子都是在经历中获得成长，小说中主人公妮恩在经历了《孤岛求援》和《纽约历险》之后，从一个胆小的孩子变得勇敢，在排斥艾利思到接纳艾利思和爸爸的感情的过程中经历了种种心理的变化。同时，小说中发生在妮恩身上的一系列冒险的经历，也可以满足孩子们充满好奇、渴望探险、拥有英雄梦想的心理，让他们在阅读中体会成长的乐趣。

这是一部"励志"的小说：小说中主人公妮恩身上表现出来的独立、勇敢、智慧以及团队协作的精神，是每个孩子在成长过程中都渴望拥有的。

这是一部动物小说：小说中主人公妮恩有很多动物朋友，如海狮琪琪、乌龟奇卡、军舰鸟伽利略、蜥蜴佛烈德等，他们与妮恩之间快乐、有趣的生活场景让喜爱动物的每个孩子都非常渴望。

这是一部充满童话色彩但又兼具现代性和时尚性的小说：E-mail、太阳能、卫星电话等现代化的沟通工具会让孩子们熟悉又亲切，感觉故事就发生在自己身边。

三、营销的方式与方法

（一）明确推广主题：蓝光影碟预热

在书还没有推出之前，该公司就开始进行市场预热，为《尼魔岛》上市铺路。

首先，确定推广亮点。为此，该书的编辑撰写了近20页的产品设计与推广初案，对产品进行详细的解读与分析，指出了目前市场上同类小说的出版现状，找出推广亮点，即与当今市场上其他奇幻冒险小说灰暗、血腥、离奇的特点不同，《尼魔岛》定位于温馨、有趣、浪漫、现代的风格。另外，书中频频出现一种现代化的沟通方式——E-mail。这符合当下儿童喜欢上网的特点，能够引起他们的共鸣，并且书中出现的"爱你（就像佛烈德爱琪琪一样）"，"爱你（就像伽利略爱偷鱼一样）"这样的E-mail落款达15次以上，这样的表达方式也令人感到新奇。

其次，确定推广主题与包装形式。将该书的推广主题确定为"爱、成长、胆小与冒险"，并且使用统一的宣传语："爱你（就像胆小爱上冒险……）"。而后，确定图书的外部包装，两册书以腰封打包、塑封上市，并在每套书中附赠书签，对图书封面的整体色调、细节以及书的开本、行距等进行调整，形成统一的风格。

再次，制定上市进度与行动规划表。明确各部门责任以及上市的具体安排，保证各部门在规定的时间内，有秩序、有组织地进行协调，确保各项工作顺利进行，为新书上市铺路。此外，还专门组织分公司和客户进行产品培训、专题推介等，以让各经销商对产品充分了解。通过和各省、市级重点经销商的前期沟通，一家一家地进行洽谈，对每家的铺货数量、陈列方式和配套宣传都进行了落实。

最后，公司将原版电影高清蓝光碟片、试读手册和试读海报速递到几百家书城的经销商手中，这对于已经看惯普通折页广告的经销商来说是个亮点，使各经销商在闲暇时间也可以欣赏优美的大片。另外，试读手册和试读海报的分发，使各经销商对这本书有了感性的认识，为该书大规模的推出奠定了基础。

（二）定点宣传，网络推广

在前期做了充分的准备工作以后，公司开始在宣传上进行大规模的投入。所谓"投入"并不是广撒网去各大报社做广告，而是有针对性地选择在行业媒体上进行宣传，投入不多，但是起到了"有的放矢、定点宣传"的效果，为新书的推出起到推波助澜的作用。

此次《尼魔岛》的宣传运作最大的亮点是全面试水网络营销，在图书销售上取得了很大的成功。

此次的大规模网络营销方式是该公司过去从来没有做过的。网络营销主要包括试读连载、建立博客交流平台、网络互动奖励、微博等。"网络营销最大的特点是财力支出不多，但是人力成本很高，因为都是一些很琐碎的事情。现在我们的QQ群和论坛里有几百名成员，天天在上面交流信息，维护起来很费精力。"付路说。

在图书上市之前，公司首先在新浪网建立博客，该博客上线几个月，赢得了良好的口碑。目前，博客上的主要内容是一些图书片段的连载和相关电影图片的播放。

除此以外，还选取了在人气颇高的两个网站——百度贴吧和天涯社区进行试读连载，赢得了很多网友的关注。同时，《尼魔岛》专页网站也正式上线。

特别值得一提的是在"小书房"网和QQ群上的宣传，在"小书房"网上进行的试读连载，得到了众多网友的响应，被评为"最感动"的帖子。QQ群的效应也很出乎意料，很多读者都是在网站上看到试读本后主动要求加入QQ群，随着大家在群里讨论得越来越热烈，最后，基本所有的群成员都通过网络或者实体店购买了该书，然后再通过口口相传，让更多成员加入。

另一个重要途径是"E-mail"营销。据付路介绍，该书还没上市就已经给1200多位专家、读者、客户等发送了电子邮件。这1000多封邮件都是有效邮件，而不是随便选取的邮箱地址，都是从小书房网和公司的读书俱乐部当中选取的，还有一些就是与公司保持良好合作关系的上百位阅读专家、合作经销商等。

除了在行业媒体和网络上进行宣传，公司还进一步制定了宣传品精准投放策略。

在此次《尼魔岛》的宣传中，共印制宣传折页1.2万份，首批宣传折页全部寄送给新华采购系统以及重点民营客户和书城，加印部分主要投放到重点卖场以及作为各种交流和推广活动中的宣传品。

此外，试读海报、试读本和1500份产品海报随同样书一起寄往卖场和相关客户手中。另外一部分，首批样书单独快递100多份给相关老师、专家、媒体、作家等，第二批主要投放安徽、江苏、浙江等大型省店及学校系统。

另外，公司专门从电影《尼魔岛》中整理了三分钟的片花供书店卖场放映，在片花中强化了"爱、成长、胆小与冒险"的主题，淡化了商业宣传的性质。

（三）活动推广与渠道服务配套

经过了前期一系列的预热准备，图书《尼魔岛》终于上市了。

由于宣传到位，该书一问世就取得了不俗的销售业绩。产品部经理兴奋地说："我们这套书上架30多天就发出去3万多套，实销应该有两万多套。上市第一周就进入了开卷全国新书榜的第五名。"

他分析说，在开卷的榜单上，外版引进书每周基本上有四本能够进入前30名，包括黑柳彻子的《窗边的小豆豆》、布热齐纳的"小虎队"以及海豚传媒的《尼魔岛》。这个销量如果能够维持下去，那么年末《尼魔岛》在全国新书榜和全国少儿榜中肯定会占据很好的位置。这套书首印 3.1 万套，现在准备再加印 1 万套。通过每日监控的销售数据显示，这套书的销量一直在稳步上升，进入暑期后又出现了大幅度的提升。

目前，海豚传媒的重点放在加强产品上市后的活动推广和渠道服务上。如落实书店里的码堆情况，承诺码堆的书城要落实码堆；其次寻找更多的有效邮箱，以便点对点地进行图书宣传；还要邀请专家和读者写书评，在网络上发表；最后，举办暑期有奖征文大赛，包括写读后感和故事续写等。

产品部经理认为，正是前期大量的预热宣传工作取得了成效，公司现在正将大量的人力投入到网络宣传上，齐头并举，微博、贴吧、论坛……利用互联网上口口相传的效应，促进增长。

销售总监表示，《尼魔岛》的成功上市是公司今年大力推行的产品管理策略的集中体现，通过加强对单品种的效益考核，从产品策划到上市的全过程，公司各部门、各环节对重点产品集中投入资源，层层落实，因此取得了比较明显的成效。下一步，还将继续加强产品管理策略在其他重点品种上的应用，争取在新品不断涌现的少儿图书市场取得良好的市场反馈。

点　评

一本书能否畅销，不仅要看其内容是否满足出版物市场上的受众需求，还要看其营销的方式与方法是否得当。

本案例中，选题策划阶段是以读者为导向来进行的，目标市场选择的准确，市场定位得当，给《尼魔岛》的营销打下了坚实的基础。《尼魔岛》是一部"爱"的小说，是一部"成长"的小说，是一部"励志"的小说，一部动物小说，是一部充满童话色彩但又兼具现代性和时尚性的小说，从小说内容可以看出，适合小学至初中低年级孩子阅读，尤其是热爱动物、充满幻想、有爱心、胆小却渴望勇敢的孩子们。图书内容和目标读者需求是一致的。

好的产品＋好的营销策略＝好的营销效果。根据产品生命周期理论，为了迅速打开市场，在产品即将投入市场时，确定推广亮点，明确推广主题，制定上市进度与行动规划表，将原版电影高清蓝光碟片、试读手册和试读海报速递给几百家书城经销商，以此激发读者的需求热情，激发经销商经销的热度；当产品投放市场后，再通过网络等形式进一步开展宣传活动，进一步刺激消费者，以达到预期的目的。

《一个背叛日本的日本人》——换个书名就畅销

一本剖析日本二战真实心态的长篇悬疑小说——《一个背叛日本的日本人》出人意料地空降全国各大图书畅销榜，据当当网后台显示，该书日均销量高达800册，长期盘踞当当网新书热卖榜前三名。《一个背叛日本的日本人》的作者是日本"国民级作家""悬疑宗师"松本清张。令人咋舌的是，这本原名为《球形的荒野》的经典作品，在过去10年里，在中国的销量几近为零！但仅仅因为书名的改动就变得如此畅销，这不得不令人感到惊奇！

《一个背叛日本的日本人》内容简介：1944年秋，二战后期，败局已定的日本军政府制定了疯狂的"一亿玉碎本土决战计划"，准备牺牲一亿国民来保卫天皇，将同盟国拖入两败俱伤的混局；在整个日本为此陷入狂乱之际，一等外交官野上显一郎被悄悄推上了决定历史走向的转折点。爱国家还是爱和平？爱天皇还是爱人民？野上显一郎用自己的死来回答了这个问题，并一举扭转战局。多年以后，日本朝野关于二战的斗争并未停息，甚至愈演愈烈，神秘的袭击与杀人事件接连发生，人们仍在为早已过去的战争流血、丧命，一个偶然的机会让记者添田彰一发现了历史真相的踪迹，好奇心与正义感促使他冒着生命危险不断挖掘，随着一个个小人物、大人物戏剧性地浮出水面，日本国民性中的邪恶与善良、卑鄙与崇高、武士精神与现代文明的融合与冲突在他面前缓缓展开……翻开《一个背叛日本的日本人》，让日本悬疑宗师松本清张，用紧张得透不过气来的精彩故事，带您进入日本民族的灵魂深处，真正了解日本人看待二战的真实心态：矛盾、冲突、纠结与反思。

《一个背叛日本的日本人》编辑推荐：日本悬疑小说宗师"松本清张"传世经典。首印12万！带您真正了解日本人看待二战的真实心态：矛盾、冲突、纠结与反思。"读松本，懂日本"松本清张笔下的每一个悬疑故事，都像是在撕开日本社会层层包裹的和服，让您窥看到真实日本的千姿百态。

《一个背叛日本的日本人》作者是松本清张，他与柯南道尔、阿加莎·克里斯蒂并列为世界推理小说三大宗师，在日本，更是被誉为"国民级"作家，根据他作品改编的电影电视剧就多达13部，其盛名可以和金庸在中国的地位相媲美，当红作家东野圭吾、宫部美幸等也尊称松本清张为老师。

就是这样一个大师级作家，其作品在中国却备受冷落。据悉，《一个背叛日本的日本人》原名《球形的荒野》，曾在1987年被引进中国，由黄河文艺出版社出版，现今各大书店以及当当网、卓越网等网络书店，已找不到当年这本书的踪影。出版方读客图书编辑也是颇费一番周折才在孔夫子旧书网淘到一本《球形的荒野》，上边盖着"上海第十七棉纺织厂图书馆"的章，出版时间是1987年，定价2.00元。

　　无独有偶，经典却不畅销的案例，在中国比比皆是。2011年日本销售冠军——《如果高中棒球队女子经理读了彼得·德鲁克》（译名）在日本的销量超过100万册，力压《1Q84》，但据新华书店数据显示，全北京2月份该书的全部销量竟仅仅4本；《阿特拉斯耸耸肩》是美国历史上仅次于《圣经》的超级畅销书，被誉为对美国影响最大的十本书之一，累计销售已超过8000万册，但在1月份，该书全北京的销量仅为3本；而《玫瑰的名字》也是一部经典巨著，于1980年出版，至今已被翻译成35种文字，累积销量高达1600万册，在国外的声誉远超过《达芬奇密码》，但其销量已连续几个月为个位数……导致经典作品不畅销的原因有很多，最大的原因就是书名晦涩，常常令读者摸不着头脑。

　　《球形的荒野》再版后，被命名为《一个背叛日本的日本人》，这是一个真正准确概括了故事内涵的名字，简单、清晰，普通读者一看就懂，将沟通成本降到了最低。封面也特别抓人眼球，纯白背景下，一面血红的旗帜，被一把刀硬生生划出一道口子，将"二战结束前夜，一个日本外交官的生死挣扎"的故事诱惑充分传达给作者。

　　《一个背叛日本的日本人》还未上市，就受到众多读者的注目，连续几天盘踞豆瓣新书首页，评分高达9.2分，其上市后的表现更是抢眼，受到了广大读者的追捧并持续热销。内容相同的一本经典之作仅因为书名的不同就会在销量上有如此之大的差距，谁还会对书名对全书所产生影响的重要性提出疑问呢？

点　评

　　换个书名就畅销，这听起来多少有点天方夜谭的感觉，但当提及《一个背叛日本的日本人》（原书名《球形的荒野》）这本书的畅销时，您就会感觉到一个合适的书名对一本图书销售的重要性了。这其中有一定的道理，每一位读者都知道，书名是一本书内容的高度概括，也是向读者传递图书内容信息的一种主要方式，一本书的书名用得是否得当，直接关系到读者是否会产生购买行为进而影响到这本书的销售。本案例就充分说明了这一点。这本书的原名是《球形的荒野》，本意是想将"二战结束前夜，一个日本外交官的生死挣扎"的故事诱惑充分传达给读者，但是原书名以及封面设计却没有起到应有的效果,所以刚投放到市场时没有达到应有的效果。再版后的图书,将书名更换为《一个背叛日本的日本人》,封面也进行了重新设计,用纯白背景下,一面血红的旗帜,被一把刀硬生生划出一道口子的表现手法,使图书的主体表现得更为清楚,可以让读者一目了然进而吸引读者的眼球,激发出读者的购买欲望,产生购买行为,随即达到畅销的目的。

《计较是贫穷的开始》的网络营销

随着互联网的发展壮大,网络文学随即兴盛起来,并强烈地冲击着传统图书的市场占有率,使其销售遇到前所未有的困难。在众多出版社还是单纯地依靠传统的营销模式做图书宣传的时候,台湾作家周春明便利用情感营销,通过网络传播平台,将自己的作品——《计较是贫穷的开始》成功引进到了内地图书销售市场,周春明个人品牌的影响力也从台湾延伸到了内地。

《计较是贫穷的开始》一书讲述的是作者从一个平凡的出租车司机,经历中年失业,却依靠自己强大的内心力量成为了如今年收入过百万的成功人士的真实励志故事。社会上像周春明这样有理想渴望成功的人很多,但同他一样让理想变为现实的人却少之又少。他们也许经历了艰辛万苦却始终达不到目标,而周春明却将这一切归咎于"计较"。他认为计较是贫穷的开始。周春明让在理想边缘徘徊的人们看到了另一种成功的方式。

计较,是人性的缺点,它让我们失去太多宝贵的东西。一个快乐的人,不是因为他拥有的多,而是因为很少去计较;一个事事都计较的人,他失去的不仅仅是快乐,还有更珍贵的东西。特别是对于金钱的计较,当一个人和钱斤斤计较的时候,钱也会和你斤斤计较,所以我看得很开。当你不是为了钱而活着的时候,你才可能获得更多的钱,金钱仅仅是成功的附带品罢了。与之相反,不计较,则可能让人拥有许多宝贵的东西,这些都是无法用金钱去衡量的。做人不要太计较,努力改变自己,努力喜欢你周围的每一个人,这样别人才会喜欢你。对于每个人来讲,如何让别人喜欢你,这非常重要。我强迫我自己喜欢我周围所有的人,这个很难。因为过去我不喜欢他,现在让我去喜欢他,刚开始我心里承受不了;但是我强迫自己去寻找对方有些什么优点,慢慢地就变成一种习惯,看到一个人就先去发现他的优点,只看他的闪光点,我们就会变得不再计较。

通过以上对书籍内容进行的分析总结,确定了《计较是贫穷的开始》的目标读者是所有对成功有渴望或是渴望某人成功的购买决策人。图书营销的根本,应把握小投入、大收益这一原则,以最少的人力与财力成本获得最大的收益。这就需要有非常好的营销策划。一个好的营销策划,应该是把"某某新书出版"这样的书讯转化为一个社会化,甚或大众化事件,吸引媒体和受众,通过众人的关注、转发、发酵,像滚雪球一样越滚越大,这样才能收到良好的效果。此书的营销目的就是要通过情感营销的方式，从目标读者的情感需要出发，唤起读者的情感共鸣，寓情感于营销之中，让有情的营销赢得无情的竞争，持续不断地制造各种热点话题，吸引受众关注，最终实现促进销售的目的。

那么怎样才能通过传播过程并利用情感营销打动目标读者呢？

周春明是一位普通的台湾同胞，和所有普通的老百姓一样，没有背景、没有基础，但他依靠自己的方式获得了成功。他代表的是所有的基层百姓，他的书也是为了帮助那些所有有理想有志向的普通人走向成功之路。所以应该把这本书的情感诉求定位于"一位基层劳动者跨越到百万富翁的传奇经历"。其中"基层劳动者""百万富翁""传奇经历"这三个词组的有机组合，足以起到吸引目标消费者的注意，并使之形成购买欲望最终完成购买行为的目的。

通过论坛、SNS、微博、百度贴吧等热门网络营销平台向目标读者大量传播书中内涵深刻的经典语句，引起目标读者的热议以及广泛流传；发挥周春明的个人品牌价值，创意文案包括""'出租车司机'到'出租车皇帝'的完美转变""出租车司机到享誉全国的培训讲师的传奇经历"等等，通过对周春明在教育领域以及警示人生方面的经历，如企业员工培训、职业规划、服务文化、人生励志、创业心路、做人心态等多层面的成就进行多角度、立体式的网络宣传推广，同目标读者达成情感共鸣。

在销售的后期阶段，则通过发布读者对于本书多角度的评论文章，引起潜在读者的从众心理，使之产生购买动机并实施购买行为。

消费者具有崇星心理，如果是名人名家推荐的书籍，更容易被消费者认可。借助唐骏、余世维联袂推荐本书的名人效应，扩大该书的知名度与美誉度，从而带动销量。

《计较是贫穷的开始》一上市立即在当当网的销售上取得了骄人的成绩，一跃成为了排名前十的励志图书作品。而该书的作者兼主人公周春明的事业范围也从台湾扩大到内地，获得了内地众多知名企业讲课及电台访谈节目录制的机会。图书的根本力量来自于它本身传播的思想、意志与文化，网络营销是支持其传播的手段。也会是未来图书营销的新方向！

网络推广助推《计较是贫穷的开始》销售火暴。营销模式日新月异，图书营销的模式也要随着时代的发展而不断寻求突破。由万卷出版社出版的励志图书《计较是贫穷的开始》，由台湾作家周春明所著，此次与中麒推广合作，就是为了提升图书的销售额，同时将作者的影响力从台湾拓展到内地。中麒推广通过以"作者营销"为营销核心运用网络营销平台和公关活动营销，扩大作者在内地的口碑和影响力，从而提高图书的关注度，带动图书的销售。那我们是如何进行作者营销的呢？

营销者对图书《计较是贫穷的开始》进行了深入的分析提炼，作者从一个平凡的出租车司机，经历中年失业，却依靠自己强大的内心力量成为了如今年收入过百万的成功人士的真实励志故事。图书所针对的目标消费者就是所有希望和被希望励志的人群。针对这一点，将作者定位于——"从'出租车司机'一个平凡的人到'出租车皇帝'的完美转变"的成功励志人士。这个定位会引起目标消费者极大的好奇心理和向往心理。

进行整合营销传播，营销者主要做了如下工作：

1. 口碑营销

围绕作者定位，通过网络营销平台对周春明进行口碑宣传，提高认知率与美誉度。经过系统的分析总结，我们将口碑营销传播的内容确定为以下三大方向：(1) 作者的人生经历包装传播。从周春明的过去和现在生活事业的强烈对比，引发网友的激烈讨论和追捧。(2) 作者思想意识境界的包装传播。通过截取、提炼《计较是贫穷的开始》书中的经典语句和至理明言，包装周春明的人格魅力，产生病毒传播效应，扩大影响力。(3) 宣传后期，传播读者的读后感想，在美化作者的同时，也提升了图书产品的美誉度。

2. 公关活动营销

系列公关营销活动将作者的影响力不断扩大，包括众多的知名企业讲课及电台、网络媒体访谈节目分享经历、经验的机会，将作者的个人魅力和传奇经历展现在广大媒体面前，来吸引专家和媒体的兴趣和关注，并获得了大量的新闻报道，扩大了宣传。

3. 视频／图片营销

过对公关活动的网络视频传播和图片传播，声图并茂，让消费者了解到更多关于作者的信息，将作者塑造成明星人物，引发消费者的崇拜明星心理。

通过以作者营销为核心，创意性地应用口碑营销、公关活动营销等方式对《计较是贫穷的开始》作者的美誉度与影响力进行有效提升后，《计较是贫穷的开始》的销售也随着周春明名声的扩大而水涨船高。该书在北京中关村图书大厦位居科教类销售第四、在当当网一跃成为排名前十的励志图书作品，推广前2010年3月百度搜索"计较是贫穷的开始"网页结果为1035700，推广后2010年6月为1900000。

点　评

《计较是贫穷的开始》网络营销成功的原因在于：

1．情感定位

作者周春明是一位普通的台湾同胞，是一名普通的出租车司机，和所有普通的老百姓一样，没有背景、没有基础，但却依靠自己的方式获得了成功。仅这一点就能深深打动读者，引起读者的共鸣。本案例就利用了这个条件进行宣传，开展营销活动。

2．在宣传上下功夫

在本案例中，从书的内容、作者两个方面进行包装宣传迎合读者的情感需求，通过各种媒体，如论坛、SNS、微博、百度贴吧等热门网络营销平台向目标读者大量传播书中内涵深刻的信息和经典语句，以此引起目标读者的热议以及广泛流传；其次通过发挥作者的个人品牌价值，如在文案创意中用"出租车司机"到"出租车皇帝"的完美转变，来打动目标读者，以达到刺激需求的目的。

3．名人营销

借助名人效应来迎合消费者的情感需求。很多消费者具有崇拜明星的心理，如果是名人名家推荐的书籍，会更容易被读者认可。在本案例中借助唐骏、余世维联袂推荐本书产生名人效应，从而扩大了该书的知名度与美誉度，带动了图书的销量。

《我们台湾这些年》的微博客营销案例

微博客环境下的图书营销在国内史无前例，北京读客图书有限公司出版的《我们台湾这些年》在大陆畅销，首开出版界利用微博客营销图书的先河。本文试以《我们台湾这些年》为例，以新浪微博客为数据平台，运用 ROST Content Mining 内容挖掘软件统计营销主题下相关微博的发布特征，从产品推广、阶段分期、舆论效应、市场销量等角度分析读客在微博客中的图书营销策略，总结 Web2.0 时代下中国出版机构全媒体营销的编辑智慧。

上市一个月即售罄 30 万册，蝉联图书畅销榜榜首，被中国图书评论学会列入"2009 年度十大图书"……《我们台湾这些年》（下简称《台》）自 2009 年 11 月初出版后立即在大陆市场刮起一股"台风"。作为该书出版机构，以运作《藏地密码》等畅销书闻名的北京读客图书有限公司首次将微博客与图书营销相结合，被业内人士称为"国内微博客图书营销第一例"。

微博客 (Micro-Blogging) 即微型博客，是一种即时发布消息的系统，每条"微博"不超过 140 字。我们锁定 2009 年 10 月 1 日至 12 月 20 日即《台》上市前后三个月，采集新浪博友在话题"我们台湾这些年"下发布的微博共 1603 条，参与者共 470 人。发言总数遥遥领先的前四名为读客图书的策划总监刘按、运营总监兼《台》责任编辑闫超、官方账户"我们台湾这些年"和作者廖信忠，代表主创团队的核心营销力。本文将围绕他们在微博客中的行动研究读客的营销策略。

一、读客微博客营销的产品推广

微博客用户中涉及图书营销的角色有五类：出版者、作者、读者、业内人士、普通受众。出版者与作者构成主创团队，是图书信息的一级发布者；读者、业内人士和普通受众与前者互动，促成信息的二次传播。充分发动五者参与是产品推广的重要策略。

（一）即时发布的快讯式营销

主创团队将官方与成员的微博客发展为宣传阵地，即时发布的书讯短小易读，降低了信息损耗与时间成本。

1. 快讯内容多元化

（1）新书推介（图书与作者简介、销量排行、销售网点、折扣等）；

（2）文段选刊；

（3）媒体宣传（报道、书评、连载等）；

（4）读编交流（活动启事、答疑讨论、编者心得、读者动态等）。读者动态播报微博读者的消费、阅读、评论等行为，如"有一个叫封新城的人收到了《台》，正准备看"，以刺激大众效仿。

2. 发布模式创新化

（1）设置信息标签。在快讯开端注明"读客早／午／晚间新闻"等标签，以区分信息、提示阅读，规范发布体系。

（2）链接外网资讯。将微博客与读客公司主页、新闻网站、作者及图书的博客设置"关联"，任一网页更新《台》的信息后将自动在微博客生成链接，信息共享使微博客成为"全媒体营销"的有机环节。

（3）发布评论／转发记录。对有价值的博友言论进行转发或评论并以微博形式发布，利于广大博友迅速认识话题并参与讨论。

（二）运作热点的话题式营销

民众热议台湾为《台》的畅销推波助澜，其背后始终有一核心话题——"台湾"在支撑舆论走向。编者以显性或隐性方式将话题投入微博。显性即直接发问，如"《台湾》写作动机：为了消除大陆人对台湾的集体误会？"隐性以转述、建议等方式间接提出观点或现象：

（1）导读式——引导受众通过读书解疑。例："看看《台》，为啥出了个陈水扁？"

（2）播报式——叙述热门问题及其动态。例："《台》在中国的出版已引起英国《金融时报》等国际传媒关注，全球最大的多家新闻机构开始陆续采访作者廖信忠，国际传媒开始揣摩本书出版背后的政治意图及其对两岸关系走向的影响。"

（3）设问式——自问自答展示书中亮点。例："你们知道最近台湾网络的流行语是什么吗？《台》里提到，最近台湾网络的流行语是：'你的王道不是我的王道！'"

（4）建议式——通过建议表达观点。例："如果你想看《我们大陆这些年》，那你就看《我们台湾这些年》。"

（5）转述式——转述他人观点引发讨论。例："豆瓣上有人说，《台》＝龙应台《大江大海 1949》＋桑格格《小时候》。"

（三）沟通业界的赠阅式营销

作为某领域的舆论领袖，公众人物的意见将影响大批民众。新书出版，读客立即向微博客上的公众人物（作家、媒体工作者、出版人、评论员等）寄赠样书，并利用微博与他们沟通思想，促进他们对图书的理解。

11月中旬，收到样书者陆续发微博向读客致谢、询问书情或分享读后感，方正番薯网执行总编辑张薇说："闫超先生寄来的《台》读完了，像杯醇香的茶，刚开始淡淡的，到后来越来越有味道……"闫超随即发评论与其交流，这种新型交流方式将促成良好的沟通机制，加深书评者的认同并汇聚好评。

（四）全民体验的参与式营销

为吸引读者，读客发微博组织了书评征集、有奖摄影等富有趣味性的活动，内容如下：

"现征集微博博友书评，免费赠送作者亲笔签名书，全球限量30本。先到先得！"

"只要您在地铁里或咖啡馆等公众场所看到谁在看《台》，都请把他（她）拍下来，上传到微博，注明拍摄地点。每位有效上传清晰照片的朋友，都可得到一本作者廖信忠亲笔签名的《台》。限量50本，先到先得！"

"12月10号晚7点，北京卫视'天天悦读会'节目录制《台》作者廖信忠访谈。对《台》或作者廖信忠有兴趣、愿意到现场参加录制的朋友，请以评论或私信方式报名，以便我们跟节目组协调安排。"

（五）服务读者的互动式营销

读客利用微博客加强答疑、讨论等读编交流，为读者提供信息。以下对话可体现编者纠正读者误解、激发其阅读兴趣的用心：

鱼之川："我读《台港文学选刊》是为破解当时对台湾的神秘感。"

闫超："现在有了《台》，可更进一步破解对台湾的神秘感啦。"

鱼之川："现在台湾没什么神秘可言了。"

闫超："读了《台》，你会发现这个观点过于武断了。我们对台湾了解再多能有多少呢？"

鱼之川："哦，是这样。请问能借我一读否？"

对待读者的建议，编者认真聆听并积极反馈：

火红凤凰飞："《台》作者在书中写了……可惜没有配发些相关照片，个人认为如果配发上图片，图文并茂，可能这本书的读者群会更广，不知原书作者、编辑以为如何？"

刘按："恩，稍后可能考虑出一个《台》插图版，谢谢你的建议。"
闫超："凤凰飞的建议非常好。出了插图本一定送你。"

读客还主动提供退换，保护读者合法权益。吴又11月发微博说："如果有朋友买到了装订出现问题（错页）的《台》，请退回给读客，读客除免费更换之外，另免费附送读客出版的其他书。"

二、读客微博客营销的阶段分期

统计主创团队10-12月营销性微博的发布频数，可由刘按、闫超、"我们台湾这些年"、廖信忠的发言频数总和代表，从而分析读客的营销进程。创作团队的发布频数整体呈"少—多—少"三段式结构。10-12月总频数分别为99、427、97。10月25日之前总体水平偏低，除16日爆发至38次，其余时间总频数仅11。两次发布间常有1-3天间隔，连贯性弱；10月26日~11月26日为上升期，总频数449，日均15。期间出现6次峰值，11月20日达三个月中最大值42；11月28日-12月20日总频数骤降至115，日均5次。图中虚线为线性趋势线。

根据内容统计四类信息（新书推介、文段选刊、媒体宣传、读编交流）的发布频数，三个月中总频数为读编交流236、文段选刊186、媒体宣传129、新书推介56。10月中旬至11月上旬，文段选刊发布量最大，总频数129，伴随少量读编交流与新书推介；11月中下旬，读编交流大规模聚集，总频数196成为主要工作。媒体宣传位居第二，总频数78超出该阶段微博总数的1/3。文段选刊锐减至38次，新书推介以均衡的频数连续推出，但总频数30仍然最低；12月上中旬，媒体宣传总频数51成为主要工作。读编交流骤减至13次。文段选刊17次，新书推介9次。

将发布营销性微博的频数与内容的时间分布相结合，可推测主创团队10-12月营销的阶段分期：10月为营销主题"导入期"，连续选刊文段让读者认识新书，16日的突击式爆发对受众产生强烈刺激；11月为营销主题"热炒期"，一面借助广大媒体宣传造势，一面与博友加强互动，把"台湾"运作成热点话题；12月为话题"保温期"，持续媒体宣传，辅以新书推介和文段选刊，确保话题在未来长期保持热度。整体上看，营销重心在11月，中下旬达高峰。

三、读客微博客营销的效果评估

（一）舆论效应

制造舆论是营销目的之一，也是图书畅销前提。统计10-12月新浪博友关于营销主题的发言频数（剔除主创团队的营销性微博），可分析各阶段微博客营销的舆论效应。10—12月博友发言总频数分别为15、658、316。10月上旬为"沉静期"，言论基本为0；10月15日—11月5日为"预热期"，总频数25，保持在日均3次的低水平；11月6日—11月27日为"活跃期"，总频数600，日均30次为"预热期"10倍。期间出现6次峰值，11月27日达三个月中最大值87；11月28日—12月20日为"持续期"，总频数364，回落到日均16次的中等水平。整体呈"沉静—预热—活跃—持续"的渐进式发展，舆论集中在11月，中下旬达高峰。

（二）市场销量

网络市场方面，《台》从10月28日开始在当当网预售，11月2日每日预定量过千。11月6—17日居24小时图书排行榜第一，11月9—21日居新书热卖榜第一，11月27日居卓越网新书热买榜第一。

对比团队信息发布、博友舆论效应和市场销量三方数据：团队10月—11月上旬发布信息，11月中旬博友舆论才形成规模，网络市场才开始崛起，说明在营销主题"导入期"，受众形成关注需要一段时间，因此舆论、消费均稍滞后；11月中旬至12月，团队、博友发布微博的时间分布、变化趋势基本吻合，11月中下旬都出现4次峰值，除最高峰相距12天外，其余分布大致相当，同时网络市场火爆。可见在营销主题"热炒期"，受众舆论积极性高涨，直接推动图书热销；12月，三者水平回落到前时期的1/2且趋势稳定，可见在"保温期"，维持性策略保证了受众的持续关注，发挥了巩固舆论、稳定市场的作用。

四、读客微博客营销的编辑智慧

读客团队曾成功营销数百亿快速消费品，把快速消费品营销理念带入书业后大获成功，其特有的"读客方法"在微博客营销中得到充分的运用与发展。

（一）养成读者的习惯性资讯依赖

通过即时发布与链接共享，读客第一时间在微博客提供新书资讯和读者服务，实现全媒体信息同步。读者逐渐把微博客视为信息源，形成固定关注和品牌忠诚。读者的资讯依赖有利于读客汇聚核心读者、传播企业文化，促进精准营销和利润增长。

（二）用词语创造流行看法

"台湾"捧热了《台》，更引领了关注台湾的热潮。用词语创造流行，用话题制造舆论是读客的高明之处。总经理吴又从商业价值角度阐释了他的选择："词语标价是不一样的，商业中'台湾'的标价会比'武汉'高，所以我去做台湾。这些词语是值钱的，我就做。单本书销量一定要超过20万册才会去做，这本书我的期望最低是20万册，事实证明肯定没问题。"

（三）发动读者参与产品开发与信息传播

微博客中，人人有权参与信息的加工与传播，"传播者"与"受众"的界限淡化。读客利用微博客与读客互动，据其建议调整产品策略，鼓励读者共建产品。在微博客开展书评征集、有奖摄影等主题活动，借助博友的评论、转发实现信息的二次传播。当博友四处拍摄民众阅读《台》的场景时，其行为本身已成为醒目的广告。他们在活动中领悟并认同读客文化，将促进口碑营销和品牌建设。

"包装设计的本质是为产品写剧本，做舞台！"读客方法第22条总结道。微博客图书营销是读客的一次尝试，虽然相关策略尚未形成体系严密的"剧本"，但读客已在微博客找到了营销的新舞台。挖掘和借鉴该案例中的编辑智慧，对推动出版营销的创新发展具有深远意义。

点 评

此营销案例有如下几点颇为新颖，值得大家深思、借鉴：

1. 微博客营销贯穿营销全过程

从本案例可以看出，《台》运用微博客进行营销活动，激发读者对图书产生关注、互动、消费、评价等一系列行为。营销考虑全过程，贯穿营销导入期、成长期、维护期三个营销阶段。

（1）导入期。

影响力弱，固定受众群尚未形成，因此要采取"广撒网"策略，向广大网友投放信息。网友对信息产生偶发性的关注并锁定感兴趣的话题，将聚合成特定信息的关注群体，成为潜在读者。出版者通过与他们建立社区关系初步确定目标受众，为精准投放信息奠定基础。这一阶段，信息与受众的匹配精度很低，因此信息对读者产生的是泛向刺激，读者对信息形成的是弱印象。

(2) 成长期。

随着读者对该图书产品的兴趣和认知的加深，读者开始与出版者交流，甚至向亲友推荐信息，成为信息的二级传播者。出版者则通过开展社区主题活动提升品牌认知度。这一阶段，读者群逐渐成型，出版者可以针对明确的对象投放信息，因此信息与读者的匹配精度提高，信息对读者产生的是定向刺激，读者对信息产生的是强印象；同时，主动分享的读者发挥了散发印象的作用，信息对更广大的读者产生了辐射刺激。

(3) 维护期。

出版者对读者评论进行监控和反馈，对部分读者提出的消费意向进行处理，提供直销或沟通分销渠道，维护良好的品牌形象。

2．微博客营销贯穿出版全过程

图书营销大致包括选题策划、编辑出版、宣传销售、售后服务等环节。微博客营销可以从这四个环节实现与出版营销的对接。本案例在微博客的运用中主要体现在以下几个方面：

(1) 选题策划阶段，辅助市场分析。

首先是定性分析，根据微博客用户的阵营分布，分析读者需求的构成与分布；其次是定量分析，统计读者评论的数量，掌握各类读者需求的比例。抓住微博客中的热点话题或重大事件策划选题，根据读者反应计划出版物上市的时机。

(2) 编辑出版阶段，根据读者意见完善产品。

图书上市前可预先在微博客上做一些测试，试探读者的反映，并根据读者评论完善产品。这一阶段应注意捕捉微博客中的活跃人群与意见领袖，将其发展为二次传播的中坚力量。

(3) 宣传销售阶段，提升大众对出版社、出版物和作者的认知度。

出版社可开通官方微博，发布新书资讯，提供在线订购，组织社区主题活动，加强网友对企业文化的理解；推广图书产品时，可邀请业界专家、社会名人阅读、推荐，采取激励措施发动广大网友参与图书信息的二次传播；作者可发布反映个人生活、思想情感、创作思路的微博，促进读者对作者的认知。

(4) 售后服务阶段，加强读者服务与读编交流。

出版社的官方微博应提供读者答疑、产品评价与退换等服务，及时根据读者意见调整产品和营销策略。

第五章

音像制品出版营销案例评析

《变形金刚》电影整合营销案例

2009年6月24日凌晨,变形金刚系列电影《变形金刚:坠落者的复仇》全球同步首映开始。散场之际,人们津津乐道的是它的气势恢宏,它的超重低音,此外,还有影片中刹那闪过的一个品牌。虽然只有短短几秒钟,但眼尖的观众还是看到了,它就是美特斯邦威,一个土生土长的中国本土品牌。它出现在影片中没有一点突兀,反而令人觉得和谐。

一、相关背景

(一)美特斯邦威

美特斯邦威集团公司于1995年创建于中国浙江省温州市,主要研发、生产、销售美特斯·邦威、ME&CITY品牌休闲系列服饰(以下简称美邦)。

(二)变形金刚

变形金刚是从1984年起至今美国孩之宝(Hasbro)公司与日本TAKARA公司合作开发的系列玩具和推出的系列动画片/影片的总称。

《变形金刚》电影,上映日期:2007年7月4日。

《变形金刚:坠落者的复仇》也称《变形金刚2》,电影,上映日期:2009年6月24日。

(三)李奥贝纳

李奥贝纳广告公司是美国广告大师李奥·贝纳创建的广告公司,于1935年成立于美国芝加哥。现在是全球最大的广告公司之一,美国排名第一的广告公司,在全球80多个国家设有将近100个办事处。

二、合作过程

29岁的周龙和30岁出头的徐卫东至今仍记得,小时候看变形金刚时的万人空巷，如今，在成为美邦服饰的管理层后，他们仍然念念不忘。

不过，现在他们的角色变换为变形金刚中国版权的运作者。

热映中的《变形金刚2》正激起70后们的童年回忆，但是对于周龙和徐卫东而言，这是一顿地道的商业大餐。

如果如预期估算的那样，投入利润比能够达到1倍，那么这个合作无疑是这个夏天里中国最成功的商业运作之一。与《变形金刚2》的合作正是徐卫东和周龙这两个站在30岁门槛上的年轻人的杰作。

（一）错失

"这是70后、80后共同的童年回忆，而这批观众，正是美特斯邦威的目标消费群。"当天沟通的结果让周龙很兴奋，周成建在报告上批复："这个项目很有意思，可以去试一下。" 2006年12月，当电影《变形金刚1》敲响中国大门的时候，美邦还没有上市，时任杭州分公司经理的周龙向董事长周成建交呈了一项和《变形金刚1》合作的报告。

与好莱坞大片合作，是耐克、百事可乐、宝马、三星等国际知名企业惯用的商业手法，但对于中国内地的品牌来说，却还从未涉猎过。

周龙在报告里详述了合作方式、收益评估、介绍这部动画片在美特斯邦威的潜在客户心里，是怎样一座丰碑。

当时，美邦正专心于"加油，好男儿"的主冠名活动，时间紧张，只得忍痛放下。

2007年，《变形金刚》在中国获得2.7亿元的票房。里面没有任何中国品牌的植入。

当时，中欧商学院的周东生教授听了美邦对变形金刚的构想后，觉得很有意思，专门组织学员作为案例研究。

"如果仅是镜头植入，是非常简单的事情，"周龙说，"我们要做的是整合营销，包括产品开发、店堂展示、平面和电视宣传等，得充分考虑时间和预算。"

在这之后，美邦也曾与《功夫熊猫》接触，由于距上映仅三个月，来不及完成后续开发、推广，也不得不最终放弃。

"如今品牌不是某个环节的竞争，而是整个供应链，从设计生产到营销终端表现能力的竞争，包括整个销售团队"，美邦服饰副总经理徐卫东表示。因此，在做营销活动的时候也应当全方位地考虑。

（二）新鲜事

周龙又重提计划，发了条短信给周成建，报告预估的投入和收益。他们的预计是：如果情况理想，每1元钱投入将带来1元钱的赢利。

中国内地品牌与《变形金刚》合作,这对于双方来说,都是件新鲜事。

2008年下半年,《变形金刚2》正在紧张拍摄期,周龙又重提计划,发了条短信给周成建,报告预估的投入和收益。很快的,周成建回复短信:"好,做!"

"快速决定之后,是一个非常复杂的谈判过程,我们动用了所有能用上的关系,去探索这个事情该归谁管,和谁谈有用。"美邦股份副总经理徐卫东回忆道。

令人尴尬的是,《变形金刚》的版权持有方——美国派拉蒙电影公司(梦工场)和孩之宝公司,根本没有听说过美特斯邦威,甚至,也不认识做代言的周杰伦。"我们是第一家向他们提出要做镜头植入的中国公司,他们也觉得非常好奇,怎么会有一家中国的公司跑来谈合作?"

当时,和派拉蒙、孩之宝谈合作的企业很多,如福特汽车、LG等,有多次与美国公司合作的基础。"我们极力推荐我们的品牌实力和代言人,但对方表示没有听说过,"徐卫东说。在他们的印象中,在亚洲只有和日本、韩国品牌合作的经历,完全没有对中国大陆的印象。"这两家公司的高层都没有来过中国,可以想象,他们对中国品牌的认知是非常薄弱的。"周龙说。

美邦希望获得《变形金刚》在中国的特许,必须分头和派拉蒙洽谈镜头植入,与孩之宝洽谈形象授权,这其中还包括很多交叉授权的问题。美邦判断是:这两方面都很重要,少了其中任何一点,都会降低影响力。

这些工作花了近半年的时间。

美邦曾通过孩之宝在中国区的一家代理公司前去洽谈,结果直接回复称,"已经签给别人了。"有些中介公司为了争取版权,或者考虑到授权不对亚洲市场开放等原因,也直接拒绝了美邦。"这让我们很郁闷,但我们没有放弃,还是频繁地通过各种渠道去和对方接触。"周龙说,"包括美国著名的娱乐营销公司Norm Marshall Associates,也为此项合作牵线搭桥。"

逐渐地,这两家公司开始好奇:"怎么有这么多人在帮这家企业说话,这个三番五次通过各种渠道来找我们的中国公司,究竟是什么样的?"

(三)转机

2008年底,当派拉蒙的制片人洛伦佐(LorenzodiBonaventura)走在中国上海的地标——南京东路的时候,这场合作就发生了转机。

这是洛伦佐第一次来中国,作为一名普通游客,他理所当然地选择了上海的南京东路和外滩。行走在南京东路步行街上,他突然见到大幅"Meters/bonwe"的标志,这正是与他们谈判的中国品牌。

这个标志吸引了洛伦佐的注意,他以游客身份参观完这幢处于中国最繁华地段、9000多平方米的美特斯邦威旗舰店后便赞不绝口。一至四楼全部是服饰产品,五楼则是美特斯邦威自己的"中国服饰博物馆"。

"看完之后，洛伦佐非常震惊，终于相信，我们确实是一家拥有丰富产品线和文化底蕴的中国品牌。"周龙介绍。

美邦年销售45亿元，2600家专卖店分布在各省市的一线商圈，这点也是派拉蒙公司尤为看重的，品牌在一线商圈的影响力，将加强影片的宣传攻势。

当天晚上，派拉蒙公司电话通知美特斯邦威，希望第二天面谈。

在黄埔江边的香格里拉，徐卫东、周龙第一次见到洛伦佐，加上翻译，现场总共只有六个人。徐卫东和周龙觉得这是个推介品牌的好机会，便直接提出需求。

洛伦佐称，想不到中国的品牌可以做得这么好。"产品这么丰富，价格这么便宜，如果把店开到美国，绝对不输于国际上的很多品牌。"洛伦佐奇怪美邦为什么不在美国开店，甚至表示，如果美邦在美国开店，又可以授权的话，他会很有兴趣。

"他看上去很亲和，像个普通的美国大叔，我们在交换名片时，他称自己没有名片。"周龙笑着说，这毕竟是第一次和国外公司合作，心里非常忐忑。

直到当天下午，孩之宝的首度推介会上，这位"美国大叔"作为派拉蒙的代表上台讲话，周龙才舒了一口气。"我们当时没有经验，很想拿下这个项目，同时又非常担心被骗，尽管钱是放在第三方银行，可以随时拿回。"

再次重逢后，徐卫东和周龙亲切地跟洛伦佐打招呼，并且当着大家的面，洛伦佐向孩之宝推荐说，"在中国，你们一定要和他们合作"，如此隆重的推介，让孩之宝的人非常惊讶。

这对美邦的合作起了关键性的作用，当时，美邦尽管已经着手洽谈合作事宜，但毕竟还没有签协议。

在派拉蒙制片人洛伦佐的中国行之后，孩之宝的亚洲区总经理和中国地区的负责人也相继参观了美邦的公司和店铺，对美邦的规模地位、品牌基调和整体营销方案进行了解。

在整个谈判沟通中，对方从并不在意，到派出更高级别的代表，涉及越来越多的部门，重视度不断提高。"当他们看到我们展示的实力时，就会知道，和我们合作是对的。"周龙说。

（四）牵手

全球版或中国版的镜头植入，其中差额巨大。"我们考虑到，在中国，很多人还是希望看原版电影，这部分的消费群，我们也不希望放过。"周龙说。

6月24日，美邦宣布作为首家中国内地的品牌，拿下了与派拉蒙和孩之宝的变形金刚版权中国特许。

变形金刚版权的拥有方美国孩之宝公司，《变形金刚2》的制片方美国派拉蒙电影公司，授权美邦为变形金刚系列服饰中国唯一品牌合作方，可在服饰产品中使用其字体、标志、人物等形象。此外，"Meters/bonwe"的有关品牌画面也将在电影《变形金刚2》中有所植入。

在合同签完之后，孩之宝又提出，希望在美邦的店铺里，销售变形金刚的玩具。

与美邦的这次合作，被孩之宝公司认为是"非常满意的案例"。孩之宝表示，这是我们第一次直接和国内服饰品牌公司合作，美邦的产品设计、媒体宣传、市场表现等都给了我们极大的信心将成为跨界合作的典范。

同时，孩之宝也加大了在中国的销售力度，专门在上海设立授权部门。

《变形金刚2》的导演迈克尔·贝（MichaelBay），在看到美邦展示的广告片脚本后，非常喜欢，主动提出要亲自执导这部广告片。

这个消息让美邦着实兴奋，因为作为全球知名的导演，很难得有机会主动提出去拍一部广告片。迈克尔不仅会加大广告的影响力，在内容方面，导演也主动提出，不止一个擎天柱，可以提供更多变形金刚形象，或者可以拍摄一个系列。

"我们很期待，在等了两周之后，迈克尔能确定的档期只有6月，超出了我们对时间的规划，只能放弃了"，周龙介绍，这是非常可惜的事情，双方都很有诚意，但当时已经到了《变形金刚2》的最终剪辑期，美邦的产品开发设计也面临最后的攻坚战。

在美邦的计划中，还曾提出让周杰伦演唱变形金刚的中文版主题曲，然后拍摄MV。"周杰伦同意了，制作方开始也同意了，但最终还是决定推他们全球版的主题曲。"周龙说，这也是个遗憾的事情，他们更看重影片的全球概念，我们也很理解。

据称，这个项目的整体运营，美邦共花费8位数的代价，当时可以选择做全球版或中国版的镜头植入，其中差额巨大，"我们考虑到，在中国，很多人还是希望看原版电影，这部分的消费群，我们也不希望放过。"周龙说，通过这样的合作，希望展示美邦是具有全球新视野的品牌。

（五）反响

美邦特别为变形金刚开发了几个系列的服饰，共200多款颜色，100多万件。随后，着手全新的整合营销，在店铺、网络、杂志、电影院形成联动，拍摄了TVC和平面广告，举办促销活动，并投放大量广告。

"通常六七月份是销售的淡季，而目前来看，我们的销售比去年同期有两位数的上升，以目前的经济环境来说，这是很值得高兴的。"徐卫东表示，两个品牌的相互借力合作，达到双赢的局面。首映当天，很多粉丝穿着美邦设计的变形金刚服饰集体聚会。

从整体的销售带动，到品牌合作的影响力，美邦认为非常满意，以后还会有产品持续在店铺销售。

《变形金刚2》在美国首映的时候,派拉蒙公司邀请美邦参加,一起走红地毯。"我们自己内部都已想好了,要穿上变形金刚的T恤,配变形金刚的西装,拿变形金刚的包包等等,但最终也因为手头的事情,没有去成。"

很难想象,中国民营企业首度联手好莱坞,在美邦是由徐卫东和周龙这两个30岁左右的年轻人完成的。在回顾这段经历时,他们认为,这与董事长周成建果断的行事风格有很大关系。

"这在其他公司是很难以想象的。"徐卫东表示,"接下来美邦还会有更多不一样的运营,不会仅局限于电影。"

点　评

1．营销核心：将话题与品牌生命力联结

合适的才是最好的。找到一个有效话题来发挥,最需要的就是判断品牌和话题的定位是否一致,并找到二者的切合点。一个休闲服装类品牌,向好莱坞大片伸出合作之手,除了利用国人对它的高认知度,还源于二者体现出的很"潮"很"酷"的状态也刚好吻合。营销应该做到独特,不管是事件营销,公关营销,还是整合营销,必须有其突出特点才会引起广泛关注。如果别人做过,那你肯定不会是最强的。这次也是如此,美邦是与好莱坞大片合作的第一个中国内地品牌,可以说因为美邦具有'对事件敏锐度高'的基因才能有此次合作,才这么引起关注。

在设计广告片过程中,想要不单纯宣传品牌,还使品牌与《变形金刚：坠落者的复仇》气质上有更多的连接甚至融为一体,貌似一个不可突破的难题。此次广告创意巧妙地运用变形金刚固有的正邪两派。消费者并不是都喜欢博派的,也有人喜欢狂派,他们愿意把自己喜欢派别的logo贴在车上、电脑上,来表达自己的立场。"广告玩的就是这么一个心态——让消费者自己来表达钟爱哪一方。所以,我们的广告片讲述了一个年轻人挑选了件印有邪派图案的衣服,出店后遭到正派的汽车人追踪,最终"迫使"他穿正派的衣服。广告片将电影《变形金刚1》中的片段与现实拍摄有机结合在一起。"上海李奥贝纳的营运总监李巍如是说。在广告中有一个情感诉求点,那就是大家无论对博派还是狂派都有感情,都有各自支持的一方。利用这个情感的连接点,李奥贝纳编织出一个透着浓烈怀旧气息的现代故事,同时把产品自然融入其中。如此这般,和变形金刚一起长大的80后来了,喜爱变形金刚、

个性至上的 90 后也来了。唯一的共同点是：大家都是变形金刚的忠实"粉丝"。

2．传播效应：整合的是注意力

整合营销传播（IMC，Integrated Marketing Communications）概念始于 1980 年代末。全球第一部 IMC 专著《整合营销传播》于 1992 年在美国问世，作者是在广告界极负盛名的美国西北大学教授唐·舒尔茨（Don E. Schultz）及其合作者斯坦利·田纳本（Stanley I. Tannenbaum）、罗伯特·劳特朋（Robert F. Lauterborn）。

整合营销传播虽早已风靡营销界、广告界与公关界，到了言必称"整合"的境地，却远非一个多么成熟的概念，即便是定义也是众说纷纭，莫衷一是。全美广告业协会（AAAA）将 IMC 定义为："IMC 是一个营销传播计划概念，它注重以下综合计划的增加值，即通过评价广告、直接邮寄、人员推销和公共关系等传播手段的战略作用，以提供明确、一致和最有效的传播影响力。"

关于传统营销和整合营销传播的区别，舒尔茨教授用了一句非常生动的话来表述：前者是"消费者请注意"，后者是"请注意消费者"。IMC 的核心思想在于以消费者或客户为导向重组营销行为，亦即通过整合各种营销手段、媒体资源以及各部门行为，实现与消费者的双向沟通，更有效地达到营销目标。

我们常常将其简单地理解为传播手段的整合，认为不仅采用广告，还要灵活运用必要的推销、公关、直销、包装、渠道等诸多传播方法，达到协同效应。对营销手段与媒体不存在任何偏好，而是一切以营销目标为导向，选择最合适的组合。

其实 IMC 还包含其他三层内涵：

（1）彻底的消费者导向。

把消费者导向贯穿到营销的每一个思考与行为当中，以消费者为导向既是一次整合营销传播的出发点，也是一次整合营销传播的终结点，更是整合营销传播过程中每一个环节的焦点，并继续贯穿于下一轮整合营销传播的始终。

（2）以所有利益相关者为目标。

品牌传播的目标受众是所有利益相关者，而不单是消费者或客户，它包括消费或客户、潜在客户、员工、投资者、竞争对手等直接利益相关者（Interest Groups）与小区、大众媒体、政府、各种社会团体等间接利益相关者（Stakeholders）。

（3）组织资源的整合。

以尽可能少的资源实现尽可能多的目标是管理的基本功能。组织资源必须以消费者为导向重新进行配置，因为组织资源常常存在重复浪费现象，有时甚至彼此冲突与相互干扰。资源不足的企业更需要整合，以达到以一当十的效果。

（4）强调双向沟通。

通过有效的营销组合将产品或企业信息传递给利益相关者，激发消费者或客户的购买行为，然后通过对消费者反应的测量与控制建立数据库，整理消费者行为模式，以指导下一轮的营销传播活动。整合营销的精华，无非是"众口一词"。这里的口，也就是传播渠道的控制和运用，利用多渠道构建统一、独特的品牌形象。达到深入人心的效果和更广泛的消费者认知目的。除了电视上的贴片广告、电影中的植入广告，美特斯邦威的身影还出现在店铺的海报上，利用动画片的版权，采用动画元素配合真人的方式来呈现；美特斯邦威的网站上，也齐刷刷换上变形金刚的主题和色调，其中不乏与消费者的互动和沟通；在夜色弥漫的上海南京东路，亦可看到户外的 LED 液晶屏闪烁着美特斯邦威的个性张扬。

3. 结合此案例进行经验的总结

(1) 优秀方案需要早计划、早准备。

2008年下半年得知《变形金刚2》正在紧张拍摄期，由于之前对《变形金刚1》有过评估与准备，很快美邦就做出了积极争取合作的决定，这在后来被看作"美邦的惊人的决断力"是建立在2006年已经有所准备的前提上的。与《变形金刚2》的合作，如果1月份才计划，那么影片的植入广告可能就做不了，时间来不及拿到许可，就可能只是打下擦边球做一些广告，整合的程度就会差很多，效果也会差很多。有点子就要早计划，否则就会因为时间不够而执行不出来，或者达不到想要的效果。越晚的计划，选择就越少。

(2) 在传播中要与消费者的情感进行联系。

现在整合营销已经被很广泛地应用。要做好整合营销，首先要对年轻人市场的脉动有很高的敏感度，搭着潮流的顺风车来进行某种品牌结合。此次美特斯邦威借势电影《变形金刚2》，从多角度吸引了年轻人的关注和参与，实现了成功的整合营销传播。

在广告的创意上，不是纯粹表面上在玩"变形"，这是最容易玩的，但与消费者的情感是没有任何联系的。一定要与消费者有关联度。要找到消费者喜欢电影的地方，他的热情在哪，然后把消费者的这些热情融入到广告片中。抓到观众喜欢电影中两个派别的对抗，不同的观众喜欢不同的派别，就把消费者的这种心态融入到与产品有关系的故事中，如果纯粹只讲两个派别的对立，与品牌或产品无关就是一种浪费。广告片是想传达，你买博派还是狂派的衣服其实是有意义在里面的，这样，衣服的价值就不仅仅是设计的价值，还有情感上的价值。

(3) 好的营销会使品牌收益颇多。

增强美特斯邦威这一零售品牌的国际形象，同时也结合这样一个时尚事件制造新的品牌话题。美邦与《变形金刚2》合作的意义，并不只是使美特斯邦威多卖掉点衣服，更在于对品牌的贡献，对企业形象的贡献。同时，又更能抓住当下年轻人，让他们觉得美特斯邦威与他们更贴近。消费者不停地在变,早 5 年穿美特斯邦威的人现在已经不穿了,新上来的年轻人喜欢的东西又不一样,他们需要一些新的事件,新的话题让他们觉得他们与美特斯邦威的关系更近,觉得那是属于他们的品牌。

《失恋33天》营销案例

回顾2011年的内地电影市场，可以用"大片不给力，小片有惊喜"来形容。在这一年里，中国内地的电影市场全年总票房已然突破130亿元，比2010年的"百亿大关"再度大幅提升。然而国产影片在数量明显占优的情况下，获得的票房却难以达到总票房的一半，特别是国产大片，依次败倒在那些中小成本电影上。

就是在这个国产电影每逢好莱坞大片必成炮灰的环境里，总投资不到1500万的《失恋33天》在四部好莱坞大片围追堵截之下，一举斩获了令人咋舌的3.5亿票房，是当初预估票房数的10倍还多！

年度经典黑马由此诞生。正如《第10放映室》在"2011电影盘点"中所说："《失恋33天》对中国电影的意义在于，它第一次开掘了一个可以复制的市场模式——这部电影所有的构成元素都是当下电影市场上可购买到的。原著故事来自中文网络，主创都是内地年轻团队，演员都是内地阵容，制作资金在中小范围之内，宣发营销团队也是内地专业化团队。这些元素对于国产电影来说，具备了可重复组合的可能性。"在这些可复制的元素里，专业化的电影营销不失为一大重要因素。这部耗资1500万的电影却获得了几亿的票房。其成功之处，莫过于它的宣传，那么它是怎么宣传的呢？又是怎么成为了一个成功的网络营销案例呢？

一、电影"营销"那些事儿

之所以给"营销"两个字加上双引号，是因为到现在为止，国内电影界也没有真正把"营销"两个字放在眼里，而把营销当作电影制作和发行当中重要一环的例子更是少之又少。

而在几年前，"营销"对于中国电影业来说还是个十分陌生的词汇，营销意识薄弱、营销人才奇缺、营销模式单一是所有电影营销人面临的问题。自上世纪八九十年代以来，"海报+售票窗口"的模式一直占据着活得不痛不痒的电影院线，直到2002年的《英雄》来临，才让人们感受到了"营销"的魅力，接下来《十面埋伏》《2046》《功夫》《天下无贼》等影片的比拼更是让营销迅速升值。

不过，纵观世界电影营销的现状，中国的电影营销只是进入了启蒙时代。与好莱坞电影的营销相比，差距非常明显。好莱坞的营销策划建立在科学运作的基础上，他们不是凭感觉和经验进行咨询，而是通过严密的市场调查和信息分析，设计出一套完备的营销方案。而中国电影业的整体营销水平不高，很多电影企业的营销行为随意性强而科学性弱，还不懂得什么是真正的电影营销策划。

特别是在数字媒体大爆发的冲击下，这几年的营销都有点摸着石头过河的意味，没有可参考的成功案例和学习的榜样，只有靠自身一点一滴的探索和积累。其实在《失恋33天》之前，已经有《让子弹飞》试水微博营销，让有话语权的名人众口一词把普通观众的胃口吊得极高，以致电影一上映就呈井喷状态，票房轻松过亿。随后很多艺术产品都开始加大微博宣传的力度，到了《将爱情进行到底》时，除了出动男主角太太、唱主题曲的王菲大玩语音微博，还发起"微情书"活动，共有5万多条微博参与，而开展"毕业不分手——校园情侣征集"活动，并制作成短片植入电影结尾，被不少人称为是整部电影的精华，叫人眼前一亮。而《西风烈》《非诚勿扰2》《幸福额度》乃至音乐剧《妈妈咪呀！》等作品都可谓尝试微博营销的先驱！

到了《失恋33天》这里，电影营销已然形成了一整套"以SNS、微博为代表的自媒体传播"新思维，虽然依旧是对数字媒体的探索，但是有先前的经验积累，《失恋33天》算是很幸运地探索成功了。这并不意味着该片的成功经验适用于所有电影，但是对于国产小成本电影来讲，《失恋33天》的数字媒体营销的确具有很高的参考价值。

二、《失恋33天》的网络路线

回顾《失恋33天》的网络营销策略，首先是准备十分充分，在全国7个城市拍摄了14个有关失恋的短片，加上《失恋33天》的剧本最初是网上的一个热门帖子，最后变成了小说，拥有150多万忠实粉丝，在之前宣传的预告片中很好地埋下了话题种子，再加上很好的口碑效应，从而实现了良好的收益。以下数据便能说明。

从搜索引擎数据来看，已经是一个非常庞大的数字。

再来看看搜索的年龄、性别方面，从比例上来看相对比较均匀。关注的年龄分布也是以年轻人为主，更加从侧面印证了《失恋33天》在网络营销中的定位精准。

看看微博的关注度。新浪微博直接搜"失恋33天"找到约670多万条消息，腾讯微博直接搜索找到了约330多万条消息。而分享的前2位用户听众均是万级博主，从第3位开始也是将近万级听众的博主，试想一下，这里搜索到的博主听众加起来又有多少呢？再加上明星效应，加上明星微博粉丝们的跟进传递，分享信息肯定已经破千万。

"《失恋33天》的成功再次说明电影营销在一部电影作品的发行中起着越来越重要的作用，是保证票房成绩的一剂良药。而《失恋33天》在推广前后的表现也有诸多可复制之处，它的每一记杀手锏都可谓电影营销的试金石。2010年发生了网络营销的质变，这对中国电影的商业模式，带来很大的一个突破。网络营销包括微博，这都不能小看，中国电影的宣传手段、营销手段都发生了极大的变化。"广东省电影公司、珠江影业传媒总经理赵军说。

三、《失恋33天》的SoLoMo营销

这是一场以小搏大的营销战役，除了影片本身的质量之外，还有一些纯粹是走运的因素，比如天时——毕竟6个1的"神棍节"100年才有一次。但是，作为营销人，更应该从中找到其可控的因素和营销逻辑。

（一）营销性价比

将营销侧重于社会化媒体，在宣传推广的前期几乎没有在传统媒体上露面，对于《失恋33天》的推广团队来说，当时是一种无奈的选择。

事实上，中国电影营销自从告别了20世纪末"海报＋售票窗口"时代，就开始通过传统媒体进行炒作，投放广告，举办首映礼，召开明星见面会、新片推介会、进行网络推广，形成了相对固定的电影营销模式。

不可否认，这种电影营销模式至今仍在发挥巨大的作用。如果《失恋33天》是一部大制作的电影，投入几千万元，恐怕也会采用全媒体投放广告的路子，进行高空轰炸，最大化覆盖受众。

推广团队成员之一，影行天下负责人张文伯认为，过去做影片传播和公关，一般是"把稿子发给报纸，把物料发给网站、电视台，管他们要位置，这是单向传播，有很多中间环节，要做大量的公关活动。"

由于小成本电影的低营销预算，迫使《失恋33天》营销团队必须"不走寻常路"，不再单向传播，而是要提高营销精准度，追求营销性价比。

"人们获取信息的方式在改变，营销的平台、形式和内容将随之发生变化，这决定了社会化媒体营销是趋势，但目前国内还没有成功的经验可遵循。《杜拉拉升职记》是初尝社会化媒体营销，《将爱》是以社会化媒体营销为辅，《失恋33天》则是以社会化媒体营销为主。"《失恋33天》营销推广团队的另一个成员伟德福思的负责人陈肃说，"现在大家都在讨论这个案例，因为性价比太高了，《失恋33天》

是国内历史上国产片票房第六。"

（二）社会化媒体

刚进行营销推广时，张文伯对《失恋33天》做了评估，评估的结果让他很为难："剧本的可读性很强，但台词太多，总是晃范儿，感觉是在看电视剧剧本。导演在电视剧领域很有名，但是电影线的记者对他不熟。演员的情况也相仿，文章、白百何作为明星，话题性和关注度都不高。再加上这么少的投资，这么不新鲜的类型，还有一个从来没合作过的投资方……几乎没有一个是加分项，如果用我们常规的宣传套路做，基本可以预测到结果。"

根据《失恋33天》的主题，影片在"神棍节"期间上映无疑是最佳时机。然后，再按照影片放映档期进行"倒推"，推广团队确定了落地活动、物料素材发布、艺人通告、常规稿件发布等工作。

"制定推广方案，其中最重要的是弄清楚目标消费者，而目标消费者与票房目标密切相关，片方最初的预期是票房2500万到3000万。"张文伯说。

根据营销预算和票房目标，《失恋33天》必须精准营销，这就对传播渠道选择提出了很高的要求。事实上，目前电影的竞争就是传播渠道的竞争，只有电视、报纸、杂志大肆报道，以及在门户网站占有重要的位置，才有可能吸引电影院院线和大批观众。

"小片的日子越来越难过，连我们自己都不好意思跟人家要位置，老拿'合作'说事儿也不是个办法，毕竟媒体需要发行量、点击量，你的新闻放在那儿，就是不如人家的更扯眼球。"张文伯认为老是这么做等于拖媒体的后腿，"不符合互利互惠的原则"。

因此，他们决定跳过传统媒体，借助社交媒体发布信息，直接与目标消费者对话、互动，以更直接的方式传递信息。他们圈定了两大受众群体——大学生和白领，选择的社会化传播渠道是新浪微博和人人网。

2011年2月，美国KPCB风险投资公司合伙人约翰·杜尔把Social（社交）、Local（本地化）和Mobile（移动）整合在一起，提出SoLoMo概念。

陈肃和张文伯事后发现，《失恋33天》的营销推广居然与SoLoMo吻合。

1.So：社会化媒体的互动传播

以新浪微博和人人网为宣传阵地，《失恋33天》以"情感的怀念和发泄"为主要诉求，对准85后、90后大学生和白领群体，把电影话题转变为社会话题，紧贴"光棍节"关键词，紧贴热点，不断制造话题。"引起共鸣，攻心为上。"陈肃说。

"这个片子超过了以往别的片子社会化媒体营销的费用，比如在7个城市拍摄

'失恋物语'、物料制作等,大概为150万元。客户没有具体限定社会化媒体营销的预算,是看着效果好慢慢追加的。在传统媒体上,最后追加了200万元的硬广告,之前的预算是400万元。"陈肃说。

影片预告片和《失恋物语》系列视频主要通过视频网站和社交平台传播,通过普通人讲述普通人的失恋故事,以感动更多的普通人。并且,借助微博平台不断加强失恋主题宣传,通过戏外宣传制造口碑效应,注重粉丝的反馈和意见,第一时间与粉丝互动。

在微博渠道组合上,横向采用官方微博、草根微博和明星微博,广泛撒网;纵向借助各类微博应用,比如微博投票、微博活动、微博小插件等,组成一个微博矩阵,然后分别以图片、文字、音乐、视频等形式进行传播。一时之间,微博上随处可见关于失恋的话题和关键字。

通过官方微博主攻,聚集黏性粉丝。通过影片主演及其圈中好友的明星微博发布信息,通过草根微博制造话题,让大众兴奋,自然而然地传播,再通过辅助微博发布与影片有关的语录、心语等,创建后援会和粉丝团等组织。

当然,微博营销并不仅限于线上,通过线上征集视频拍摄主角,在线下完成拍摄,同时以线下拍摄活动影响线上传播和关注,形成传播的良性循环。

在举行关机仪式之后,营销团队推出了第二个落地活动——启动"失恋博物馆"。"失恋博物馆"是陈肃对《失恋33天》在新浪视频建立的视频官网提出的概念。陈肃认为,叫官网宣传味太浓,"叫'失恋博物馆'更有噱头"。除了大量的影片宣传素材,他们还把在微博上征集到的分手信物、失恋后的心情感受、疗伤歌曲等放到"失恋博物馆"营造气氛。

2. Lo:7个票仓城市的"失恋物语"

营销团队在3个月内,奔赴7个票仓城市,拍摄"失恋物语"。一方面通过新浪官方微博征集自愿参与拍摄的普通人,一方面借助影片的广告客户珍爱网,在其会员中寻找合适的人选,一边拍摄,一边推广,并且根据实时互动,确定拍摄内容和角度。

"7个城市要做出风格来,就是标志性建筑和方言,这是个探索的过程。'失恋物语'后来由网民自发制作和传播,现在已经达到了25部。"陈肃说。

拍摄完7部视频后,他们又推出城市精华版"失恋物语",把采访资料剪辑成一条短片,再次发布,形成二次传播。

3. Mo:移动终端的APP设计

营销团队开发了影片应用于移动终端的APP,并与Kaila视频合作推出"成人玩偶"猫小贱,通过淘宝平台售卖。

技术变革必然带来商业模式变革，以及营销变革，而电影宣传正是电影营销的一个组成部分，所有的营销策划、宣传推广都应该具有社会化、本地化的特点，并且高度关注移动领域，三者形成的即时性传播，可以通过互动、分享等获得受众的反馈，并将其中的亮点迅速转化为新的炸点进行二次传播，杀伤力更强。国产小成本电影的宣传推广，一定要走新媒体营销之路，这是大势所趋，技术是第一生产力。因为这个平台是开放的，对所有人都是公平的，不需要公关，只需要创意支持和执行到位。

最终，《失恋33天》这部"乐观、幽默、不哀怨"，投资不足1000万元的电影，加上宣传发行费用，总投资大约1500万元，票房却超过3亿元，将三部好莱坞大片《猿球崛起》《铁甲钢拳》和《惊天战神》甩到了身后。《失恋33天》，为在高投入大片和商业性微电影之间寻找生机的小成本电影树立了一个标杆。

点 评

1. 利用优势资源

《失恋33天》的剧本最初是网上的一个热门帖子，最后变成了小说，拥有150多万忠实粉丝，在之前宣传的预告片中很好地埋下了话题种子，再加上很好的口碑效应，从而实现了良好的聚焦效应。

2. 以短篇开路制造话题

《失恋33天》拍摄了一组名为《失恋物语》的短片，从不同的城市选取年轻人讲述自己的失恋经历，然后在微博等平台投放，引起了巨大反响和共鸣。除了片方拍摄的7大城市的短片，网友们更自发地拍摄了20多个不同城市、不同方言、不同版本的《失恋物语》。让"失恋"成为一个影响大批年轻网民的流行话题，进而带动大家对电影的关注。

"失恋博物馆"也是《失恋33天》整个营销计划中十分漂亮的一笔。电影的第一次落地活动——"关机仪式"主打产品是《失恋物语》，而第二次落地活动则是启动"失恋博物馆"，其实就是针对本片在新浪视频建立的一个视频官网提出的概念，颇有噱头。除了本片大量的视频宣传素材，还把在微博上征集到的分手信物、失恋后的心情感受、疗伤歌曲等等放在上面，营造一种气氛。

前后连贯的主题，令"失恋"话题深入群众，"失恋物语"系列在各大视频网站的播放量超过 2000 万，百度指数从 13 万拉高到 17 万。

3. 定位准确

在制作整体方案之前，最重要的就是理清电影的目标消费者，而目标消费者与票房目标息息相关。根据片方最初给出的最低预期是 2500 万到 3000 万的票房，宣传团队根据这个目标圈定了两个范围——大学生和办公室白领。要对这两个人群做精准传播，目标确定就要选择传播渠道

其实，电影的宣传推广已经演变成渠道之争，且竞争愈发激烈，大片的优势越来越明显，撇开影片质量不提，但大片更容易赢得报纸的大版面、电视栏目的邀约，以及门户网站的重要位置，小片的日子越来越难过。因此，只能在那些非常规渠道上下功夫，于是《失恋 33 天》圈定的两个最重要的平台是新浪微博和人人网。

4. 微博营销

《失恋 33 天》打造了官方微博粉丝量近 10 万，同时还打造了很多"失恋 33 天"的微博号码，像失恋 33 天经典语录、失恋 33 天心语等微博号粉丝数都在 10 万上，这样就形成了一个庞大的微博矩阵，由这个矩阵加上话题再加上各大排名靠前的草根微博转播和推荐，所形成的力量在微博上无疑是巨大的。

5. 借光棍节的势

在电影上映的半年前，《失恋 33 天》就已经开始做网络上的话题营销，不但启动早，而且环环相扣，在全国多个城市都做了失恋物语、失恋纪念品的收集，为电影积累了人气。而在安排档期之时，宣传团队就想到了 2011 年 11 月 11 日这一百年一遇的世纪光棍节。于是《失恋 33 天》将档期安排在 2011 年 11 月 8 日，目的是给电影多几天口碑扩展、发酵的时间，然后开始主打"世纪光棍节"这个概念。

6. 宣传时间安排得当

《失恋 33 天》把宣传时间拉得足够长，从 2011 年 3 月开始着手准备，到电影于 2011 年 11 月 8 日上映，足足有半年多时间，让话题有充分的发酵期，踏踏实实地把每一步想法执行到位，取得好的传播效果就水到渠成了。

《金陵十三钗》成功营销秘诀

《金陵十三钗》是 2011 年张艺谋执导的战争史诗电影，根据严歌苓同名小说改编。影片筹备 4 年，投资 6 亿元人民币。瞄准全球市场，首度邀请好莱坞战争特效团队和一线影星克里斯蒂安·贝尔加盟。

著名导演张艺谋在北京奥运会前看到严歌苓的这个小说，随后便买下版权，"故事的视角很独特，从 13 个金陵风尘女子传奇性的角度切入，表达一个救赎的主题，反映了崇高的人道主义，决定改编成电影。我希望影片能给今天的观众带来不同以往的感受，肯定与以往的南京题材影片都不一样。"张艺谋透露，与原著相比，影片中加入了表现中国人浴血抗争这一故事线索，"需要表现中国人的血性、不屈不挠的精神"。张艺谋透露片中也有不少战争场面，不过不会太过强调大场面，"战争场面是要靠细节才能让人记得住"。

张艺谋说："从 2006 年第一次看到严歌苓的原著小说到现在，这四五年间，从选角到拍摄，是一次十分艰苦的创作。牢记历史是希望珍惜今天的和平，善良、救赎和爱是这部电影的主题。"张艺谋说，1937 年南京题材的电影此前有过不少，未来还将继续被电影人表现，因为这是民族历史中相当重要的一段，《金陵十三钗》原著小说的独特性则是打动他之处，越复杂的故事，越宏大的背景，越要关注人物、人物的细节和关系，还原到人和人性的刻画是最重要的功课，他一直在做这样的努力。编剧之一刘恒说，《金陵十三钗》是"用人类之善向人类之恶宣战"，观众会被影片感动是因为"每个人的内心都有一个善良的角落和土地，一旦种子播种下去就会开花结果"。

《金陵十三钗》制片人张伟平要求打破常规，提出与院线票房分账比例从原来的 43% 提高 2 个百分点。虽然片方多分 2% 的要求，在院线经理心里有着割肉般的痛，但是依然挡不住他们对该片艺术质量上的交口称赞：这是今年最好的国产大片。记者在现场采访这些特殊的观众，所有的人几乎都先把"票房"上的对峙放在一边，观影《金陵十三钗》带来的快感和触痛占据了脑海。"很想再看一遍，电影拍得很紧凑，没有感到有两个多小时的长度。"记者请观影后的几个经理打分，大家都是不约而同地说，起码 99 分。

与此同时，对于调整票房分账、提高最低票价等问题最终也得出答案——院线同意了出品方提出的最低票价策略，即一类城市 40 元，二类城市 35 元，三类城市

30元。片方提出的45%分账要求也基本达成共识。

一、以质论价一切由市场去判断

《金陵十三钗》上映时最低票价上调5元，同时与影院票房分账比例提高2%，这在业界引起轩然大波。片方要从现在电影院口袋中多分2%的利润，确实令影院很不爽。此前有院线表态：希望分账和最低票价都维持现有水平，如果电影局需要提高分账比例，院线会考虑大势，但一定给院线和影院消化的时间。有的院线甚至放言，改变比例分成，我们就不放《金陵十三钗》了。面对白热化的胶着状态，以至于电影局不得不出面坐台调整。面对被热议的调整票房分账、提高最低票价等问题，院线和片方新画面做了进一步沟通。针对与观众切身利益相关的最低票价问题，双方同意维持新画面提出的最低票价策略，即一类城市40元，二类城市35元，三类城市30元。但有特殊情况（团购、半价日等）的影院可通过院线向片方申请调整最低票价。

对于片方提出的提高分账所得，即从43%提高到45%的要求，双方也基本达成共识。但具体分账比例双方都有松动的态度，双方可根据放映情况微调。

二、售出版权

张艺谋的巨制《金陵十三钗》全球发行权已在戛纳售出，曾买下奥斯卡最佳影片《国王的演讲》国际发行权的FilmNation Entertainment公司，从新画面影业购买了《金陵十三钗》除北美、中国和亚洲部分地区以外的全球发行权。制片人张伟平表示，有国际巨星克里斯蒂安·贝尔加盟，他相信高达6亿元人民币投资的《金陵十三钗》，一定能在全球150多个国家和地区上映，除之前预计内地10亿元票房外，这部影片也能拿到同等数字的全球票房。

《金陵十三钗》此前海外译名《南京英雄》，不过片方称，根据好莱坞专家建议，海外英文名已改为《拯救》。《金陵十三钗》根据严歌苓的同名原著改编，剧本由严歌苓与《集结号》编剧刘恒共同执笔。"这部作品极富写实性，描写了人们面对邪恶勇敢抵抗的故事，绝对会吸引全球影迷的目光！"FilmNation Entertainment执行总裁Glen Basner如是评价。据悉，在《金陵十三钗》中，将有4成戏份为纯英语对白，影片于6月杀青，12月16日全国公映。

三、专访《金陵十三钗》制片人张伟平

法国时间 2012 年 5 月 15 日,《金陵十三钗》的制片人张伟平接受了腾讯娱乐的专访,他称这次《金陵十三钗》之所以能够成功售卖海外版权,因为电影的剧本既有历史感又有厚重感,还有奥斯卡最佳男配角克里斯蒂安贝尔的加盟。张伟平强调这次《金陵十三钗》会在 12 月北美同步上映,并会与好莱坞发行商分账。谈到自己的黄金搭档张艺谋,张伟平称赞其有创新意识、国际眼光,而他在拍摄的时候会专注于艺术创作,市场、营销的事情就是自己操心的事情。

(一)《金陵十三钗》与海外发行商分账

腾讯娱乐:您先简单介绍一下《金陵十三钗》预售情况吧。

张伟平:片子还没有拍完,还有一个多月,这次我来跟欧美的发行商沟通一下,他们之前去了南京,有热情,他们在之前也读了《金陵十三钗》的剧本,他们看过剧本,他们觉得这个题材既有历史感又有厚重感。全世界都关注的话题,救赎的主题,舍身取义,人类的共通的内容。

第一是这个剧本,第二是贝尔参演,大家更期待的是贝尔演一个中国电影,这是从来没有过的,以前华人导演他们拍的都是好莱坞的题材,这一部是纯粹的中国电影,最大投资的影片,威廉姆斯团队,包括《金陵十三钗》让西方的发行商非常兴奋,这些点都是构成对这部影片的期待,希望能够得到海外的发行权,和发行商对这部影片的看法沟通一下。除了美国之外,全部发。

腾讯娱乐:这次影片投资有 6 亿,这次签下来的合同能够分担多少的制作成本呢?

张伟平:这部影片我有两个条件,第一个条件,我们希望让西方观众看到有实力的中国电影,包括和好莱坞的国际发行商分账。在市场竞争上,这次我对北美发行的公司有一个要求,我希望《金陵十三钗》中国电影在 12 月 20 号,全部都是好莱坞的大制作,商业大片。

腾讯娱乐:那应该是和国内同步上映了,我们的实力越来越雄厚。

张伟平:影片要有竞争实力,竞争起来一定靠的是电影的实力。

(二)好剧本才是海外卖片的根本

腾讯娱乐:现在在国外电影卖片来说,什么样的条件、素质会让它取得更好的销售成绩呢?

张伟平:这个元素很多,我现在发现中国电影要能走出去,为什么我们的影片还没有走出来,中国电影走出去,第一,要有一个好故事,这个故事既要有中国元

素，又要有国际市场，是一个国际题材。包括《英雄》（电影版、美剧版）都有局限性，这个片子就不一样，它是国际题材，我们在拍摄之前定位就是一个国际大片，这次团队里有美国的、英国的、澳大利亚的、日本的这些团队，希望这些具有国际一流水准的艺术家们，他们的组合在张艺谋作为导演的指挥下创造的是中国电影。这样能够保证我们的影片的质量，像《金陵十三钗》这样的剧本也是可遇不可求的。

我觉得最主要的还是最后影片完成以后在全球的反响。

腾讯娱乐：像国外可能对纯的中国文化理解有一些难度，《金陵十三钗》是否会特意剪辑一个版本在国外放映？

张伟平：我觉得不会有太大的调整，像《金陵十三钗》这种题材，当然了，包括比如惊悚的，当时《三枪》的时候国外的宣传是惊悚，国内的宣传是喜剧和幽默，因为国外观众读不懂中国电影的幽默，它是两种口味的剪接。

其实这次不会有太大的差异，就是国内版和国外版。当然我们也会尊重国外观众的需求，会给他们提供一定的空间。

（三）张艺谋做电影敢于不断创新

腾讯娱乐：像这次这样一个大手笔的作品，有没有对奖项的一些期待呢？

张伟平：这个肯定不排除，通过《金陵十三钗》的创作，国际制作水准的影片从影片的创作人员到影片的制作团队都应该是具有国际一流水准，这样出来的东西才会是一个国际一流大片。

这次影片《金陵十三钗》有将近一半的对白，这是在张艺谋电影里从来没有过的，包括我给好莱坞的一些发行商提供的片花，他们看完以后，他们觉得很吃惊的地方就是他们在影片里面几乎找不到张艺谋以前电影中的任何符号和元素。

如果这部影片把导演张艺谋放在最后出现了，说这部影片是斯皮尔伯格导的，他们也不会觉得吃惊。我觉得电影就是要不断地创新，张艺谋能够不断地把握国内及国际市场电影的脉搏，所以他创作上能够不断地挑战自己，这一点是张艺谋电影一直能够在国内外电影市场上立于不败之地的最重要的原因。

腾讯娱乐：那您觉得这次最大的一次变化或者创新是什么呢？

张伟平：这次这个故事，我投资张艺谋电影以来16年了，我最喜欢，也最期待，我感觉最刺激的一个剧本，创作团队的组成也是我们第一次尝试，包括威廉姆斯团队的合作，最主要的还是这种合作，让观众期待。

腾讯娱乐：两分半的片花是什么样的？

张伟平：两分半的片花剪得很仓促，因为还有一个多月，很仓促。我们有一个英文版本，他们看完英文版本以后，他们再看两分半的片花已经能够感受到这部影片的分量。

腾讯娱乐：我们什么时候能够看到这个两分半的片花？

张伟平：这次剪的两分半的片花完全是特别粗剪的，我想应该是在关机以后我们会专门剪一个片花给媒体欣赏。

（四）做电影需要结合艺术和市场

腾讯娱乐：这次到戛纳，今年没有中国的影片入围，尤其是这一两年越来越少，您怎么看待这个现象？

张伟平：十年前我来到戛纳的时候，戛纳就是一个艺术电影天堂，包括威尼斯等三大电影节，它的主题是以艺术电影为主体。随着电影的发展，随着电影经济的发展，单纯强调艺术，没有市场的支持，这个电影肯定没有生命力。十年之后戛纳已经变成一个电影大卖场，包括明星走秀，明星走秀也变成一种变相的广告，包括影片的首映，完全变成了一种电影经济了，以前是电影艺术，现在变成了一个电影经济的市场。我觉得这种转换，从艺术向市场转换，这也是电影生存下来、发展下来的必由之路。好莱坞电影为什么今天能够在全世界的市场，就是因为它既有艺术的眼光，也有市场的作为。它就是把艺术和市场结合得非常好。

腾讯娱乐：这方面中国电影欠缺的是什么？

张伟平：我觉得中国电影的跟风、模仿、粗制滥造的东西太多，精品太少，精华太少。尤其是作为土生土长的中国导演，还是需要不断地培养自己在电影市场上的国际眼光。

腾讯娱乐：那您觉得现在谁做得会比较好呢？

张伟平：其他的导演我关注得也不多，我更多关注的还是张艺谋的电影。

腾讯娱乐：在这方面，您会不会给他一些自己的建议？

张伟平：会，作为制片人对市场的把握应该比导演更准确，导演在艺术创作上，导演不可能把很多的心思放在市场上，放在市场的关注上，放在市场的研究上，尤其是影片的营销上。如果他要是制作和营销都兼而有之的导演，他就不可能是一个纯粹的艺术家。当然导演配合投资人，在影片的营销和宣传发行上，这是天经地义的。我会给导演留出最大的创作空间，我会给他一些建议，甚至有一些建议是非常重要的。

点 评

在《金陵十三钗》即将公映之际，张伟平依旧让该片话题不断，在新人女主角都未正式曝光的情况下，已经占尽舆论先机，成为媒体和大众关注的焦点。在此，我们来解密一下此次《金陵十三钗》的营销路数。

1. 饥饿宣传：先扬后抑多点各个击破

张伟平的"饥饿式营销"由来已久，此次在《金陵十三钗》的营销之中，也不例外。他坦言："我没想着要饿着媒体，但是也不能把媒体喂得太饱了。媒体也要健康饮食，吃太饱了就该撑着了，我不能让他们吐。这么多电影，都在炒作，都需要媒体去采访，都想要上各大网站的头条，那么《金陵十三钗》这个时候不需要。"

一般来说，电影片方会主动与媒体联系，按部就班地给每家媒体发布相同的电影图片、视频和文字通稿，拍摄期间安排媒体探班，上映前安排数次记者会，让主创接受媒体采访，并让媒体提前看片，进行舆论造势，上映后也会根据情况继续给媒体发布消息，直至电影下片。

而《金陵十三钗》完全抛弃了以上这些常规方式。开机前，张伟平召开盛大的记者会，邀请了不少国际媒体列席，公布男主角的人选是克里斯蒂安·贝尔，并着重渲染该片的高投资、国际团队和精神内涵，随后就开始了全封闭的拍摄，不许任何媒体探班。当然，这种先扬后抑的手法是他过去惯用的。

拍摄过程中与关机后，很少发布通稿和物料，发布的也多是编剧、置景等主创对影片技术层面的解读，不得不说，这未必是受众最想了解的信息。但在另一个层面，片方向报纸、杂志、网络门户三种不同的媒体发布不同的信息和图片，有时爆料接连不断，有时又将重点收藏，蓄势待发，引得媒体和粉丝不得不自己主动四处寻找新闻，挖掘内幕，无形中让该片宣传的动力加码，事半功倍。

以"谋女郎"玉墨的扮演者曝光为例，与之前《山楂树之恋》周冬雨、窦骁的曝光类似，剧组在选角和拍摄过程中严防死守，涉嫌在微博自曝的几位"谋女郎"也直接被剧组开除。即使是在首款预告片和海报中，作为女主角的玉墨也是违背常理，"犹抱琵琶半遮面"。直到上映前夕，网上才有网友"无意中"曝出玉墨的扮演者是南广学生倪妮，由《成都商报》率先确认，诸多媒体转载，才确定了这一事实。而尽管如此，也只有倪妮有限的几张过去的生活照，无法见到片中扮相，随后片方再通过非官方的形式流出了新版海报和"十四钗"合影，让"谋女郎"们有了大致的形象，被网络热议。

"玉墨"倪妮的第一次正式亮相，则被安排在了洛杉矶的点映活动中，在内地的亮相，却是在公映前一周，可想而知，在吊足了胃口之后，那时的倪妮势必被焦急的媒体空前关注，最后一周的"冲刺"效应会大大超过其他同档电影。

总体而言，张伟平的策略是，表面上严密控制信息，实际上通过不同媒体、不同渠道缓慢流出电影的不同热点元素，让受众毫无防备，不得不主动挖掘，而非被动接受。

2．主动受访：吆喝加炮轰制造行业话题

尽管信息发布让媒体和影迷"饥饿"，但张伟平这位幕后制片人却经常安排媒体的专访，谈论新片，阐述行业看法，每每开声都能引发热议。

在《金陵十三钗》的宣传过程中，张伟平在以下时间点接受了多家媒体专访：开机前、贝尔获奥斯卡奖时、赴戛纳电影节售卖《金陵十三钗》时、北美公映日程确定后、对阵八大院线提高分账比例后。每一次都有不同的主题，并且均能联系当时的热点，用标志性的语言表达自己的看法，以达到宣传《金陵十三钗》的目的。

在这些采访报道中，张伟平有的言论可以被看作对自家影片的"吆喝"，如介绍影片投资、阵容、选角内幕、花费心力和呈现效果，表达对高票房的势在必得，让观者在未看片时对电影充满了希冀，虽然过去曾经引起不少观影落差，但对于不同的题材来说，还是屡试不爽；有的言论则被认为是对行业内幕和竞争对手的"炮轰"，回顾过去几部电影在宣传中引发的热议，有不少与张伟平的经典语录有关，而对身居影坛高位的冯小刚、韩三平等人，他也未曾口下留情，甚至因只言片语制造了行业话题。

此次《金陵十三钗》上映，张伟平独挑八大院线，欲提高最低票价和分账比例，再度制造了一起行业事件，有人对其落井下石般讥讽，也有人赞其为同行谋福利。院线方对他很是忌惮，但看完片后又对电影不得不赞；竞争方趁机硬杠档期，暗批其抬高票价对观众不公。然而无论最终结果如何，《金陵十三钗》电影本身却又从一种新的角度占据众人眼球，令人不得不关注。

无论"吆喝"也好，"炮轰"也好，"对战"也好，制造行业话题也好，即使大家明知张伟平的最终目的是营销电影，却都不得不被其挑动，无论赞或骂，都掉入了以《金陵十三钗》为核心的旋涡之中。这也不得不让人佩服张伟平的眼界和策略。

3．周边产品：扩大品牌效应

许多电影都是在热映后才想到制作周边产品，早在《英雄》上映时，张伟平便让同名版小说《英雄》抢先上市，反映《英雄》摄制的记录片《缘起》提前播放，如今的《金陵十三钗》在有原著的情况下，电影书籍照出不误，而女主角拍片传记、张艺谋的首部自传，也提上日程，预告给观众知晓。其中，女主角倪妮撰写的"与贝尔拍床戏"的片段毫无先兆地全文出炉，极具眼球效应，迅速在网络走红，将"张艺谋"与"十三钗"的品牌效应扩到最大。

4. 国际战场：票房与奥斯卡的双重野心

对于国际路线，张艺谋显然有着丰富的经验，早期的文艺片让他在国际艺术片领域占有一席之地。而张伟平自然也一直抓住了这一点，在海外进行宣传，让声势往国内渗透。《一个都不能少》和《我的父亲母亲》都获得国际大奖，《英雄》获得奥斯卡最佳外语片的提名。当年，张伟平向国家电影局"书面申请"推荐《英雄》进军奥斯卡的张扬做法也曾引发热议，《十面埋伏》远赴戛纳举办首映更是营造了国内观众的距离美。

此次，《金陵十三钗》依旧将在北美公映，张艺谋也与贝尔登上了《好莱坞报道者》的封面，并在洛杉矶点映，收获当地影评人的赞誉。而代表中国内地冲击奥斯卡最佳外语片，又给了张伟平举办"申奥点映"的机会，提升了电影的神秘感。毕竟，"奥斯卡"依然是中国人的情结，此次《金陵十三钗》取自奥斯卡评委喜爱的二战救赎题材，又有去年刚获小金人的贝尔出演男一号，"十三钗"的东方女性风韵又很能挑动外国人兴趣，无一不是该片"冲奥"的优势。

第六章

互联网出版营销案例评析

《星辰变》：版权营销的经典案例

自《星辰变》2008年开始在起点中文网连载以来，随着作者的更新和故事情节的演进，《星辰变》受到了众多读者的喜爱。《星辰变》的热度无疑引来了众多的"追求者"，盛大游戏以100万元费用拿下该作品的网游改编权。其后盛大游戏又邀请吴克群代言游戏，并创作了《星辰变》同名主题曲。随后盛大游戏再出资200万元包场，携手起点中文网为玩家提供免费阅读，无一不让玩家对《星辰变》网游的期待度直线上升。与此同时，盛大于2009年与湖南卫视成立盛世影业并宣布要开拍电影版《星辰变》，而且男主角已经敲定，并邀请《星辰变》网游玩家参与拍摄。

至此整个《星辰变》已成为带动盛大的产业链机器首次全链开动的产品，一款横跨文学、游戏、音乐、电影四大领域的作品。《星辰变》也将成为盛大版权营销方面的经典案例。在整个盛大的版权链中，盛大文学的文字就如同泉水一样，源源不断地向下游游戏、影视、音乐注入新鲜血液。盛大文学成为了整个链条的最上游。

除了《星辰变》之外，盛大文学在版权营销上也是硕果累累。此前在盛大文学旗下的起点中文网上连载的另一部热门玄幻小说《凡人修仙传》以百万元的价格售出网络游戏改编权，购买方百游称这100万元的市场价值至少值1000万元。另一力推热门小说《天珠变》，目前也吸引了多家影视、游戏公司前来洽谈，可谓待价而沽。此外还有《仙逆》《吞噬星空》《斗罗大陆》等优秀作品也引得多家游戏制作公司问询，影视版权营销成绩也非常突出。盛大文学旗下起点中文网签下的网络小说《步步惊心》也已售出影视改编权，同名电视剧即将登陆荧屏。此外，起点中文网的其他多部作品也在积极展开版权拓展工作。这正预示着网络文学单一出口将迎来重大突破，逐渐实现与实体出版、影视、游戏等产业的良好对接。

一、《星辰变》全版权营销显成效

备受万千游戏玩家关注的网络游戏《星辰变》的制作方盛大游戏近日再次与该游戏原著的连载网站起点中文网达成合作，除双方共同推广《星辰变》外，盛大文学旗下的起点中文网还将在合作期内免费提供20本网络小说，以供起点中文网的读者阅读。盛大游戏将包场这20本网络小说，为起点中文网读者的阅读买单。

这是《星辰变》全版权营销的又一重要体现。据悉《星辰变》是由起点中文网白金作家"我吃西红柿"（原名朱洪志）创作的小说。随着《星辰变》在起点中文网上的连载，更重要的是随着作品跌宕起伏的故事情节的展开，《星辰变》在起点中文网的点击率和好评节节走高，作品仅在起点中文网一家网站的总点击量就达4500万次，百度搜索引擎显示的"星辰变"网页数量超过2000万个，百度贴吧的讨论帖已接近200万。

此前，《星辰变》展开了多种版权营销活动。此前小说版《星辰变》的火暴，引来了多家相关产业厂商的垂涎。郑重考虑之后，盛大文学选择了盛大游戏获得《星辰变》的网游改编权。盛大游戏董事长兼CEO、《星辰变》游戏制作人谭群钊致信盛大文学CEO侯小强称："感谢盛大文学的信任，将超人气小说的游戏改编权交给我们，西红柿和他的文字给我们带来的不仅仅是超过4000万的热情读者，更为我们提供了一个值得用最顶尖的技术和美术力量去展现的无边想象世界。"

《星辰变》的全版权营销还不止于此。早先两岸三地当红小生吴克群代言《星辰变》网游，同时《星辰变》网游制作方盛大游戏发布了《星辰变》网游的主题曲《星辰变》，该歌曲由吴克群创作并演唱，一经推出，便获得了超高的网民关注度。《星辰变》的全版权营销效果显著，百度指数的数据显示，自盛大游戏与起点中文网展开联合营销开始，《星辰变》网游官网的关注度获得了空前的提升，《星辰变》官网的检索率提升了400%多

二、《星辰变》营销现盛大娱乐帝国雏形

"星辰变"是一部小说还是一款网络游戏？四年之前可以称之为流行网络小说，两年之前是最受期待的网络游戏作品，现在呢？"星辰变"或许不仅仅是小说和网游，而成为盛大旗下最具影响力的品牌。围绕着"星辰变"展开的一系列市场行为，更像是打造一个以"星辰变"为中心的娱乐线。不得不承认，《星辰变》整合市场的营销，让盛大娱乐帝国的雏形初现。

（一）盛大文学：战略布局以文学为起点

《星辰变》作者"我吃西红柿"也是起点力捧而出的作家，《星辰变》的网游版权费用仅为100万元。如果联系到近几天，起点力捧《九鼎记》的宣传事实，你就会想到，或许盛大从力捧作家的那一刻开始，就已经做好了围绕星辰变的全盘布局。收购晋江、红袖，再到如今的榕树下，盛大文学实际已经占据了国内网络文学

75%以上的市场份额，以文学为起点的娱乐战略布局拉开帷幕。

（二）盛大游戏：改编网游惹火网络

多年前盛大总裁就曾宣告，盛大要做一个内容提供者。实际上盛大文学作为上流资源，就已经是一个内容提供平台，正是占据了上流资源，才能在这些资源中分化出多线娱乐产品，《星辰变》网游无疑就是最具代表性的产品。三年的潜心研发，创新的游戏系统和玩法，《星辰变》以优异的品质展现在玩家眼前的那一刻，或许就注定了这款游戏会成为网络的焦点。而修行封测期间，大胆挑战微测评，更是惹火了网络。如果你不是网络小白，你绝对会留意到近段时间，关于《星辰变》的话题总是不断出现在眼前，甚至可以说，《星辰变》在这段时间，成为了网游大佬、网游玩家甚至SNS社区网友的交流支点。从文学到网游再到微博、论坛等全线的网络娱乐线，《星辰变》做到了其他产品难以超越的成功。

（三）华影盛视：涵盖音乐影视的造星工程

从西单女孩到吴克群，再到如今的卢驭龙，虽然每个都是人们耳熟能详的名字，但是如今却被冠以另一称号——修行明星，而这一切都跟《星辰变》修行社区紧紧地捆绑在一起。代言、制作主题曲并且发布全新MV，参演即将开拍的《星辰变》电影。一个星辰变一下子成为了音乐作品甚至影视作品，并且在此期间与代言人之间相互促进，达到了共同提高影响力的目的。

联想到盛大集团与湖南卫视共同出资，成立华影盛视公司，或许你不难理解，为何在《星辰变》还未正式上线之时，就筹备完成，其实这或许是早就做好的战略布局。那么此时你或许已经看得很明白了，一个星辰变，将盛大旗下文学、网游、音乐和影视各个娱乐产业整合成一个完善的产业链，而这整个基于网络平台的娱乐产业链的形成，正是盛大网络娱乐迪士尼梦想最直观的行为体现，毫无疑问一个星辰变让盛大娱乐帝国的雏形真正浮出了水面。但是这还不够。

（四）盛大旅游：全球修行的战略互补

整合了传统娱乐产业链不是《星辰变》市场行为的结束，接着我们就看到盛大发布消息，要建立全球修行技术学校。那么我们可以预想未来的情况，高品质网络游戏产品的出口，吸引国外玩家体验游戏，突出动人的背景故事，丰富的文化内涵吸引更多的国外玩家加入到修行者这一行列。届时的修行技术学校，不止在国内，在国外同样会引起巨大反响，那么届时来自全球的修行爱好者，无疑会为盛大旅游提供丰富的用户资源。

从文学衍生到网游、音乐、影视，直至旅游产业，《星辰变》的营销，不仅仅属于正在宣传的网游产品或者其他娱乐产品,也属于整个娱乐行业。围绕《星辰变》的产业链的完美整合,是盛大互动娱乐产业迈出的坚实一步。

三、吴克群演绎《星辰变》音乐营销风生水起

2011 年 11 月 25 日晚,吴克群坐镇花儿朵朵决赛"夺冠夜",以一曲《星辰般 OL》压轴,将全场气氛带向了最高潮!这也是《星辰变》同名主题曲继《我要上春晚》后又一次登陆全国热门电视节目!也标志着网游音乐营销不再一味地产品化,更多地走向音乐娱乐大众化!

(一)《星辰变》讲述吴克群音乐修行路

这首歌由吴克群为《星辰变》量身打造,独立担纲作词作曲,依据原著精神创作出的充满武侠电影风格的主题曲,以传统中国戏曲为灵感谱曲,融合充满未来感的摇滚电吉他编曲呈现出穿越时空古今交错的独创曲风。而 MV 的打造更是邀请台湾著名武打动作戏导演赖伟康指导,将游戏中气势磅礴的场景真实呈现。吴克群更是一人分饰三角,演绎仙、魔、人三界独具特色的角色。吴克群提到,自己对《星辰变》MV 中的古装扮相非常满意,笑说自己就像化身大侠一样气势十足。

(二)吴克群加入《星辰变》"修行者计划"

《星辰变》选择吴克群作为产品代言人,不仅因为吴克群两岸三地的庞大人气,更是看中吴克群在音乐路上的修行精神。谈到自己的修行经历,吴克群不无感概地说,做音乐,就是一场修行。这位当红小生的成名历程并不平坦,出身在单亲家庭的他小时候非常穷困,出道后三年,依旧是个不知名的歌手,曾经穷到身上只剩 7 元钱,欠房东 16 个月房租,乐队演出台下只站着 4 名观众。这些辛酸的经历却不断激励他在音乐路上自力更生奋勇前进。提到他,著名音乐制作人陈伟这样评价:"他的音乐清新动人,没有时下年轻人的控诉与不满,却唱出了大多数人面临情感的无奈与伤痛,他的嗓音干净有力,他用自己的音乐激励自己与多数走在追梦路上的人坚持梦想,为梦修行。"

四、盛大营销《星辰变》网络草根上春晚

兔年春晚,一个来自网络的草根明星成为全场注目的焦点,《星辰变》"修行者计划"代表西单女孩以一曲《想家》成为首个登陆春晚的网络草根,这也被认为

是央视春晚"平民化"转型的一个重要标志。

（一）草根上春晚《星辰变》开营销新模式

一个长相平平、天赋无奇的平凡女孩，最终登上中国最大的表演舞台——春晚，西单女孩的故事就像是一出网络时代的灰姑娘传奇，这个从北京地铁站一路唱到春晚的女孩成为首个登陆春晚的草根明星，她的故事是一种活生生的励志精神，也是一种时代的特征。

《星辰变》作为一款网络小说改编的知名网游，草根成名路的"修行精神"正是其所倡导的核心价值观，事实上，就在西单女孩出现在春晚镜头前的几乎同时，一个"修行者计划"专题页面也在《星辰变》官网正式上线。西单女孩作为第二期的主打草根明星，赫然在列，而首期修行者，正是春运的"搭车男孩"胡蓓蕾。

《星辰变》以这样一种"曲线救国"的方式，以西单女孩的"修行者"身份，完成了一次成功的"春晚营销"的新模式。

（二）上春晚是一种修行，西单女孩回应质疑

事实上，这央视首位草根明星的春晚之路并不是一帆风顺，自西单女孩要上春晚的消息放出伊始，即传来了各方面的质疑甚至反对之声，甚至有人大代表明确表示了质疑："一个在西单地铁通道里唱歌的女孩怎么就上春晚了。""这是一种走捷径的做法，如果这样大家都去西单唱歌好了，别去学校学习了。"很明显，这条"草根成名路"并不易走。

面对各种质疑，西单女孩也用微博明确回复："上春晚不是故事的结局，我仍是一个在路上的修行者，地下道，仍然是我的修行场。"

《星辰变》"修行者计划"的相关负责人也表示："西单女孩上春晚，确实是一次成功的运作，但是上春晚本身并不是目的，我们希望通过这一个案例，将励志与修行的精神传递到所有的玩家，西单女孩其实很平凡，这样的成功可以发生在任何一个人身上。"

（三）盛大：集团化发力助推草根

自从走向集团化发展以来，盛大已完成在各个娱乐领域的战略布局，这也是盛大得以连续两年以各种不同的形式成功实现"春晚营销"，而这也成为盛大助推"草根明星"的最大保证。

早在2010年5月26日的盛大游戏Allstar新品发布盛典现场，盛大游戏董事长兼首席执行官谭群钊在演讲中就曾表示："希望在来年，来自电脑屏幕前，每一个热爱游戏的用户，都能成为我们的Allstar。"

这番讲话也被认为是盛大将力推草根明星的一个先期表态，而西单女孩上春晚，也就是盛大推草根明星的一个成功案例。另一方面，盛大游戏今年主推的游戏《星辰变》的"修行者计划"，也正是与这一思路一脉相承的产物。修行者，静心，正欲，身体力行，百折不挠。修行者并没有行业、等级、高下之分，所倡导的，也是一种切实可行的积极正面的生活态度，就像谭群钊所说："每个人都可以是自己的Allstar。"

五、网络惊现浪漫团购，《星辰变》演绎公益营销

（一）创意无限：团购"星辰"被秒杀

团宝网上"团购星辰"的页面介绍中写道：共寻美好星辰，史上最浪漫的团购！仅需1元，即可团购一片浪漫星空，北京、广州、上海包邮，团宝联手盛大，打造史上最浪漫、最环保的团购，用星辰点亮你的夜色。

据团宝网方面介绍，团购"星辰"非常有创意，在团宝网上反应也非常强烈，几乎是秒杀。盛大游戏方面首批提供的50个产品，在一小时内即被一抢而空，产品抢购人数达到3万人。"星辰"售罄后还有大量用户拨打团宝的客服电话，询问是否还有备货。目前团宝网也在和盛大游戏方面进行协商，希望能追加供货量。

（二）网游联手电商：创新营销受关注

随着政策法规的不断收紧，以及玩家诉求和市场环境的变化，曾经大行其道的网游"低俗营销"如今正面临冲击。以《星辰变》为代表的新一代网游产品，其积极探索创新、健康、公益的营销方式，成为行业关注的新焦点。

《星辰变》是盛大游戏今年自主研发的一款重点产品，即将于5月16日进行开放性测试。它根据盛大文学旗下同名热门网络小说改编而成，并且由盛大游戏董事长兼CEO谭群钊亲自担任制作人，研发团队也是盛大游戏旗下最具资历的团队——《传奇世界》项目的核心团队。

《星辰变》在推广当中，运用了多种创新、公益的营销手段。2009年，《星辰变》首次亮相，是与中国科学院南京紫金山天文台共同举行"共寻美好星辰"的公益活动。当晚，紫金山上六座大型圆顶天文望远镜被装点成六个"星辰球"，并同时点亮，形成"紫金金顶"奇观，这也是紫金山天文台建台75年来首次六顶齐亮，引起了社会范围内的轰动。在今年的央视兔年春晚上，草根歌手"西单女孩"也作为《星辰变》的"修行者"亮相，这是网络游戏行业内迄今有证所考的首度亮相央视春晚的记录。不久前，亮相第二届中国达人秀的一位表演人工闪电的热门选

手卢驭龙，也是《星辰变》打造的"修行者计划"中的代表人物。

值得注意的是，除了通过一系列公益活动和游戏玩家形象的重塑之外，社区、移动及团购电商等互联网热门趋势也在其发力范围之内，《星辰变》于今年1月创新推出社区系统——修行社区，该社区以"微博+SNS"的形式，同时推出SNG和FLASH小游戏。玩家不仅可以在《星辰变》修行社区交友、生活，了解第一手的星辰变资讯，还可以在修行社区参加各种活动，获取相应奖励。据介绍，目前修行社区的活跃用户量已经达到160万。

六、《星辰变》牵手移动，或将打造营销新趋势

在继盛大宣布《星辰变》韩国代理商后，今日又宣布由吴克群主唱的《星辰变》主题曲将由中国移动无线音乐俱乐部全球独家首发。同时在宣传中表示，即日起到5月31日，在客户下载吴克群《星辰变》彩铃或振铃，即有机会获得3K教主豪华礼包。

（一）网游营销的变量

而《星辰变》此次异业营销无疑又给行业内营销探索了新道路，相对前几年网游仅仅限制与明星、色情、暴力营销再到突破底线的"不雅照女主角"甚至是AV女优炒作，发展到如今的"裸体补丁"营销或者是玩网游送《3D肉蒲团》。但是此类状况仅仅局限于部分中小企业，虽然在很大程度上不能说产生质上的飞跃，但是网游营销整体有所改观。与此同时，网游的营销应贴近生活和通俗化，但不能低俗。有位业内人士告诉记者。

然而在营销方面一些一线的网游企业对此则更注重企业品牌，不管是植入网游广告还是网游牵手异业进行合作无异说明这一切。它们在网游营销中敢于创新，并在营销中积累创新沉淀，转型树立健康、积极的游戏品牌形象。作为逐渐走向正规的中国网游面临着欧美大作和本土鱼龙混杂的复杂环境，本土游戏开发商和运营商依然面临严峻挑战。除了研发核心技术、提升品牌价值以外，创新营销手段依旧是各大网游企业从恶劣竞争泥潭中脱身而出的一个不可或缺的法宝。

（二）网游本质

据不完全统计，目前市场存在的网游数量约有3000款，仅去年由媒体公布的新品就达300余款。与之形成对比的是，网游营销成本不断增加，据艾瑞2010年相关报告，网络游戏广告的投放费用每年的增速在40%以上，网络媒体在网络游戏广告投放媒体的比例从2003年的34%激增到79%。平均单款游戏的网络广告

每年的投放费用由 2003 年的 61.7 万元激增到 277.7 万元。但网络游戏的广告投资收益比则由 60% 下降到 35.4%。

随着中国网游产业的高速发展和市场逐渐走向成熟,游戏厂商如果仅凭大量广告炸弹式的轰炸或者严重依赖低俗或者哗众取宠的内容势必难以为继。网游营销只是作为一种辅助手段,最终势必回归网游产品本质上,在符合社会道德和行业规则的基础上继而去塑造网络游戏的核心正面价值,为网民提供精神上的食粮,形成网游文化吸引力。毕竟网游是"第九艺术"而不是电子垃圾。

七、《星辰变》:明为营销暗为布局?

要问 2011 年至今市场动作最大的网络游戏,非盛大游戏旗下《星辰变》莫属,从年初的西单女孩,到微测评,再到吴克群,再到近期的反哺文学计划,以及全球修行技术学校,《星辰变》的"折腾劲"不单单属于游戏界,甚至属于整个娱乐行业。

事实上,有业内人士指出,从近期的一系列市场行为来看,《星辰变》的目标远不止游戏行业,而这些市场行为,与其说是为《星辰变》游戏上线所做的宣传营销,倒不如说是为《星辰变》大娱乐品牌创立所做的战略布局。

重组一下《星辰变》从今年年初至今的市场手段,会发现,从通过西单女孩大力宣传的"修行者计划",到之后的微测评活动,再到目前的全球修行技术学校,这是一条纵向的"社区平台线",就是带动其自己开发的 SNS 社区"修行社区"的人气。据宣称,目前,在游戏尚未正式上线时该社区已经聚集了过百万用户。

另外,从吴克群的《星辰变》主题曲,到同名电影拍摄计划,到"免费正版小说阅读"计划,这是一条横向的"跨娱乐品牌线",打造的是一个以游戏为核心,包括了音乐、电影、文学等各种娱乐载体的跨娱乐品牌。

《星辰变》号称"次世代",从前期的市场布局来看,依托盛大丰富的娱乐资源,确实有着他人很难模仿的底气,在 MMORPG 市场竞争日益红海化的今天,《星辰变》走的这条路,不失为一条有自己特色的蓝海之路,只不过,在完成了战略布局后,《星辰变》如何在各个领域完成战术性的胜利,还需拭目以待。

点 评

1. 微营销：无处不在的影响力

当微成为一种生活方式，《星辰变》便妙用微博玩转微营销。《星辰变》微博率先登场主流媒体，成为游戏资讯发布的绿色通道。微电影、微小说等微文化的盛行也衍生了另一种微形态——测评不再是精英和专业人士的专利，全民微测评，人人都成为评头论足的专家。同时，微直播更将微营销向前推进了一大步，吴克群代言发布会与网络同步进行。《星辰变》微营销的最大意义就是利用微博平台，使《星辰变》的身影无孔不入。

2. 囧营销：展示轻幽默的力量

波涛汹涌的肉欲让胃管逆流，轻幽默已于我们如隔三秋。《星辰变》探秘美容院、次世代武道馆以及预见未来照相馆等囧视频，携带着清新风气习习吹拂时，我们感受到了一种久违的心情愉悦！最近，为推广修行学校这个平台，《星辰变》又接连发布了一系列的修行广告，无论是如厕脱困、雷劈渡劫还是御剑飞行、穿墙开锁，无不是展示出轻幽默的力量。在会心一笑之中，玩家记住了这不是一个玩笑而是一种修行。

3. 星营销：用遐想唤醒心灵

信手拈来皆成趣，美丽星星也成了《星辰变》的一枚棋子。2009年与紫金山天文台举办共寻美好星辰活动，勾起了玩家对童年星空的回想。在天为华盖星为灯的婺源，《星辰变》牵着我们的视线触摸到一抹如洗的星辉。《星辰变》正携手北京高校环境联盟，以极富创意的方式点亮北京的夜空。与此同时，团宝网的一元团购城市星空也如火如荼地开展。《星辰变》用此类公益活动呼吁全社会保护星辰环境，也确实用童年的遐想唤醒了我们对环保的关注。

4. 草根营销：平民牌引发共鸣

在无数的地铁卖唱者中不知道哪个是任月丽，在亿万春归大军中不知道哪个是胡蓓蕾，在众多的达人中不知道那个是卢驭龙。这些生活在社会底层的小人物脱颖而出，以修行大使的身份站在我们眼前，讲述着各自的修行故事。这种与你与我相似的人生经历，是否比苍井空、苏紫紫们的说教更能打动人心！《星辰变》用草根一族修行励志的精神，鼓励着百万修行者向上看向前看，获得了玩家的认同：草根也能绽放一个春天！

5．大营销：手笔体现着魄力

如果我们细心观察、冷静辨析《星辰变》的所有营销方式，或许会发现《星辰变》已经超越了游戏，一举囊括盛大旗下的文学、网游、音乐、电影、旅游、桌游以及手机游戏等产业板块。《星辰变》则成为这个大营销模式中的一个轴心。辅之以大手笔的推广、大规模的宣传，一箭多雕，实现了资源共享与营销效益的最大化，而支撑大营销的是盛大以《星辰变》为品牌打造网络迪士尼的战略。

营销不是噱头也不是鸡肋，而是实实在在的一种方式。《星辰变》洗尽铅华，与爆乳翘臀的方式做一个完全切割，带来的是一种清新之风。不是吸睛勾魂的诱惑，但这种诱惑却入眼入脑入心，让玩家产生更为强烈的心灵震撼！

《征途》：把握玩家心理的营销

无论是从技术上或内容上来说，《征途》并不是一款最好的网络游戏，但是从"艾瑞市场研究报告"的分析结果来看，运营一年左右，就可以占据网络游戏市场5.2%的市场份额，MMORPG 市场 7.0% 的市场份额，我们不得不承认它是一款成长快、营销手段比较成熟的网络游戏。

那么究竟是什么样的营销手段成就了《征途》今日优异的成绩，甚至最高在线人数连续突破 86 万、100 万的成绩呢？笔者认为其中的关键是史玉柱对游戏玩家的心理进行了准确的分析和把握。

一、免费的午餐

早在 2005 年内测时，《征途》就宣布游戏将永久免费，虽然在此之前，《盛大》已经宣布将旗下的三款主要网游免费，但是在当时没有几家公司敢宣布免费的时候，"永久免费"的旗号仍成为《征途》的一大噱头吸引了众多玩家的目光。

貌似免费的午餐，但其实只是一种形式，即与以前相比，不再按在线时间收费，而是靠出售道具、材料等赚钱，玩家对游戏中消耗品的不节制消费成为运营公司贡献的利润来源。

与收费游戏不同的是，免费游戏并非挣所有玩家的钱，而是"挣有钱人的钱"。史玉柱对他的游戏玩家作了详细的划分：有钱没时间的、没钱有时间的、有钱有时间的、没钱没时间的。前两种占据了游戏玩家的大部分，是主要的游戏群体，而史玉柱又对其作了分析，"有钱没时间的占到 16% 左右，他们花人民币玩游戏，也称人民币玩家；没钱有时间的占 70%，他们主要靠大量的在线时间挣钱玩游戏"，通过对玩家的详细分类和了解各类玩家的需求心理之后，史玉柱做出定位是"挣有钱人的钱，让没钱的人撑人气"。

按照这种想法，《征途》首先抓住了"人民币玩家的心态"，推出了替身宝宝系统，人民币玩家可以雇人带自己的替身宝宝，这样即使雇主自己不在线也可以得经验升级。《征途》还出售各种各样的材料，人民币玩家可以花钱买材料，进而打造极品武器装备，成为游戏中的强者，接受其他玩家的仰慕。

为了避免不花钱的用户感觉游戏中经济不平衡，导致流失用户，《征途》推出了跑商任务等系统，玩家可以通过这样的系统挣钱，同时也可以通过做生意获得一定的收入。

据数据显示，目前征途公司月运营收入超过1.6亿元，月纯利润超过1.2亿元。以此计算，一季度营业收入将超过4.8亿元，每季度纯利润将超过3.6亿元。通过免费模式，《征途》却挣了比收费游戏还多的钱。

二、电视广告

尽管现在已经是网络当道，但是电视仍是人们获得信息的一个重要途径，当一位长发披肩、口念《征途》的红衣少女出现在央视一套和五套的时候，《征途》不仅仅只是为了做秀那么简单，他更多的是通过这些方式扩大了知名度，提高了产品本身的品牌价值，"我玩的是在电视做广告的那款游戏"成为玩家炫耀的一个资本，同时也是一种口传的活广告，通过现有玩家之口吸引了更多新玩家参与其中。

三、活动营销

从内测至今，《征途》面世已近2年，玩家对其内容都有了一定的了解，新鲜感和好奇心都有所衰退，再加上为数众多的游戏大作和新免费游戏的加入，玩家流失应该是很自然的事。可《征途》却连创同时在线人数新高，这不得不归功于史玉柱以及其"异想天开"的活动营销。

2006年7月，《征途》为玩家"发工资"的举动引起了国内网游业的骚动。"发工资"类似于现实生活的会员服务，消费到一定程度可以获得打折、送礼品等增值服务，在现实中很普遍。但在网游里还是第一次，这种创新的虚拟活动营销给《征途》带来了不小的收获。能够在游戏的同时还小有收益几乎是所有玩家的共同想法，因此发工资后，很多流失玩家迅速回流，在线人数迅速增长，尤其是前不久推出的"《征途》周年庆，5000元现金大奖"活动更创下了最高在线人数100万的新高。

网络游戏对多数人来说就是"玩"，既然是"玩"，就少不了新鲜和好玩的东西，如果整天就是杀怪升级，任何人都会疲劳，在玩家即将疲劳的时候推出新鲜的东西，让他们有新的追求，自然会再次吸引他们的关注。事实上正是对玩家心理的准确分析和把握，《征途》才喊出每三个月就出一个新资料片的"五年计划"，而在推出的资料片中，大部分又引入了现代休闲的各类元素，比如资料片——《世外桃源》里就包含了"玩越野""泡温泉"等新奇活动。"玩越野"是让玩家参加每天进行的"凤凰城有奖自行车赛",天天都能有稳定可观的银币收入,前三甲更有20锭、10锭、5锭的丰厚奖励。"泡温泉"则可让游戏玩家在温泉里聊天、互动。这种融合现代元素的休闲式玩法让一些老玩家有了新追求,又吸引了一些休闲游戏玩家的参与。

四、反向营销

曾经有人批评《征途》是《英雄年代》《传奇》和《魔兽世界》的集合体。《征途》的官方并没有急于跳出来为自己辩解声明,而是配合质疑了《玩家质疑征途抄袭传奇和魔兽》的文章。文章一发出就引起了媒体和玩家的高度关注,结果涉嫌抄袭事件不仅没有给《征途》带来任何损失,反而利用了玩家的好奇心——想看看三个游戏的集合体究竟是什么样的,增加了新用户的数量。

五、地毯式的推广

虽然使用家庭电脑玩网络游戏的玩家已经占到了总玩家数量的60%,但这种现象普遍存在于大城市中。在二三线城市,甚至更小的城市,网吧仍是网络游戏的主要载体,史玉柱清楚地了解到信息告知对玩家选择游戏的重要性,因此他利用《脑白金》的推广团队以地毯式的方式,将《征途》的海报铺设到各个大小网吧中去。哪个游戏宣传得够多,哪个游戏就可能是目前比较流行的游戏,这是大部分玩家的固有心理,《征途》这种海量宣传海报,海量推广员的形式正符合玩家的这种心态,通过这类推广信息的简单告知,相信也为《征途》带来了不少新鲜的玩家资源。

史玉柱的"法宝"是准确把握和分析玩家心理,通过对玩家心理的正确把握,将游戏运营和推广模式进一步创新。这种创新为陷入白热化竞争的中国网游市场带来了新的思考和借鉴。网游免费趋势已经愈演愈烈,如何在满足用户需求的同时,进一步扩大市场占有率和利润率,如何在同质化严重的产品中脱颖而出是中国每一个网游企业所必须面对的挑战。

史玉柱在对玩家心理的熟练把握与运用中,为《征途》不断注入了新鲜活力,《征途》也在这种营销中迎来更多的关注和玩家。

点 评

《征途》并不是一款最好的网络游戏，但却在网游市场上占据了足够多的市场份额，取得了相当的成功。它的宣传营销工作更是做到了极致，其营销制胜的关键在于其充分运用了市场营销的理论、准确把握了玩家心理、制定恰当的营销策略以及采用合理的营销方法。这主要表现在以下几个方面：

1. 市场细分合理，目标市场确定准确

《征途》根据消费者的消费心理、消费行为、消费习惯、消费特征以及产品的特征，将潜在的消费者市场细分为：有钱没时间的、没钱有时间的、有钱有时间的、没钱没时间的四种类型，而在四种消费者群体中，有钱没时间的占到16%左右，他们花人民币玩游戏，也称人民币玩家；没钱有时间的占70%，他们主要靠大量的在线时间挣钱玩游戏。在对四种消费者群体分析的基础上，把目标市场确定在有钱没时间和没钱有时间两个细分市场上，而随后《征途》的成功也证明了这种市场细分是正确的。可见在营销的过程中，准确且合理的目标市场细分是营销成功的关键因素之一。

2. 促销手段得当

根据目标市场消费者的心理特征以及产品自身的情况，采取相应的营销组合策略，是产品营销过程中不可或缺的步骤。本案例通过对营销环境分析，结合产品特征与目标市场特征，合理设计并有效整合信息，运用电视媒体将产品信息迅速传递给目标受众，吸引消费者，引起消费者的注意，从而扩大了消费者群体，扩大了产品市场的覆盖面，对产品本身的形象提升也起到了积极的作用，从而诱导玩家进行注册，达到宣传的目的。但利用电视广告这种促销形式还远远不够，应该有相应的营销策略与此相配合，这样才能取得更好的效果。本案例采取了为玩家"发工资"、有奖消费等活动配合之前的宣传营销策略，成功地培养了一批忠实的玩家，使其对游戏产生了黏度，并利用这种口碑营销的方式吸引了一些新的玩家注册游戏，进行试玩，并最终把这部分试玩玩家培养成忠实玩家，达到了促销活动效应最大化。

3. 逆向营销

产品及营销活动得到有关专家的赞誉是一件好事，证明产品的开发与开展的市场营销活动是成功的。但当受到质疑甚至批评时也未必是一件坏事，我们可以主动出击，积极利用事件营销的原理，将坏事变成好事，将质疑与批评转变成对事件的关注，取得意想不到的效果。本案例就是利用《玩家质疑征途抄袭传奇和魔兽》的文章，引起玩家的注意，激发玩家的好奇心，只有去亲身体验，才能知道产品的

功能如何。这就是利用了玩家的好奇心——想体验集成了三个游戏特点的《征途》究竟有哪些不同于其他游戏之处，无形之中就使新用户的数量得到了提升。

4. 市场推广

但这部分玩家大都生活在大城市中，而在二三线城市，甚至更小的城市，网吧仍是网络游戏的主要载体。若想对此市场进行有效的宣传，地毯式的宣传推广方法是最合适的。通过张贴宣传海报，把《征途》的有效信息准确且直接地传递给潜在玩家，也符合了部分玩家"跟从"的心理。准确把握玩家心理状况，这正是《征途》的成功营销之道。

后 记

出版产业的发展，对人才的需求越来越强烈。人才是出版企业发展的核心竞争力，而人才的培养需要与实际相结合，这样培养的人才才能与产业的发展相适应。笔者在多年的教学实践中，收集与整理了大量的、各种各样的出版物市场营销案例，并将其用于教学实践中，反映良好，以此为基础整理了此案例集，并对每个案例进行了点评，以供同行参考。

此案例集共分为六部分：

出版产品结构调整综合案例部分，收集的案例主要有传统出版产品结构调整、日知图书公司近三年产品结构调整的案例。出版物市场是买方市场，并且产品的生命周期相对于其他产品比较短，这就要求出版物市场营销活动中，应该以读者需求为导向，不断地调整现有的出版物产品结构，淘汰落后、市场滞销的产品，开发有潜能的、市场需要的产品，才能适应多变的市场需要，才能实现企业的经营目标。此部分案例对出版企业进行产品结构调整有一定的借鉴意义。

出版产品营销模式综合案例部分，共收集了包括"米其林红色指南"系列图书之营销策划分析、"分享阅读"系列图书营销模式分析、"袁腾飞说历史"系列图书营销模式分析、《史蒂夫·乔布斯传》促销案例分析四个案例，每个案例各具特色，但有一个共同点，就是在确定营销模式和制定营销战略时，都对营销环境和消费者的购买习惯进行了分析，结合产品自身的特点，确定营销的方式与方法。同时，笔者运用市场营销学的理论，对各个案例分别进行了点评，以此引导出版物营销者制定正确可行的营销战略与战术。

出版企业营销案例部分收集的案例比较少，共有两个案例，一个是新蕾出版社：四季营销花常开；另一个是昆明新华书店：冷门书的畅销传奇。虽然收集的案例比较少，但有其特殊意义，他们分别代表了出版社和新华书店是如何开展出版物市场营销活动的。各自的资源、所处出版链的地位、经营目标、经营特色等不同，所采取的营销方式与方法也不同，说明企业所处的环境不同，拥有的资源不同，应结合自身的特点而采取适宜自己营销需要的营销战略。

图书出版营销案例部分，共收集了以《狼图腾》和《方法总比问题多》为例的畅销书营销、"动物小说大王沈石溪品藏书系"的营销操作手法、《幻城》推广案例分析、《第一次发现》是这样进入幼儿园的、《盗墓笔记》成功因素分析、看

《蔡康永的说话之道》如何营销、《一个背叛日本的日本人》——换个书名就畅销、《我们台湾这些年》的微博客营销案例等13个案例。每个案例均有特色，但是每一个案例，都是在选题阶段就进行了营销方案策划，并且结合单品书的特点采用了不同的营销渠道、营销手法以及不同的促销手段等，以实现在选题策划阶段所确定的营销目标。

影像制品营销案例部分，收集的案例有《变形金刚》电影整合营销案例、《失恋33天》营销案例、《金陵十三钗》成功营销秘诀。

互联网出版营销案例部分，收集的案例有《星辰变》：版权营销的经典案例、《征途》：把握玩家心理的营销。

出版企业正处在改革发展过程中，从企业内部来看，经营管理者的观念正在转变，无论是营销管理体制，还是营销战略、营销观念以及营销方式方法也在不断地发生变化。再者，出版物产品也在不断地多样化，由过去的书报刊发展到现在的音像制品、电子出版物、网络出版物、数字出版物等，不同出版物的营销模式也不尽相同，本案例集对各类案例都有所体现。由于本案例集的篇幅限制和笔者的水平有限，对某些案例的分析和点评还有一定的欠缺，若有不当之处，敬请读者及时惠正，笔者不胜感激。

刘吉波
2013年10月于北京